MANUAL PRÁTICO DO PLANO DE PROJETO

UTILIZANDO O PMBOK® GUIDE

RICARDO VARGAS

MANUAL PRÁTICO DO PLANO DE PROJETO

UTILIZANDO O PMBOK® GUIDE

6ª EDIÇÃO

BRASPORT

- **Editor:** Sérgio Martins de Oliveira
- **Diretora:** Rosa Maria Oliveira de Queiroz
- **Gerente de Produção Editorial:** Marina dos Anjos Martins de Oliveira
- **Design Gráfico:** Sérgio Alves Lima Jardim

V615m Viana, Ricardo Vargas
Manual prático do plano de projeto: utilizando o PMBOK® Guide / Ricardo Vargas Viana – 6. ed. – Rio de Janeiro: Brasport, 2018.

ISBN: 978-85-7452-880-9

1. Administração de projetos 2. PMBOK Guide I. Título

CDD: 658.404

Ficha Catalográfica elaborada por bibliotecário – CRB7 6355

BRASPORT Livros e Multimídia Ltda.
Rua Teodoro da Silva, 536A – Vila Isabel
20560-005 Rio de Janeiro-RJ

Filial SP
Av. Paulista, 807 – conj. 915
01311-100 – São Paulo-SP

Tels. Fax: (21) 2568.1415/3497.2162
marketing@brasport.com.br
vendas@brasport.com.br
editorial@brasport.com.br
www.brasport.com.br

Ao meu pai Jairo, exemplo absoluto de caráter, dedicação e amor.
Saudades sempre.

Agradecimentos

Este trabalho é fruto da cooperação de várias pessoas.

Gostaria de agradecer:

- à editora Brasport, pela confiança e interesse em meu trabalho;
- ao Project Management Institute Global Operations Center, pelo apoio a este projeto desde sua primeira edição;
- a toda a comunidade de gerenciamento de projetos do Brasil e a todos os membros do PMI por sempre acreditarem em meu trabalho e o apoiarem;
- aos meus queridos alunos de graduação, pós-graduação e MBA, colegas nessa jornada de trabalho;
- aos meus parentes, amigos e alunos que propiciaram todo o alicerce para este livro;
- ao amigo Allan Rocha, mais uma vez, pelo suporte com as informações detalhadas da solução PPM Microsoft para o Plano de Comunicações.

O Autor

Nos últimos 20 anos, Ricardo foi responsável por mais de oitenta projetos de grande porte em diversos países, nas áreas de petróleo, energia, infraestrutura, telecomunicações, informática e finanças, com um portfólio de investimentos gerenciado superior a 20 bilhões de dólares.

Ele é atualmente Diretor Executivo da **Brightline Initiative™**, uma coalizão de organizações globais líderes dos setores empresarial, governamental e sem fins lucrativos, incluindo o Boston Consulting Group (BCG), o Project Management Institute (PMI) e a Agile Alliance. A missão da Brightline é fornecer uma plataforma de conhecimento e networking que forneça insights e soluções para superar com sucesso a lacuna entre o desenvolvimento da estratégia e a implementação da estratégia.

Ricardo é um cofundador e um sócio-gerente do **PMOtto.ai**, um assistente virtual de ponta que visa revolucionar a forma como os usuários gerenciam seus projetos e iniciativas e interagem com o software de gerenciamento de projetos. Os usuários podem se comunicar com o Otto usando linguagem natural, que é convertida em ações em seu software. PMOtto usa algoritmos revolucionários e machine learning para fornecer aos usuários recomendações com base em projetos similares e informações disponíveis.

Entre 2012 e 2016, Ricardo foi o primeiro diretor mundial do **Grupo de Infraestrutura e Projetos do Escritório de Serviços de Projetos das Nações Unidas** (UNOPS, na sigla em inglês) em Copenhagen, na Dinamarca. Com um portfólio de mais de 900 milhões de dólares em projetos, seu trabalho teve como foco a melhoria da infraestrutura e gerenciamento de projetos humanitários, de construção da paz e de desenvolvimento de infraestrutura por todo o mundo, incluindo, entre outros, países como Haiti, Afeganistão, Síria, Myanmar (Birmânia), Iraque e Sudão do Sul.

Para contato com o autor, utilize os seguintes endereços:

E-mail: ricardo@ricardo-vargas.com

Site: ricardo-vargas.com

Twitter: @rvvargas

LinkedIn: http://www.linkedin.com/in/ricardovargas

Foi o primeiro voluntário latino-americano a ser eleito para exercer a função de presidente do conselho diretor *(Chairman)* do **Project Management Institute** (PMI).

Escreveu 15 livros sobre gerenciamento de projetos, publicados em português e inglês, com mais de 300 mil exemplares vendidos mundialmente. É também o apresentador de um dos mais relevantes podcasts na área, o **5 Minutes PM Podcast**, publicado em inglês e português, com quase 5 milhões de visualizações.

Recebeu, em 2005, o PMI Professional Development Product of the Year pelo *workshop* **PMDome®**, considerado a melhor solução do mundo para o ensino do gerenciamento de projetos.

Em 2016, logo após finalizar o seu trabalho junto às Nações Unidas, Ricardo iniciou o projeto de criação de um documentário sobre Zaatari, o maior campo de refugiados da guerra da Síria, localizado no deserto de Mafraq. Em apenas quatro anos, o tamanho do campo se tornou equivalente a de uma grande cidade da Jordânia. **Zaatari: Memórias do Labirinto** é focado no lado humano e busca entender como mais de 80 mil refugiados estão refazendo suas vidas e superando os traumas da guerra. O projeto é baseado no argumento de Ricardo Vargas e Ana Cláudia Streva (Nós) e foi dirigido por Paschoal Samora. O filme foi lançado na Europa e no Brasil em abril de 2018.

Vargas é revisor reconhecido da mais importante referência no mundo sobre gerenciamento de projetos, o **PMBOK® Guide**. Foi também *chair* da tradução oficial do PMBOK® para o português.

Engenheiro químico e mestre em Engenharia de Produção pela UFMG, possui também o Master Certificate in Project Management pela George Washington University, além de ser certificado pelo PMI como Project Management Professional (**PMP**), Risk Management Professional (**PMI-RMP**) e Scheduling Professional (**PMI-SP**). É também certificado pelo Escritório de Governo e Comércio do Reino Unido (OGC) como Programme, Project Management e PRINCE® Registered Consultant (**P2RC**), como Managing Successful Programmes (MSP) Practitioner e em Management of Risks (**MoR**) Foundation. E certificado pela Scrum Alliance como Certified Scrum Master (**CSM**). Participou do programa de negociações para executivos da **Harvard Law School** e tem formação executiva de estratégia e inovação pelo **Massachusetts Institute of Technology** (**MIT**).

Área Exclusiva do Leitor

Desde a 4ª edição, substituímos o CD, que sempre acompanhou o livro, por um acesso permanente à **área exclusiva do leitor** no site ricardo-vargas.com.

A área vai permitir que você tenha acesso a vários materiais exclusivos.

Para se cadastrar na Área do Leitor, acesse o link
http://leitor.ricardo-vargas.com
e use o código de acesso contido na embalagem da contracapa do livro.

Principais vantagens da área exclusiva do leitor:

Arquivos de apoio – O leitor poderá fazer download de exercícios, modelos de projeto e artigos técnicos, entre outros.

Ver as imagens que aparecem no livro em tamanho original – O leitor terá acesso à versão digital das imagens utilizadas no livro, facilitando o estudo.

Sorteios e convites – O leitor cadastrado na área participará de sorteios exclusivos e receberá convites para eventos relacionados aos assuntos do livro.

*Caso tenha perdido seu cartão de acesso ou tenha adquirido a versão eletrônica deste livro, envie um e-mail para **info@ricardo-vargas.com** com cópia do seu recibo da compra.*

Nota do Autor à 6ª Edição

Este livro surgiu de uma necessidade que pude observar desde que iniciei meus trabalhos em gerenciamento de projetos, quando todos estavam interessados em ver exemplos de documentos de um projeto e discutir e analisar modelos e melhores práticas utilizadas pelo PMI, conhecida através do PMBOK® Guide.

Procuro apresentar, de forma direta e prática, um exemplo de projeto que pode ser analisado sob todos os aspectos do gerenciamento, incluindo o gerenciamento de escopo, tempo, custos, qualidade, RH, comunicação, riscos, aquisição, partes interessadas e integração.

Ao longo das edições, é realmente surpreendente ver que uma ideia desenvolvida para ajudar meus então alunos a entender como o gerenciamento de projetos acontece na prática tenha dado tão certo. Foram mais de 180.000 exemplares comercializados.

Eu utilizo no livro um exemplo básico e ilustrativo: a implementação de um escritório de projetos (PMO) em uma divisão de uma empresa, incluindo todos os passos da implementação, partindo da realização do diagnóstico até chegar aos resultados da implementação.

Nesta 6ª edição, meu principal interesse é garantir a aderência dos elementos do plano do projeto com a 6ª Edição do PMBOK® Guide.

Todo esse trabalho visa manter a obra sempre atualizada no cenário de gerenciamento de projetos.

Resumo das principais alterações desta edição:

- adequação de todos os processos e áreas de conhecimento para o PMBOK® Guide 6ª Edição, incluindo seus 49 processos;

- fluxo de processos do PMBOK® Guide 6ª Edição evidenciando cada uma das áreas de conhecimento através de diagramas;
- ampliação da sugestão de podcasts, vídeos e outros conteúdos relacionados ao longo do livro;
- área do leitor no site ricardo-vargas.com atualizada.

Além desses itens, diversas pequenas atualizações foram realizadas, fruto dos inúmeros e-mails que recebi desde quando o livro foi lançado, bem como de uma natural evolução das práticas e técnicas atualmente adotadas.

Finalmente, queria agradecer a todos pela receptividade extraordinária que o livro teve desde seu lançamento. Esta edição nunca seria possível sem o feedback e o interesse de vocês.

Espero que gostem e que o livro agregue muito ao seu trabalho.

Uma ótima leitura!

Ricardo Vargas

Sumário

PARTE I - CONCEITOS BÁSICOS DE GERENCIAMENTO DE PROJETOS

PARTE II - PRINCIPAIS ÁREAS DO GERENCIAMENTO DE PROJETOS SEGUNDO O PMBOK® GUIDE 6ª EDIÇÃO

ANEXO – PROJETO NOVAS FRONTEIRAS

PARTE I

CONCEITOS BÁSICOS DE GERENCIAMENTO DE PROJETOS

Capítulo 1

O que é um Projeto?

Projeto é um empreendimento não repetitivo, caracterizado por uma sequência clara e lógica de eventos, com início, meio e fim, que se destina a atingir um objetivo claro e definido, sendo conduzido por pessoas dentro de parâmetros predefinidos de tempo, custo, recursos envolvidos e qualidade.

Como exemplos de projetos, podem-se citar os seguintes:

- a instalação de uma nova planta industrial;
- a redação e a publicação de um livro;
- a reestruturação de um determinado departamento da empresa;
- a elaboração de um plano de marketing e publicidade;
- o lançamento de um novo produto ou serviço;
- a informatização de um determinado setor da empresa;
- a construção de uma casa;
- a realização de uma viagem.

Os projetos podem ser aplicados em praticamente todas as áreas do conhecimento humano, incluindo os trabalhos administrativos, estratégicos e operacionais, bem como a vida pessoal de cada um.

Podem-se destacar as seguintes áreas de aplicabilidade como os principais utilizadores da técnica de gerenciamento de projetos:

- engenharia e construção civil;
- desenvolvimento de programas de computador;
- estratégia militar;
- política;
- administração de empresas;
- marketing e publicidade;
- pesquisa e desenvolvimento;
- manutenção de planta e equipamentos.

As principais características dos projetos são a *temporariedade*, a *individualidade* do produto ou serviço a ser desenvolvido pelo projeto, a complexidade e a incerteza.

Podcasts relacionados

Desafio dos Projetos
http://rvarg.as/8m

Gerenciamento de Projetos no Dia a Dia
http://rvarg.as/8n

Super-Homem, Darth Vader ou Pobre Coitado? Quem é Realmente o Gerente de Projetos?
http://rvarg.as/70

Entendendo que Processos e Projetos não São a Mesma Coisa
http://rvarg.as/7p

A Zona Cinzenta entre Projetos e Processos
http://rvarg.as/3i

Projetos x Rotina
http://rvarg.as/8r

Gerenciamento do Produto x Gerenciamento do Projeto
http://rvarg.as/8s

Vídeos relacionados

Entrevista: Construindo Resultados com Gerenciamento de Projetos 1/3
http://rvarg.as/8o

Entrevista: Construindo Resultados com Gerenciamento de Projetos 2/3
http://rvarg.as/8p

Entrevista: Construindo Resultados com Gerenciamento de Projetos 3/3
http://rvarg.as/8q

Temporariedade significa que todo projeto apresenta um início e um fim definidos, ou seja, é um evento com duração finita, determinada em seu objetivo.

Individualidade do produto ou serviço produzido pelo projeto significa realizar algo novo, que não tinha sido realizado antes. Como o produto de cada projeto é único, suas características precisam ser elaboradas de maneira progressiva de modo a garantir as especificações do produto ou serviço a ser desenvolvido. Para entender o conceito de individualidade basta entender que um projeto é o oposto da rotina.

A partir dessas duas principais características, podem-se descrever as demais.

- **Empreendimento não repetitivo** – É um evento que não faz parte da rotina da empresa. É algo novo para as pessoas que o irão realizar.
- **Sequência clara e lógica de eventos** – O projeto é caracterizado por atividades encadeadas logicamente de modo a permitir que, durante a execução, o acompanhamento e o controle sejam precisos.
- **Início, meio e fim** – Todo projeto respeita um determinado ciclo de vida, isto é, tem uma característica temporal. Muitas vezes, o término de um projeto coincide com o início de outro. Porém, um projeto que não tem término não é um projeto, é rotina.
- **Objetivo claro e definido** – Todo projeto tem metas e resultados bem estabelecidos a serem atingidos em sua finalização.
- **Conduzido por pessoas** – O cerne fundamental de qualquer projeto são as pessoas que vão executar e atuar como partes interessadas no projeto. Sem as pessoas não existe projeto.
- **Projetos utilizam recursos** – Todo projeto utiliza recursos especificamente alocados a determinados trabalhos.
- **Parâmetros predefinidos** – Todo projeto necessita ter estabelecidos valores para prazos, custos, pessoal, material e equipamentos envolvidos, bem como a qualidade desejada para o projeto. É impossível estabelecer, previamente, com total precisão, esses parâmetros. Todos eles serão claramente identificados e quantificados no decorrer do plano do projeto. Entretanto, os parâmetros iniciais vão atuar como referências para o projeto e sua avaliação.

CAPÍTULO 2

Benefícios do Gerenciamento de Projetos

O sucesso de uma organização depende da compreensão do que é um alto desempenho do projeto: projetos concluídos no prazo, no orçamento e que atingem os objetivos originais.

Uma pesquisa[1] realizada pelo Project Management Institute mostra que organizações que investem em práticas de gerenciamento de projetos comprovadas desperdiçam 28 vezes menos dinheiro porque um número maior de iniciativas estratégicas são concluídas com êxito.

As organizações com alto desempenho em projetos têm maiores taxas de sucesso (92% contra 33% das de baixo desempenho).

Figura 2.1 - Capa do relatório *Pulse of the Profession*

[1] *PMI's Pulse of the Profession: Transforming the High Cost of Low Performance. 2017.* http://rvarg.as/pulse

Podcast relacionado

Gerenciamento de Projetos como Habilidade de Vida
http://rvarg.as/3r

Artigo relacionado

Determinando o ROI Matemático de uma Implementação de um Escritório de Projetos (PMO)
http://rvarg.as/8t

Dentre os **principais benefícios** da utilização do gerenciamento de projetos, podem-se destacar os seguintes:

- evita surpresas durante a execução dos trabalhos;
- permite desenvolver diferenciais competitivos e novas técnicas, uma vez que toda a metodologia está sendo estruturada;
- antecipa as situações desfavoráveis que poderão ser encontradas, para que ações preventivas e corretivas possam ser tomadas antes que essas situações se consolidem como problemas;
- adapta os trabalhos ao mercado consumidor e ao cliente;
- disponibiliza os orçamentos antes do início dos gastos;
- agiliza as decisões, já que as informações estão estruturadas e disponibilizadas;
- aumenta o controle gerencial de todas as fases implementadas devido ao detalhamento ter sido realizado;
- facilita e orienta as revisões da estrutura do projeto que forem decorrentes de modificações no mercado ou no ambiente competitivo, melhorando a capacidade de adaptação do projeto;
- otimiza a alocação de pessoas, equipamentos e materiais necessários;
- documenta e facilita as estimativas para futuros projetos.

Capítulo 3

Causas de Fracasso em Projetos

Outro aspecto importante do gerenciamento de projetos está na adequada identificação das causas de fracasso dos projetos.

Por que os projetos falham? Mesmo com a grande quantidade de benefícios gerados pelos projetos, boa parte deles falha ou não atinge o resultado esperado. Muitas falhas são decorrentes de obstáculos naturais ou externos que estão completamente fora do controle da organização e que, muitas vezes, somente podem ser minimizados ou evitados através de um gerenciamento de riscos eficiente.

A partir de uma coletânea dos tipos de falhas mais comuns, têm-se inicialmente as falhas gerenciais, tais como as seguintes:

- as metas e os objetivos são mal estabelecidos, ou não são compreendidos pelos escalões inferiores;
- há pouca compreensão da complexidade do projeto;
- o projeto inclui muitas atividades e muito pouco tempo para realizá-las;
- as estimativas financeiras são pobres e incompletas;
- o projeto é baseado em dados insuficientes, ou inadequados;
- o sistema de controle é inadequado;
- o projeto não teve um gerente de projetos, ou teve vários, criando círculos de poder paralelos aos previamente estabelecidos;
- criou-se muita dependência no uso de *softwares* de gestão de projetos;
- o projeto foi estimado com base na experiência empírica, ou *feeling* dos envolvidos, deixando em segundo plano os dados históricos de projetos similares, ou até mesmo análises estatísticas efetuadas;
- o treinamento e a capacitação foram inadequados;
- faltou liderança do gerente de projetos;
- não foi destinado tempo para as estimativas e o planejamento;
- não se conheciam as necessidades de pessoal, equipamentos e materiais;
- fracassou a integração dos elementos-chave do escopo do projeto;
- cliente/projeto tinham expectativas distintas e, muitas vezes, opostas;

Podcasts relacionados

10 Razões para o Fracasso de um Projeto – Parte 1/2
http://rvarg.as/29

10 Razões para o Fracasso de um Projeto – Parte 2/2
http://rvarg.as/2b

Definindo Sucesso em um Projeto – Parte 1/2
http://rvarg.as/8u

Definindo Sucesso em um Projeto – Parte 2/2
http://rvarg.as/8v

- não se conheciam os pontos-chave do projeto;
- ninguém verificou se as pessoas envolvidas nas atividades tinham conhecimento necessário para executá-las;
- as pessoas não estavam trabalhando nos mesmos padrões, ou os padrões de trabalho não foram estabelecidos.

Capítulo 4

Ciclo de Vida de um Projeto

Todo projeto pode ser subdividido em determinadas fases de desenvolvimento. O entendimento dessas fases permite ao time do projeto um melhor controle do total de recursos gastos para atingir as metas estabelecidas. Esse conjunto de fases é conhecido como ciclo de vida.

Podcasts relacionados

- Conflitos e as Fases do Projeto *http://rvarg.as/8w*
- 3 Fatores que fazem um Projeto de Tecnologia Diferente dos demais Projetos *http://rvarg.as/7n*

O ciclo de vida possibilita que seja avaliada uma série de similaridades que podem ser encontradas em todos os projetos, independentemente de seu contexto, aplicabilidade ou área de atuação.

Conhecer as fases do ciclo de vida proporciona vários benefícios para quaisquer tipos de projetos. Dentre eles, podem ser destacados os seguintes:

- a correta análise do ciclo de vida determina o que foi, ou não, feito pelo projeto;
- o ciclo de vida avalia como o projeto está progredindo até o momento;
- o ciclo de vida permite que seja indicado qual o ponto exato em que o projeto se encontra no momento.

Ao longo do ciclo de vida, diversas considerações podem ser feitas, principalmente:

- se as características do projeto tendem a mudar com a conclusão de cada fase do projeto;
- se a incerteza relativa aos prazos e custos tende a diminuir com o término de cada fase.

A descrição do ciclo de vida do projeto pode ser genérica, representada por um único gráfico com os grupos de processos, ou detalhada, incluindo vários gráficos, fluxogramas e tabelas, específicos de cada atividade.

Um dos principais aspectos a serem avaliados durante o ciclo de vida do projeto é o nível de esforço. Entende-se por esforço a quantidade de pessoas envolvidas no projeto, o dispêndio de trabalho e dinheiro com o projeto, as preocupações, as complicações, as horas-extras etc.

O nível de esforço destinado ao projeto inicia-se em praticamente zero e vai crescendo até atingir um máximo e, logo após esse ponto, reduz-se bruscamente até atingir o valor zero, representante do término do projeto.

A localização do ponto máximo de esforço pode variar de projeto para projeto, mas usualmente acontece no terço final da execução dos trabalhos.

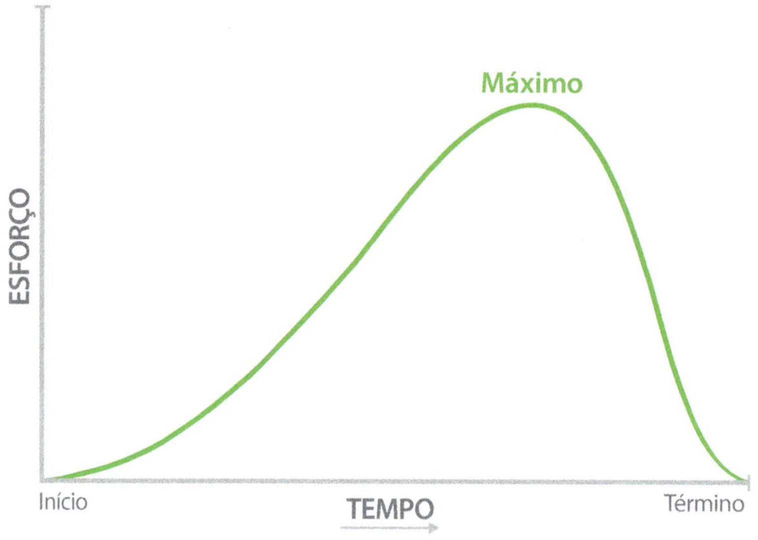

Figura 4.1 - Variação do esforço com o tempo em um projeto

Capítulo 5

Nove Mitos do Gerenciamento de Projetos

Com o crescimento da utilização dos conceitos de gerenciamento de projetos por parte das organizações, diversos mitos sobre gerenciamento de projetos foram superados e substituídos por conceitos mais modernos e dinâmicos. No livro *A busca pela Excelência em Gerenciamento de Projetos*[2], Harold Kerzner propôs os seguintes novos conceitos, após colher inúmeros relatos de experiências organizacionais.

[2] Harold Kerzner. *In Search of Excellence in Project Management: Successful Practices in High Performance Organizations. New York: Van Nostrand Reinhold, 1998.*

Mito 1: Gerenciamento de projetos requer mais pessoas e adiciona custos indiretos à empresa.

> **Conceito revisado:** *O gerenciamento de projetos permite ao projeto realizar mais trabalho em menos tempo com menos pessoas.*

Mito 2: A lucratividade pode diminuir em decorrência dos custos de controle.

> **Conceito revisado:** *A lucratividade irá aumentar devido à presença de controle.*

Mito 3: O gerenciamento de projetos aumenta o número de mudanças no escopo.

> **Conceito revisado:** *O gerenciamento de projetos permite maior controle sobre as mudanças de escopo.*

Mito 4: O gerenciamento de projetos cria instabilidade organizacional e aumenta os conflitos entre departamentos.

> **Conceito revisado:** *O gerenciamento de projetos torna a organização mais eficiente e melhora efetivamente a relação entre os setores através do trabalho em equipe.*

Mito 5: O gerenciamento de projetos cria problemas.

> **Conceito revisado:** *O gerenciamento de projetos possibilita a solução de problemas.*

Mito 6: Somente grandes projetos necessitam de gerenciamento.

> **Conceito revisado:** *Todos os projetos se beneficiam diretamente do gerenciamento de projetos.*

Mito 7: O gerenciamento de projetos cria problemas de poder e autoridade.

> **Conceito revisado:** *O gerenciamento de projetos reduz os conflitos por poder.*

Mito 8: O gerenciamento de projetos tem como objetivo os produtos.

> **Conceito revisado:** *O gerenciamento de projetos tem como objetivo as soluções.*

Mito 9: O custo do gerenciamento de projetos pode tornar a companhia menos competitiva.

> **Conceito revisado:** *O gerenciamento de projetos aprimora os negócios da empresa.*

Capítulo 6

Os Grupos de Processos

Os grupos de processos são as fases consideradas genéricas dentro de um projeto. Cada projeto pode ser dividido em fases que dependem, intimamente, da natureza do projeto.

Um projeto é desenvolvido a partir de uma ideia, progredindo para um plano, que, por sua vez, é executado e concluído. Cada fase do projeto é caracterizada pela entrega, ou finalização, de um determinado trabalho.

Toda entrega deve ser tangível e de fácil identificação, como, por exemplo, um relatório confeccionado, um cronograma estabelecido ou um conjunto de atividades realizado.

Genericamente, o ciclo de vida de um projeto pode ser dividido em fases características, conforme ilustrado a seguir.

Podcast relacionado

Análise de Viabilidade do Projeto *versus* Planejamento e Execução do Projeto: Entendendo as Fronteiras
http://rvarg.as/3x

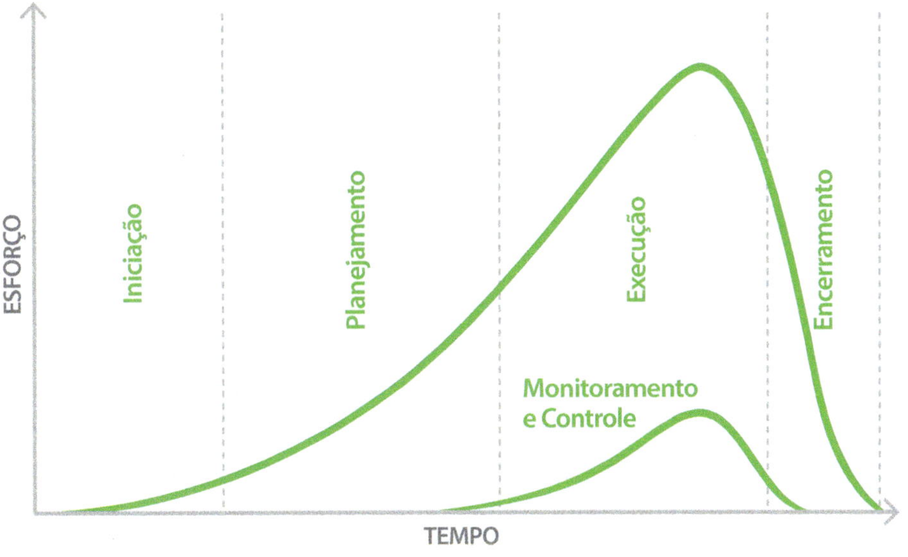

Figura 6.1 - O ciclo de vida do projeto subdividido em fases ou Grupos de Processo

Cada fase do projeto normalmente define:

- qual é o trabalho técnico que deve ser realizado;
- quem deve estar envolvido.

Iniciação – É a fase inicial do projeto, quando uma determinada necessidade é identificada e transformada em um problema estruturado a ser resolvido por ele. Nessa fase, a missão (justificativa ou caso de negócio) e o objetivo do projeto são definidos, os documentos iniciais são confeccionados e as melhores estratégias são identificadas e selecionadas.

Planejamento – É a fase responsável por detalhar tudo aquilo que será realizado pelo projeto, incluindo cronogramas, interdependências entre atividades, alocação dos recursos envolvidos, análise de custos etc., para que, no final dessa fase, ele esteja suficientemente detalhado para ser executado sem dificuldades e imprevistos. Nessa fase, os planos de escopo, tempo, custos, qualidade, recursos humanos, comunicações, riscos e aquisições são desenvolvidos.

Execução – É a fase que materializa tudo aquilo que foi planejado anteriormente. Qualquer erro cometido nas fases anteriores fica evidente durante essa fase. Grande parte do orçamento e do esforço do projeto é consumida nessa fase.

Monitoramento e Controle – É a fase que acontece paralelamente às demais fases do projeto. Tem como objetivo acompanhar e controlar aquilo que está sendo realizado pelo projeto, de modo a propor ações corretivas e preventivas no menor espaço de tempo possível após a detecção da anormalidade. O objetivo do controle é comparar o *status* atual do projeto com o *status* previsto pelo planejamento, tomando ações preventivas e corretivas em caso de desvio.

Encerramento – É a fase quando a execução dos trabalhos é avaliada através de uma auditoria interna ou externa (terceiros), os documentos do projeto são encerrados e todas as falhas ocorridas durante o projeto são discutidas e analisadas para que erros similares não ocorram em novos projetos. Muito conhecida como Fase de Aprendizado.

Uma análise direta do gráfico mencionado anteriormente não é conclusiva quanto à interdependência e sobreposição de fases no projeto. Na verdade, com o desenrolar do projeto, praticamente todas as fases são realizadas quase que simultaneamente, em um ciclo dinâmico de ações.

PARTE II

PRINCIPAIS ÁREAS DO GERENCIAMENTO DE PROJETOS SEGUNDO O PMBOK® GUIDE 6ª EDIÇÃO

CAPÍTULO 7

Apresentação

O PMBOK® Guide 6ª Edição[3] é um guia de gerenciamento de projetos internacionalmente reconhecido, desenvolvido pelo Project Management Institute (PMI), que fornece os conceitos fundamentais de gerenciamento de projetos. Atualmente o PMBOK® Guide está disponível gratuitamente para os membros do PMI em 11 diferentes idiomas, incluindo o português brasileiro. O guia também é comercializado nas mais importantes livrarias e sites do mundo.

Como em qualquer outra profissão – advocacia, medicina ou contabilidade – o conjunto de conhecimentos descrito no PMBOK® Guide se baseia na contribuição daqueles profissionais e estudantes que aplicam esses conhecimentos no dia a dia, desenvolvendo-os. O guia inclui os conhecimentos já comprovados através de práticas tradicionais que são amplamente utilizadas, assim como conhecimentos de práticas mais inovadoras e avançadas que têm tido uma aplicação mais limitada, incluindo material publicado ou não.

O guia também procura identificar e descrever aquela parte do PMBOK® que é geralmente aceita. O termo "geralmente aceita" significa, neste caso, que os conhecimentos e práticas descritos são aplicáveis à maioria dos projetos, na maioria das vezes, e que há um consenso amplamente difundido sobre seu valor e utilidade. "Geralmente aceita" não significa, entretanto, que os conhecimentos e práticas descritos são ou devem ser praticados uniformemente em todos os projetos; a equipe de gerência do projeto é sempre responsável pela escolha daquilo que é mais apropriado para um projeto específico. Por exemplo, se o projeto não tem nenhuma organização externa fornecendo materiais ou serviços para o projeto, não existe a necessidade de utilizar os processos relacionados ao gerenciamento das aquisições.

Além disso, o PMBOK® Guide pretende também fornecer uma terminologia e um glossário comum, dentro da profissão e práticas, para a linguagem oral e escrita sobre gerenciamento de projetos.

No PMBOK® Guide 6ª Edição são abordados 49 processos divididos nas dez áreas de conhecimentos, formando um fluxo de processos, como o descrito na figura a seguir.

[3] Project Management Institute. *A guide to the project management body of knowledge (PMBOK® Guide) - 6th Edition*.

Podcasts relacionados

O Novo PMBOK® Guide 6ª Edição – Parte 1 de 2
http://rvarg.as/yr

O Novo PMBOK® Guide 6ª Edição – Parte 2 de 2
http://rvarg.as/yt

Vídeo relacionado

Elaboração do Fluxo de Processos do PMBOK® Guide 6ª Edição
http://rvarg.as/zg

Documento relacionado

Fluxo (completo e simplificado) do PMBOK® Guide 6ª Edição
http://rvarg.as/pmbok6

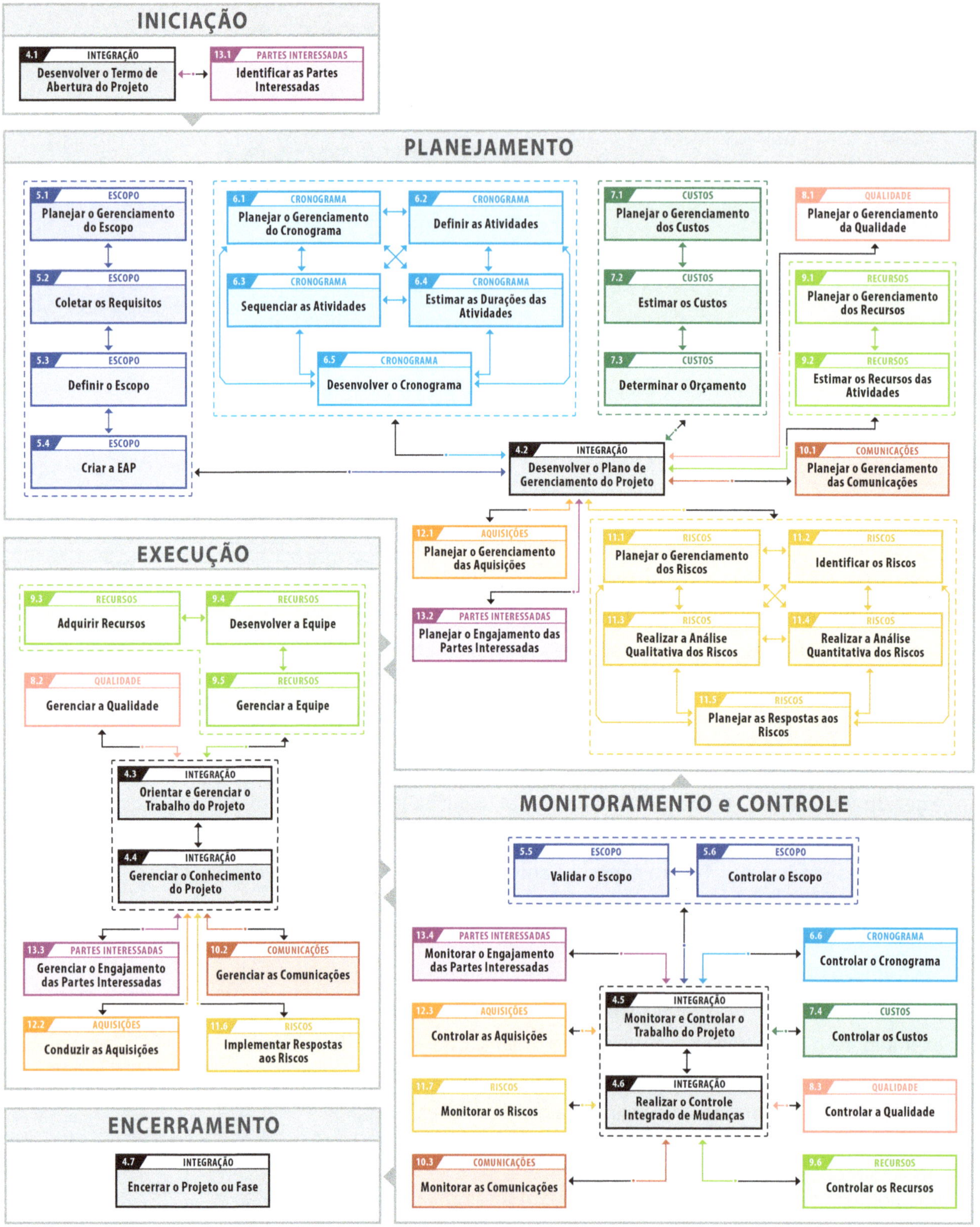

Figura 7.1 - Fluxo com os 49 processos do PMBOK® Guide 6ª Edição

CAPÍTULO 8

Decomposição do PMBOK® Guide 6ª Edição através de Mapas Mentais *(Mindmaps)*

Mapas mentais, também conhecidos como *Mindmaps*, são considerados um padrão mundial para criação, gerenciamento e comunicação de ideias. Eles apoiam a organização de ideias e de conhecimento através de uma visualização intuitiva e amigável, além de possuir grande versatilidade visual.

Podcast relacionado

Mapas Mentais
http://rvarg.as/8y

Mapas mentais se iniciam com uma ideia central, onde todos os ramos do mapa significam uma decomposição da ideia principal em ideias relacionadas, baseadas em um modelo visual de pensamento.

O pensamento visual é um conceito baseado nas pesquisas de como o cérebro humano funciona e busca o estímulo dos sensos visual e tátil, de modo a aumentar a criatividade e o entendimento das partes em um todo unificado, reduzindo o tempo de desenvolvimento e entendimento de ideias.

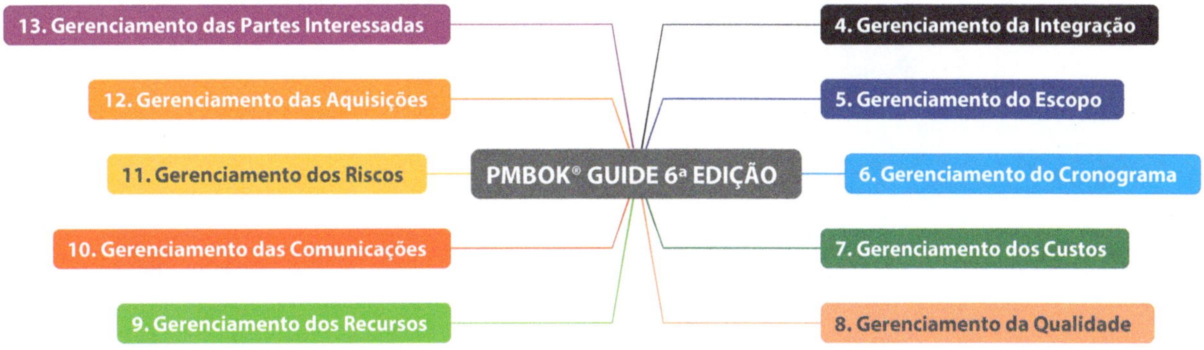

Figura 8.1 - Mapa mental das dez áreas do gerenciamento de projetos segundo o PMBOK® Guide 6ª Edição

O PMBOK® Guide 6ª Edição é dividido em dez áreas e 49 processos, como é apresentado nos mapas mentais que se seguem. Em cada um dos próximos capítulos, os mapas mentais de cada uma das áreas serão apresentados.

No mapa mental anterior, as dez áreas de conhecimento do PMBOK® Guide são apresentadas dentro do todo de conhecimento do PMI. Ao detalhar cada uma das áreas nos 49 processos, tem-se o mapa a seguir, onde os processos são agrupados de acordo com as cinco fases ou grupos de processo.

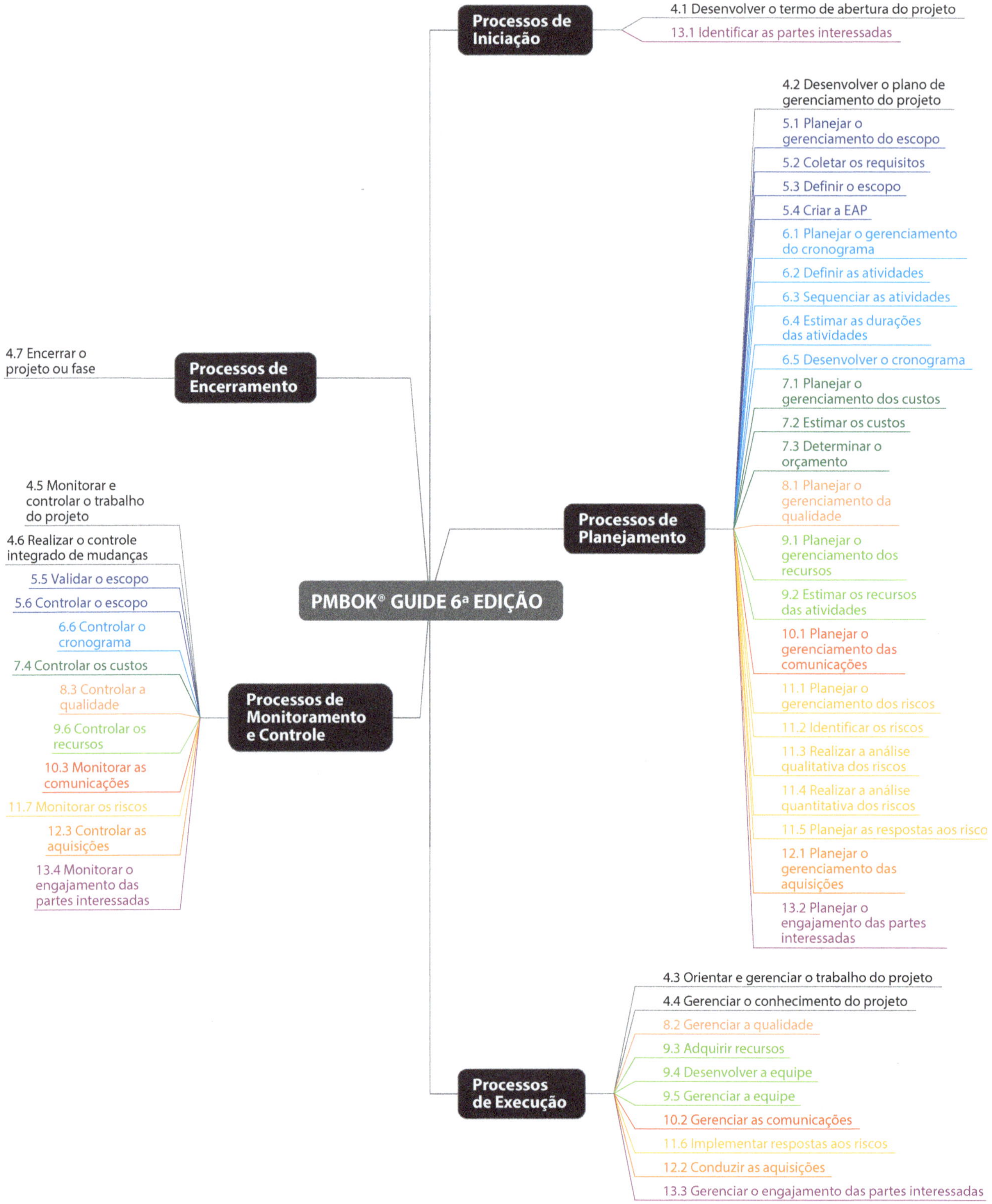

Figura 8.2 - Mapa mental dos processos do PMBOK® Guide 6ª Edição organizados por fases (ou grupos de processos)

Capítulo 9

Áreas do Gerenciamento de Projetos

As áreas do gerenciamento de projetos descrevem o gerenciamento de projetos em termos de seus processos componentes. Esses processos podem ser organizados em dez grupos integrados, como descrito na **figura 9.1**. Cada um desses processos tem um detalhamento específico e uma abrangência própria, porém está integrado, a todo o momento, com os demais, formando um todo único e organizado.

Podcasts relacionados

A melhor maneira de se ler o PMBOK® Guide
http://rvarg.as/105

Gerenciamento da Integração – Área que engloba os processos requeridos para assegurar que todos os elementos do projeto sejam adequadamente coordenados e integrados, garantindo que o seu todo seja sempre beneficiado.

Gerenciamento do Escopo – Área que engloba os processos necessários para assegurar que, no projeto, esteja incluído todo o trabalho requerido, e somente o trabalho requerido, para concluí-lo de maneira bem-sucedida.

Gerenciamento do Cronograma – Área que engloba os processos necessários para assegurar a conclusão do projeto no prazo previsto. É uma das áreas mais visíveis do gerenciamento de projetos.

Gerenciamento dos Custos – Área que engloba os processos requeridos para assegurar que um projeto seja concluído de acordo com seu orçamento previsto.

Gerenciamento da Qualidade – Área que engloba os processos requeridos para assegurar que os produtos ou serviços do projeto estarão em conformidade com o solicitado pelo cliente ou contratante.

Gerenciamento dos Recursos – Área que engloba os processos requeridos para fazer uso mais efetivo dos recursos do projeto (materiais, equipamentos e pessoas).

Gerenciamento das Comunicações – Área que engloba os processos requeridos para assegurar que as informações do projeto sejam adequadamente obtidas e disseminadas.

Gerenciamento dos Riscos – Área que visa planejar, identificar, qualificar, quantificar, responder e monitorar os riscos do projeto.

Gerenciamento das Aquisições – Área que engloba os processos requeridos para adquirir bens e serviços de fora da organização promotora. Também conhecido como gerenciamento de suprimentos ou contratos.

Gerenciamento das Partes Interessadas – Área que engloba os processos requeridos para garantir que as partes interessadas no projeto (fornecedores, equipe, patrocinador, comunidade etc.) sejam identificadas, avaliadas e estrategicamente gerenciadas.

Figura 9.1 - As dez áreas de conhecimento do gerenciamento de projetos

CAPÍTULO 10

Gerenciamento da Integração

O processo de integração do projeto consiste em garantir que todas as demais áreas estejam integradas em um todo único. Seu objetivo é estruturar todo o projeto de modo a garantir que as necessidades dos envolvidos sejam atendidas pelo projeto.

Os processos de gerenciamento da integração se decompõem conforme o mapa mental a seguir.

Podcasts relacionados

- Comitê de Controle de Mudanças do Projeto
  http://rvarg.as/90
- Onde eu coloco o objetivo do projeto?
  http://rvarg.as/91
- Reunião de Abertura do Projeto
  http://rvarg.as/92

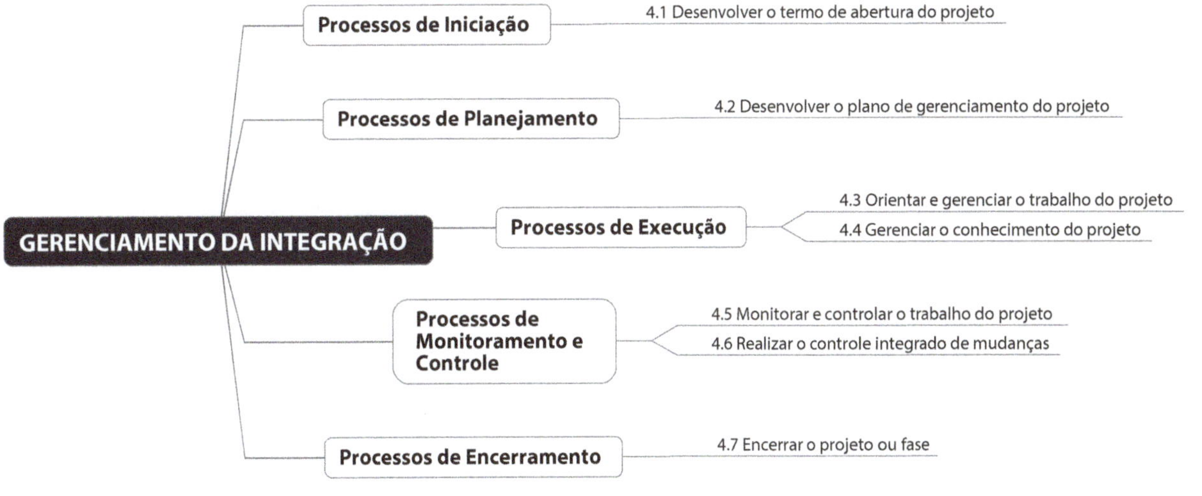

Figura 10.1 - Processos de Gerenciamento da Integração distribuídos ao longo das fases do projeto

O PMBOK® Guide 6ª Edição subdivide o gerenciamento da integração em sete processos:

- Desenvolver o termo de abertura do projeto (4.1);
- Desenvolver o plano de gerenciamento do projeto (4.2);
- Orientar e gerenciar o trabalho do projeto (4.3);
- Gerenciar o conhecimento do projeto (4.4);
- Monitorar e controlar o trabalho do projeto (4.5);
- Realizar o controle integrado de mudanças (4.6);
- Encerrar o projeto ou fase (4.7).

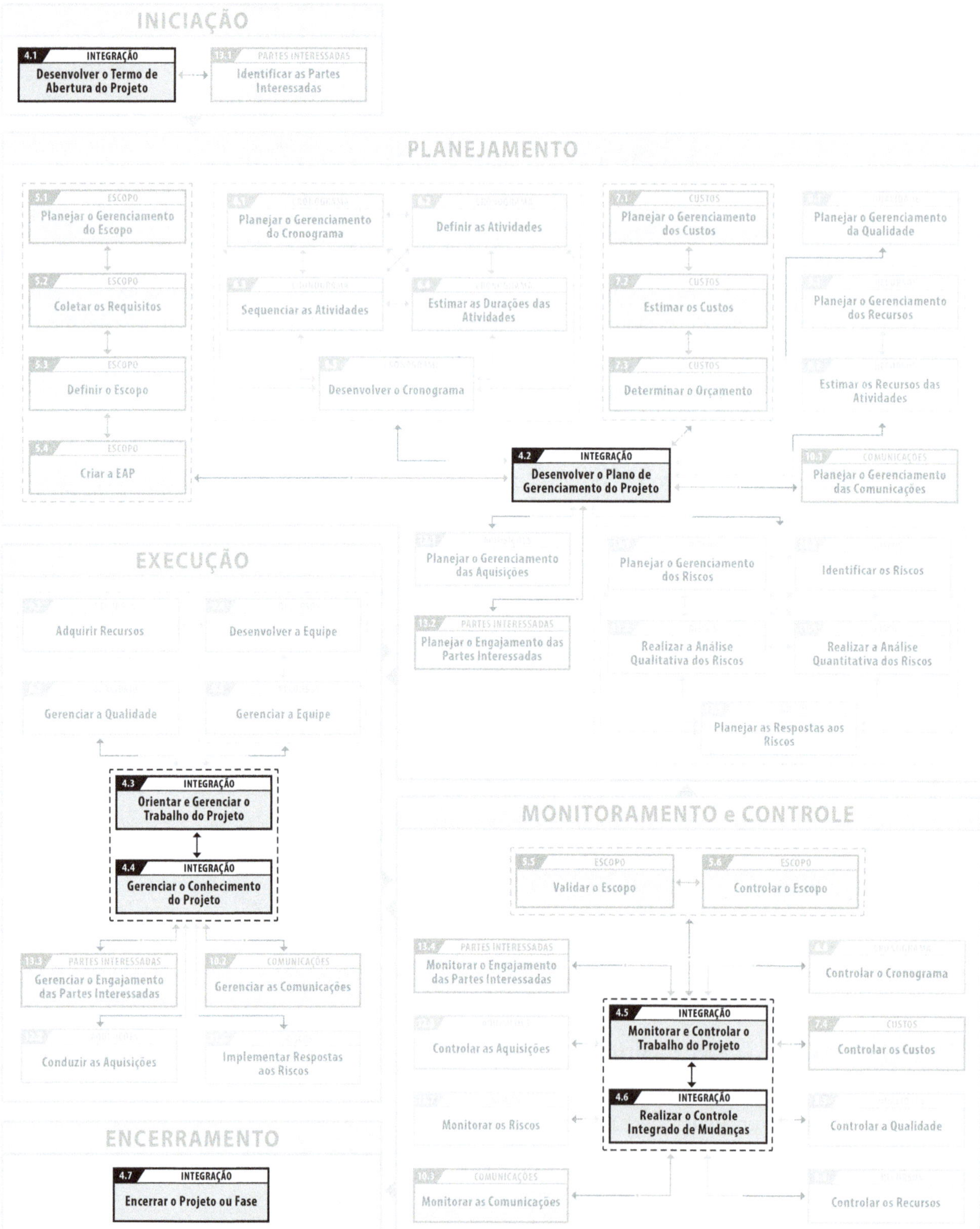

Figura 10.2 - Versão simplificada do Fluxo de Processos do PMBOK® Guide 6ª Edição com destaque para os processos do Gerenciamento da Integração

4.1 DESENVOLVER O TERMO DE ABERTURA DO PROJETO

Descrição

É o processo de desenvolver um documento que formalmente autoriza a existência de um projeto e fornece ao gerente do projeto a autoridade necessária para aplicar recursos organizacionais às atividades do projeto.

Entradas

1. Documentos de negócios
2. Acordos
3. Fatores ambientais da empresa
4. Ativos de processos organizacionais

Ferramentas e Técnicas

1. Opinião especializada
2. Coleta de dados
3. Habilidades interpessoais e de equipe
4. Reuniões

Saídas

1. Termo de abertura do projeto
2. Registro de premissas

4.2 DESENVOLVER O PLANO DE GERENCIAMENTO DO PROJETO

Descrição

É o processo de definir, preparar e coordenar todos os componentes do plano e consolidá-los em um plano integrado de gerenciamento do projeto.

Entradas

1. Termo de abertura do projeto
2. Saídas de outros processos
3. Fatores ambientais da empresa
4. Ativos de processos organizacionais

Ferramentas e Técnicas

1. Opinião especializada
2. Coleta de dados
3. Habilidades interpessoais e de equipe
4. Reuniões

Saídas

1. Plano de gerenciamento do projeto

4.3 ORIENTAR E GERENCIAR O TRABALHO DO PROJETO

Descrição

É o processo de liderar e realizar o trabalho definido no plano de gerenciamento do projeto e a implementação das mudanças aprovadas para atingir os objetivos do projeto.

Entradas

1. Plano de gerenciamento do projeto
2. Documentos do projeto
3. Solicitações de mudança aprovadas
4. Fatores ambientais da empresa
5. Ativos de processos organizacionais

Ferramentas e Técnicas

1. Opinião especializada
2. Sistema de informações de gerenciamento de projetos
3. Reuniões

Saídas

1. Entregas
2. Dados de desempenho do trabalho
3. Registro das questões
4. Solicitações de mudança
5. Atualizações do plano de gerenciamento do projeto
6. Atualizações de documentos do projeto
7. Atualizações de ativos de processos organizacionais

4.4 GERENCIAR O CONHECIMENTO DO PROJETO

Descrição

É o processo de utilizar conhecimentos existentes e criar novos conhecimentos para alcançar os objetivos do projeto e contribuir para a aprendizagem organizacional.

Entradas

1. Plano de gerenciamento do projeto
2. Documentos do projeto
3. Entregas
4. Fatores ambientais da empresa
5. Ativos de processos organizacionais

Ferramentas e Técnicas

1. Opinião especializada
2. Gerenciamento de conhecimentos
3. Gerenciamento de informações
4. Habilidades interpessoais e de equipe

Saídas

1. Registro das lições aprendidas
2. Atualizações do plano de gerenciamento do projeto
3. Atualizações de ativos de processos organizacionais

4.5 MONITORAR E CONTROLAR O TRABALHO DO PROJETO

Descrição

É o processo de acompanhamento, análise e relato do progresso geral para atender aos objetivos de desempenho definidos no plano de gerenciamento do projeto.

Entradas

1. Plano de gerenciamento do projeto
2. Documentos do projeto
3. Informações sobre o desempenho do trabalho
4. Acordos
5. Fatores ambientais da empresa
6. Ativos de processos organizacionais

Ferramentas e Técnicas

1. Opinião especializada
2. Análise de dados
3. Tomada de decisão
4. Reuniões

Saídas

1. Relatórios de desempenho do trabalho
2. Solicitações de mudança
3. Atualizações do plano de gerenciamento do projeto
4. Atualizações de documentos do projeto

4.6 REALIZAR O CONTROLE INTEGRADO DE MUDANÇAS

Descrição

É o processo de revisar todas as solicitações de mudança, aprovar as mudanças e gerenciar as mudanças nas entregas, ativos de processos organizacionais, documentos do projeto e no plano de gerenciamento do projeto, e comunicar as decisões tomadas.

Entradas

1. Plano de gerenciamento do projeto
2. Documentos do projeto
3. Relatórios de desempenho do trabalho
4. Solicitações de mudança
5. Fatores ambientais da empresa
6. Ativos de processos organizacionais

Ferramentas e Técnicas

1. Opinião especializada
2. Ferramentas de controle de mudanças
3. Análise de dados
4. Tomada de decisões
5. Reuniões

Saídas

1. Solicitações de mudança aprovadas
2. Atualizações do plano de gerenciamento do projeto
3. Atualizações de documentos do projeto

4.7 ENCERRAR O PROJETO OU FASE

Descrição

É o processo de finalização de todas as atividades para o projeto, fase ou contrato.

Entradas

1. Termo de abertura do projeto
2. Plano de gerenciamento do projeto
3. Documentos do projeto
4. Entregas aceitas
5. Documentos de negócios
6. Acordos
7. Documentação de aquisições
8. Ativos de processos organizacionais

Ferramentas e Técnicas

1. Opinião especializada
2. Análise de dados
3. Reuniões

Saídas

1. Atualizações de documentos do projeto
2. Transição do produto, serviço ou resultado final
3. Relatório final
4. Atualizações de ativos de processos organizacionais

Capítulo 11

Gerenciamento do Escopo

O gerenciamento de escopo tem como objetivo principal definir e controlar os trabalhos a serem realizados pelo projeto de modo a garantir que o produto, ou serviço, desejado seja obtido através da menor quantidade de trabalho possível, sem abandonar nenhuma premissa estabelecida no objetivo do projeto.

Os processos de gerenciamento de escopo se decompõem conforme o mapa mental a seguir.

Podcasts relacionados

Importância da Estrutura Analítica (EAP) no Gerenciamento de Custos do Projeto
http://rvarg.as/93

Entendendo o Planejamento em Ondas Sucessivas (Rolling Wave Planning)
http://rvarg.as/6y

Medindo o Avanço Físico do Projeto
http://rvarg.as/8g

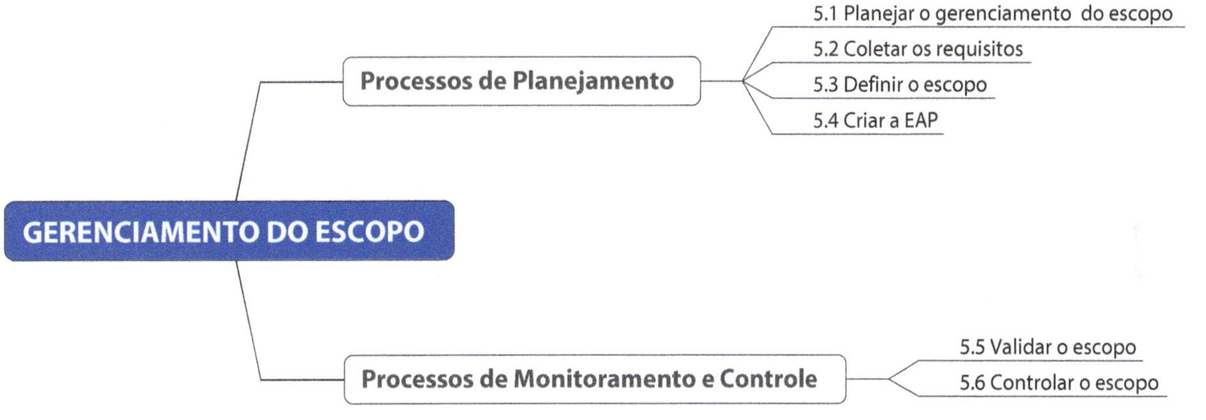

Figura 11.1 - Processos de Gerenciamento do Escopo distribuídos ao longo das fases do projeto

O PMBOK® Guide 6ª Edição subdivide o gerenciamento do escopo em seis processos:

- Planejar o gerenciamento do escopo (5.1);
- Coletar os requisitos (5.2);
- Definir o escopo (5.3);
- Criar a EAP (5.4);
- Validar o escopo (5.5);
- Controlar o escopo (5.6).

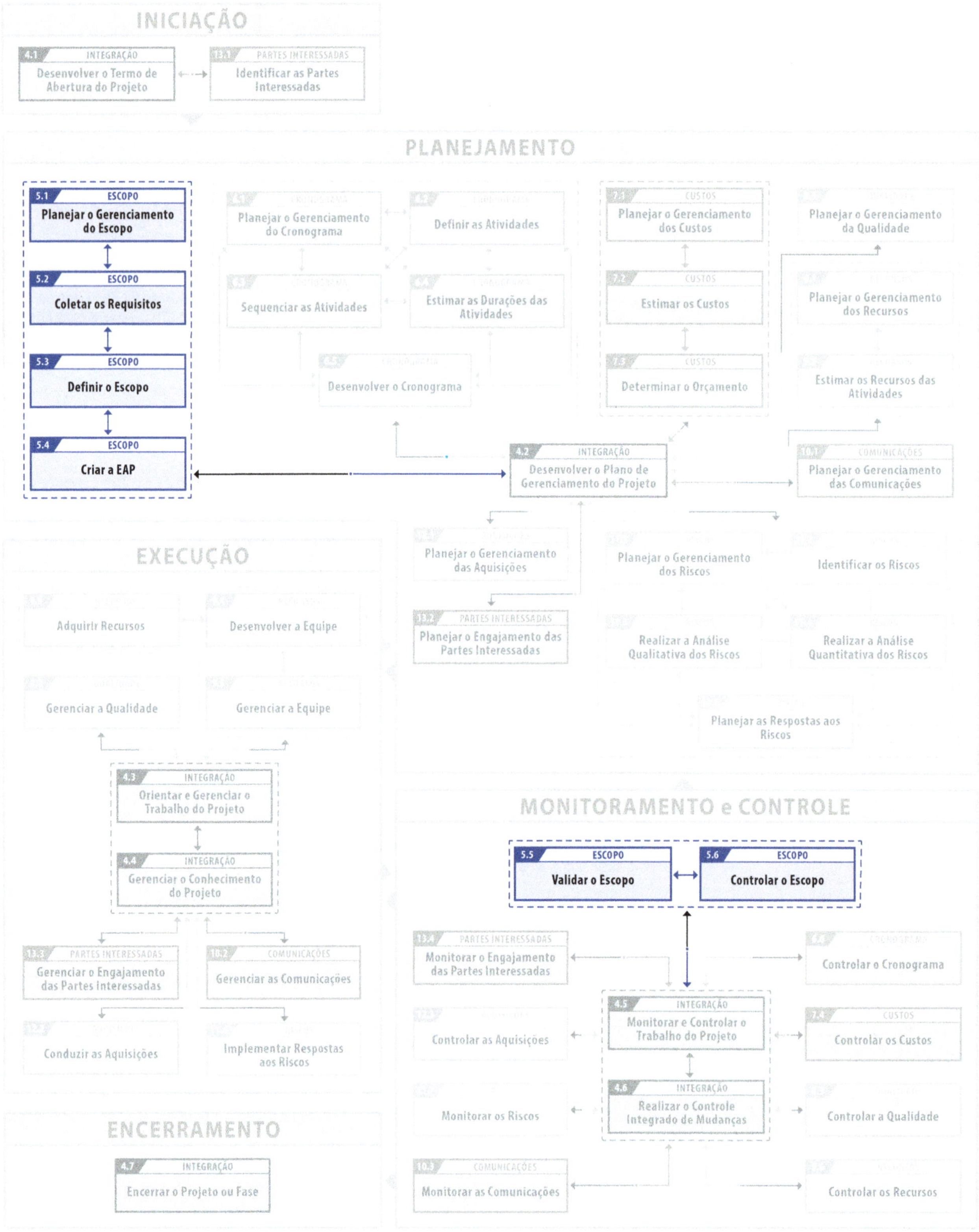

Figura 11.2 - Versão simplificada do Fluxo de Processos do PMBOK® Guide 6ª Edição com destaque para os processos do Gerenciamento do Escopo

5.1 PLANEJAR O GERENCIAMENTO DO ESCOPO

Descrição

É o processo de criar um plano de gerenciamento do escopo que documenta como os escopos do projeto e do produto serão definidos, validados e controlados.

Entradas

1. Termo de abertura do projeto
2. Plano de gerenciamento do projeto
3. Fatores ambientais da empresa
4. Ativos de processos organizacionais

Ferramentas e Técnicas

1. Opinião especializada
2. Análise de dados
3. Reuniões

Saídas

1. Plano de gerenciamento do escopo
2. Plano de gerenciamento dos requisitos

5.2 COLETAR OS REQUISITOS

Descrição

É o processo de determinar, documentar e gerenciar as necessidades e requisitos das partes interessadas a fim de atender aos objetivos do projeto.

Entradas

1. Termo de abertura do projeto
2. Plano de gerenciamento do projeto
3. Documentos do projeto
4. Documentos de negócios
5. Acordos
6. Fatores ambientais da empresa
7. Ativos de processos organizacionais

Ferramentas e Técnicas

1. Opinião especializada
2. Coleta de dados
3. Análise de dados
4. Tomada de decisão
5. Representação de dados
6. Habilidades interpessoais e de equipe
7. Diagramas de contexto
8. Protótipos

Saídas

1. Documentação dos requisitos
2. Matriz de rastreabilidade dos requisitos

5.3 DEFINIR O ESCOPO

Descrição

É o processo de desenvolver uma descrição detalhada do projeto e do produto.

Entradas

1. Termo de abertura do projeto
2. Plano de gerenciamento do projeto
3. Documentos do projeto
4. Fatores ambientais da empresa
5. Ativos de processos organizacionais

Ferramentas e Técnicas

1. Opinião especializada
2. Análise de dados
3. Tomada de decisão
4. Habilidades interpessoais e de equipe
5. Análise de produto

Saídas

1. Especificação do escopo do projeto
2. Atualizações de documentos do projeto

5.4 CRIAR A EAP

Descrição

É o processo de subdividir as entregas e o trabalho do projeto em componentes menores e mais facilmente gerenciáveis.

Entradas

1. Plano de gerenciamento do projeto
2. Documentos do projeto
3. Fatores ambientais da empresa
4. Ativos de processos organizacionais

Ferramentas e Técnicas

1. Opinião especializada
2. Decomposição

Saídas

1. Linha de base do escopo
2. Atualizações de documentos do projeto

5.5 VALIDAR O ESCOPO

Descrição

É o processo de formalizar a aceitação das entregas concluídas do projeto.

Entradas

1. Plano de gerenciamento do projeto
2. Documentos do projeto
3. Entregas verificadas
4. Dados de desempenho do trabalho

Ferramentas e Técnicas

1. Inspeção
2. Tomada de decisão

Saídas

1. Entregas aceitas
2. Informações sobre o desempenho do trabalho
3. Solicitações de mudança
4. Atualizações de documentos do projeto

5.6 CONTROLAR O ESCOPO

Descrição

É o processo de monitoramento do andamento do escopo do projeto e do produto e do gerenciamento das mudanças feitas na linha de base do escopo.

Entradas

1. Plano de gerenciamento do projeto
2. Documentos do projeto
3. Dados de desempenho do trabalho
4. Ativos de processos organizacionais

Ferramentas e Técnicas

1. Análise de dados

Saídas

1. Informações sobre o desempenho do trabalho
2. Solicitações de mudança
3. Atualizações do plano de gerenciamento do projeto
4. Atualizações de documentos do projeto

CAPÍTULO 12

Gerenciamento do Cronograma

O gerenciamento do cronograma, juntamente com o gerenciamento dos custos, são as mais visíveis áreas do gerenciamento de projetos. A grande maioria das pessoas que se interessa por projetos tem como objetivo inicial controlar prazos, confeccionar cronogramas e redes etc.

É importante ressaltar que o gerenciamento do cronograma mostra o "impacto" de problemas no projeto e não a "causa" do problema. O gerenciamento do cronograma é como um termômetro para a febre. Ele mostra que algo está errado, mas não diz qual a razão do problema.

O principal objetivo dessa área é garantir que o projeto seja concluído dentro do prazo determinado. Os processos de gerenciamento do cronograma se decompõem conforme o mapa mental a seguir.

Podcasts relacionados

4 Mecanismos de Previsões de Prazos e Custos em Projetos
http://rvarg.as/14

Por que Gerenciar os Prazos é Irrelevante em um Projeto?
http://rvarg.as/94

Por que vale a pena usar a estimativa de 3 pontos para determinar a duração do projeto?
http://rvarg.as/6a

Dependências Obrigatórias (Mandatórias) x Dependências Arbitradas (Discricionárias)
http://rvarg.as/t

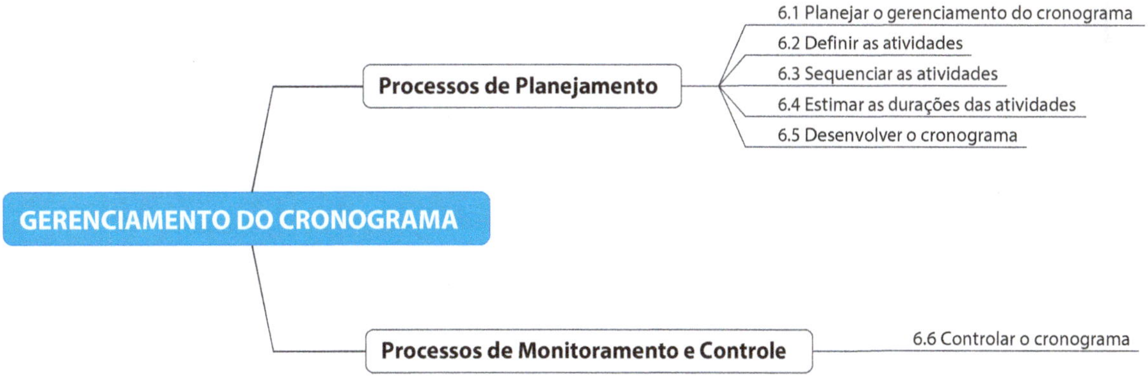

Figura 12.1 - Processos de Gerenciamento do Cronograma distribuídos ao longo das fases do projeto

O PMBOK® Guide 6ª Edição subdivide o gerenciamento do cronograma em seis processos:

- Planejar o gerenciamento do cronograma (6.1);
- Definir as atividades (6.2);
- Sequenciar as atividades (6.3);
- Estimar as durações das atividades (6.4);
- Desenvolver o cronograma (6.5);
- Controlar o cronograma (6.6).

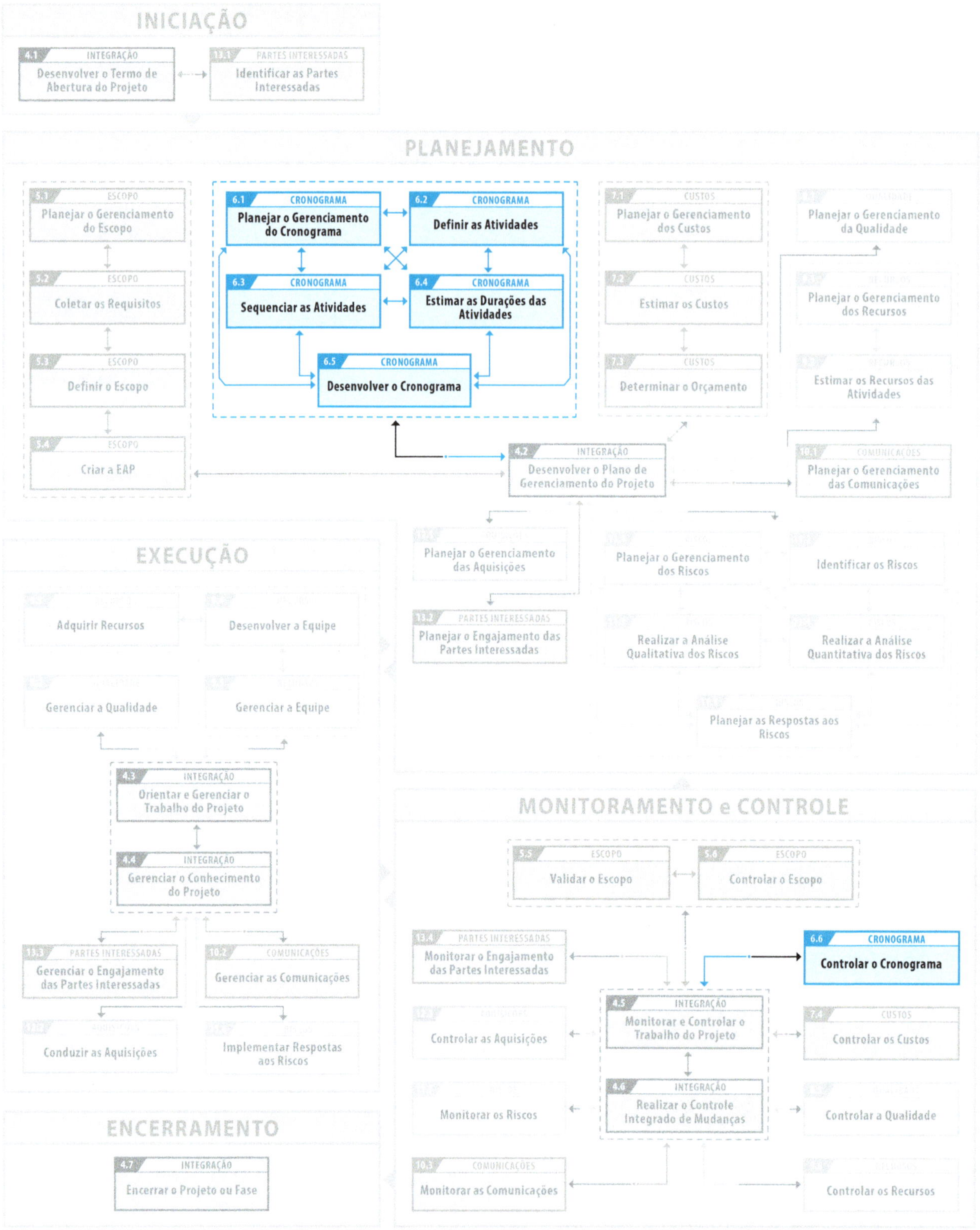

Figura 12.2 - Versão simplificada do Fluxo de Processos do PMBOK® Guide 6ª Edição com destaque para os processos do Gerenciamento do Cronograma

6.1 PLANEJAR O GERENCIAMENTO DO CRONOGRAMA

Descrição

É o processo de estabelecer as políticas, os procedimentos e a documentação para o planejamento, desenvolvimento, gerenciamento, execução e controle do cronograma do projeto.

Entradas

1. Termo de abertura do projeto
2. Plano de gerenciamento do projeto
3. Fatores ambientais da empresa
4. Ativos de processos organizacionais

Ferramentas e Técnicas

1. Opinião especializada
2. Análise de dados
3. Reuniões

Saídas

1. Plano de gerenciamento do cronograma

6.2 DEFINIR AS ATIVIDADES

Descrição

É o processo de identificação e documentação das ações específicas a serem realizadas para produzir as entregas do projeto.

Entradas

1. Plano de gerenciamento do projeto
2. Fatores ambientais da empresa
3. Ativos de processos organizacionais

Ferramentas e Técnicas

1. Opinião especializada
2. Decomposição
3. Planejamento em ondas sucessivas
4. Reuniões

Saídas

1. Lista de atividades
2. Atributos das atividades
3. Lista de marcos
4. Solicitações de mudança
5. Atualizações do plano de gerenciamento do projeto

6.3 SEQUENCIAR AS ATIVIDADES

Descrição

É o processo de identificação e documentação dos relacionamentos entre as atividades do projeto

Entradas

1. Plano de gerenciamento do projeto
2. Documentos do projeto
3. Fatores ambientais da empresa
4. Ativos de processos organizacionais

Ferramentas e Técnicas

1. Método do diagrama de precedência
2. Integração e determinação de dependência
3. Antecipações e esperas
4. Sistema de informações de gerenciamento de projetos

Saídas

1. Diagrama de rede do cronograma do projeto
2. Atualizações de documentos do projeto

6.4 ESTIMAR AS DURAÇÕES DAS ATIVIDADES

Descrição

É o processo de estimativa do número de períodos de trabalho que serão necessários para terminar atividades individuais com os recursos estimados.

Entradas

1. Plano de gerenciamento do projeto
2. Documentos do projeto
3. Fatores ambientais da empresa
4. Ativos de processos organizacionais

Ferramentas e Técnicas

1. Opinião especializada
2. Estimativa análoga
3. Estimativa paramétrica
4. Estimativa de três pontos
5. Estimativa "bottom-up"
6. Análise de dados
7. Tomada de decisão
8. Reuniões

Saídas

1. Estimativas de duração
2. Bases das estimativas
3. Atualizações de documentos do projeto

6.5 DESENVOLVER O CRONOGRAMA

Descrição

É o processo de análise das sequências das atividades, durações, requisitos de recursos e restrições de cronograma para criar o modelo de cronograma do projeto para execução, monitoramento e controle do projeto.

Entradas

1. Plano de gerenciamento do projeto
2. Documentos do projeto
3. Acordos
4. Fatores ambientais da empresa
5. Ativos de processos organizacionais

Ferramentas e Técnicas

1. Análise de rede do cronograma
2. Método do caminho crítico
3. Otimização de recursos
4. Análise de dados
5. Antecipações e esperas
6. Compressão do cronograma
7. Sistema de informações de gerenciamento de projetos
8. Planejamento ágil de grandes entregas

Saídas

1. Linha de base do cronograma
2. Cronograma do projeto
3. Dados do cronograma
4. Calendários do projeto
5. Solicitações de mudança
6. Atualizações do plano de gerenciamento do projeto
7. Atualizações de documentos do projeto

6.6 CONTROLAR O CRONOGRAMA

Descrição

É o processo de monitorar o status do projeto para atualizar o cronograma do projeto e gerenciar mudanças na sua linha de base.

Entradas

1. Plano de gerenciamento do projeto
2. Documentos do projeto
3. Dados de desempenho do trabalho
4. Ativos de processos organizacionais

Ferramentas e Técnicas

1. Análise de dados
2. Método do caminho crítico
3. Sistema de informações de gerenciamento de projetos
4. Otimização de recursos
5. Antecipações e esperas
6. Compressão do cronograma

Saídas

1. Informações sobre o desempenho do trabalho
2. Previsões do cronograma
3. Solicitações de mudança
4. Atualizações do plano de gerenciamento do projeto
5. Atualizações de documentos do projeto

Capítulo 13

Gerenciamento dos Custos

O gerenciamento dos custos tem como objetivo garantir que o capital disponível será suficiente para obter todos os recursos para se realizarem os trabalhos do projeto.

O gerenciamento dos custos não pode considerar apenas os custos incorridos no próprio projeto (custos enterrados ou *sunk costs*). Muitas vezes, o projeto está desenvolvendo um produto ou serviço com interesse comercial, e esse produto, por sua vez, estará recompensando financeiramente a empresa, retornando tanto o dinheiro investido quanto o lucro desejado, estabelecido na concepção do projeto. Um outro possível nome para essa área de conhecimento seria "Gerenciamento de Investimentos".

Podcasts relacionados

- Custo do Gerenciamento de Projetos *http://rvarg.as/95*
- Entendendo a Diferença entre Custo e Preço *http://rvarg.as/4w*

Os processos de gerenciamento dos custos se decompõem conforme o mapa mental a seguir.

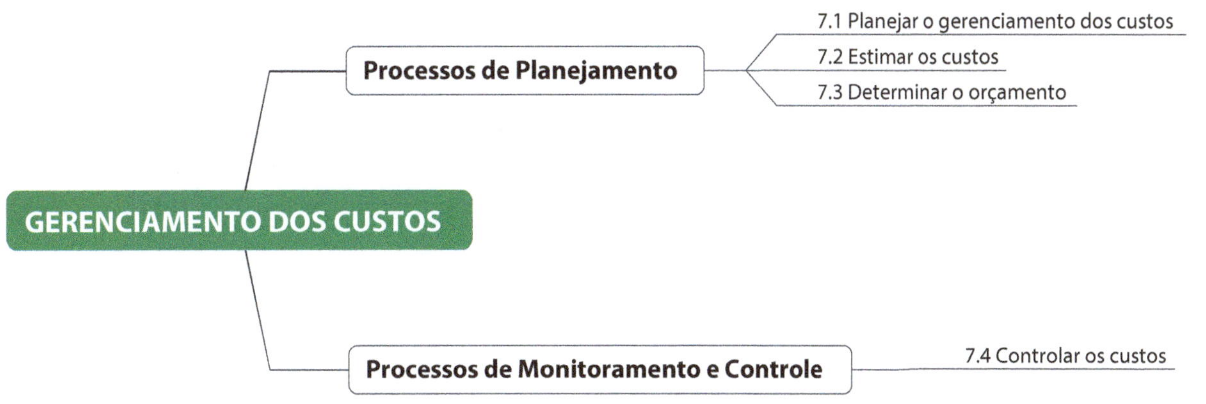

Figura 13.1 - Processos de Gerenciamento dos Custos distribuídos ao longo das fases do projeto

O PMBOK® Guide 6ª Edição subdivide o gerenciamento dos custos em quatro processos:

- Planejar o gerenciamento dos custos (7.1);
- Estimar os custos (7.2);
- Determinar o orçamento (7.3);
- Controlar os custos (7.4).

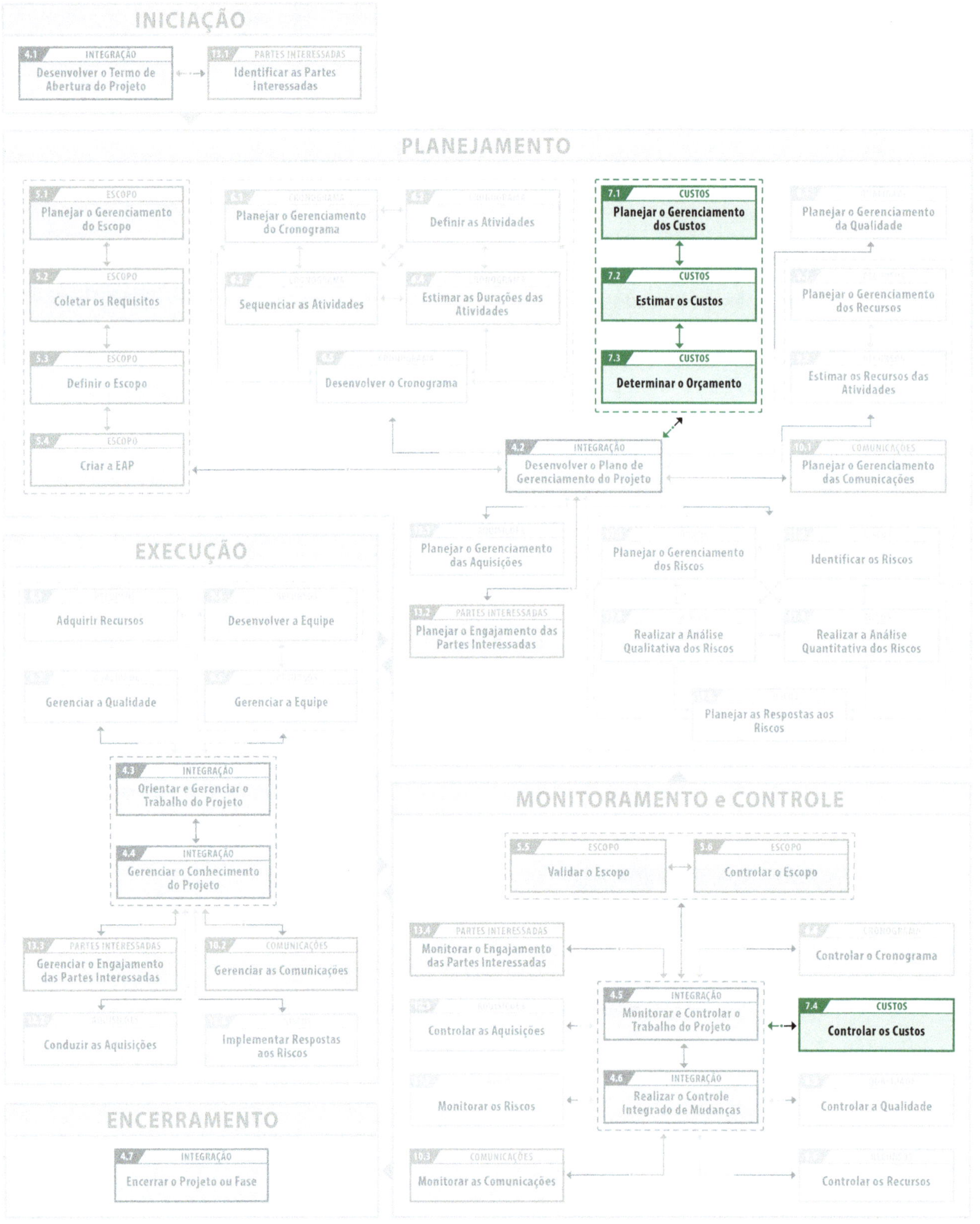

Figura 13.2 - Versão simplificada do Fluxo de Processos do PMBOK® Guide 6ª Edição com destaque para os processos do Gerenciamento dos Custos

7.1 PLANEJAR O GERENCIAMENTO DOS CUSTOS

Descrição

É o processo de definir como os custos do projeto serão estimados, orçados, gerenciados, monitorados e controlados.

Entradas

1. Termo de abertura do projeto
2. Plano de gerenciamento do projeto
3. Fatores ambientais da empresa
4. Ativos de processos organizacionais

Ferramentas e Técnicas

1. Opinião especializada
2. Análise de dados
3. Reuniões

Saídas

1. Plano de gerenciamento dos custos

7.2 ESTIMAR OS CUSTOS

Descrição

É o processo de desenvolver uma aproximação dos recursos monetários necessários para terminar o trabalho do projeto.

Entradas

1. Plano de gerenciamento do projeto
2. Documentos do projeto
3. Fatores ambientais da empresa
4. Ativos de processos organizacionais

Ferramentas e Técnicas

1. Opinião especializada
2. Estimativa análoga
3. Estimativa paramétrica
4. Estimativa "bottom-up"
5. Estimativa de três pontos
6. Análise de dados
7. Sistema de informações de gerenciamento de projetos
8. Tomada de decisão

Saídas

1. Estimativa de custos
2. Bases das estimativas
3. Atualizações de documentos do projeto

7.3 DETERMINAR O ORÇAMENTO

Descrição

É o processo que agrega os custos estimados de atividades individuais ou pacotes de trabalho para estabelecer uma linha de base dos custos autorizada.

Entradas

1. Plano de gerenciamento do projeto
2. Documentos do projeto
3. Documentos de negócio
4. Acordos
5. Fatores ambientais da empresa
6. Ativos de processos organizacionais

Ferramentas e Técnicas

1. Opinião especializada
2. Agregação de custos
3. Análise de dados
4. Revisão de informações históricas
5. Reconciliação dos limites de recursos financeiros
6. Financiamento

Saídas

1. Linha de base dos custos
2. Requisitos de recursos financeiros do projeto
3. Atualizações de documentos do projeto

7.4 CONTROLAR OS CUSTOS

Descrição

É o processo de monitoramento do status do projeto para atualizar custos e gerenciar mudanças da linha de base dos custos.

Entradas

1. Plano de gerenciamento do projeto
2. Documentos do projeto
3. Requisitos de recursos financeiros do projeto
4. Dados de desempenho do trabalho
5. Ativos de processos organizacionais

Ferramentas e Técnicas

1. Opinião especializada
2. Análise de dados
3. Índice de desempenho para término
4. Sistema de informações de gerenciamento de projetos

Saídas

1. Informações sobre o desempenho do trabalho
2. Previsões de custos
3. Solicitações de mudança
4. Atualizações do plano de gerenciamento do projeto
5. Atualizações de documentos do projeto

Capítulo 14

Gerenciamento da Qualidade

O objetivo mais importante dessa área é garantir que o projeto será concluído dentro da qualidade desejada, garantindo a satisfação das necessidades de todos os envolvidos.

O gerenciamento da qualidade deve receber a mesma prioridade que o gerente e a equipe do projeto dão, por exemplo, para o gerenciamento do escopo, dos custos e dos prazos.

Os processos de gerenciamento da qualidade se decompõem conforme o mapa mental a seguir.

Podcasts relacionados

- O Custo da Qualidade
  http://rvarg.as/96
- Gerenciamento da Qualidade em Projetos
  http://rvarg.as/98
- *Standards* e ISO21500: Por que Padrões são Importantes para o Resultado dos Projetos Parte 1/2
  http://rvarg.as/9a
- *Standards* e ISO21500: Por que Padrões são Importantes para o Resultado dos Projetos Parte 2/2
  http://rvarg.as/99

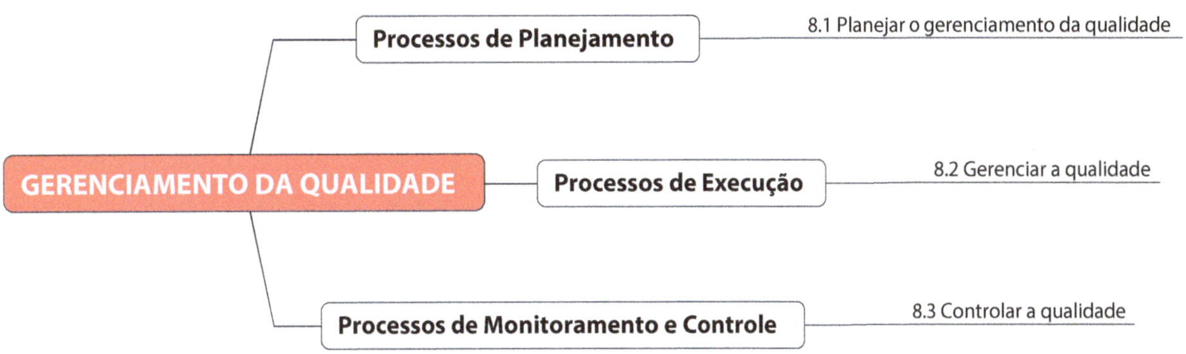

Figura 14.1 - Mapa mental do Gerenciamento da Qualidade

O PMBOK® Guide 6ª Edição subdivide o gerenciamento da qualidade em três processos:

- Planejar o gerenciamento da qualidade (8.1);
- Gerenciar a qualidade (8.2);
- Controlar a qualidade (8.3).

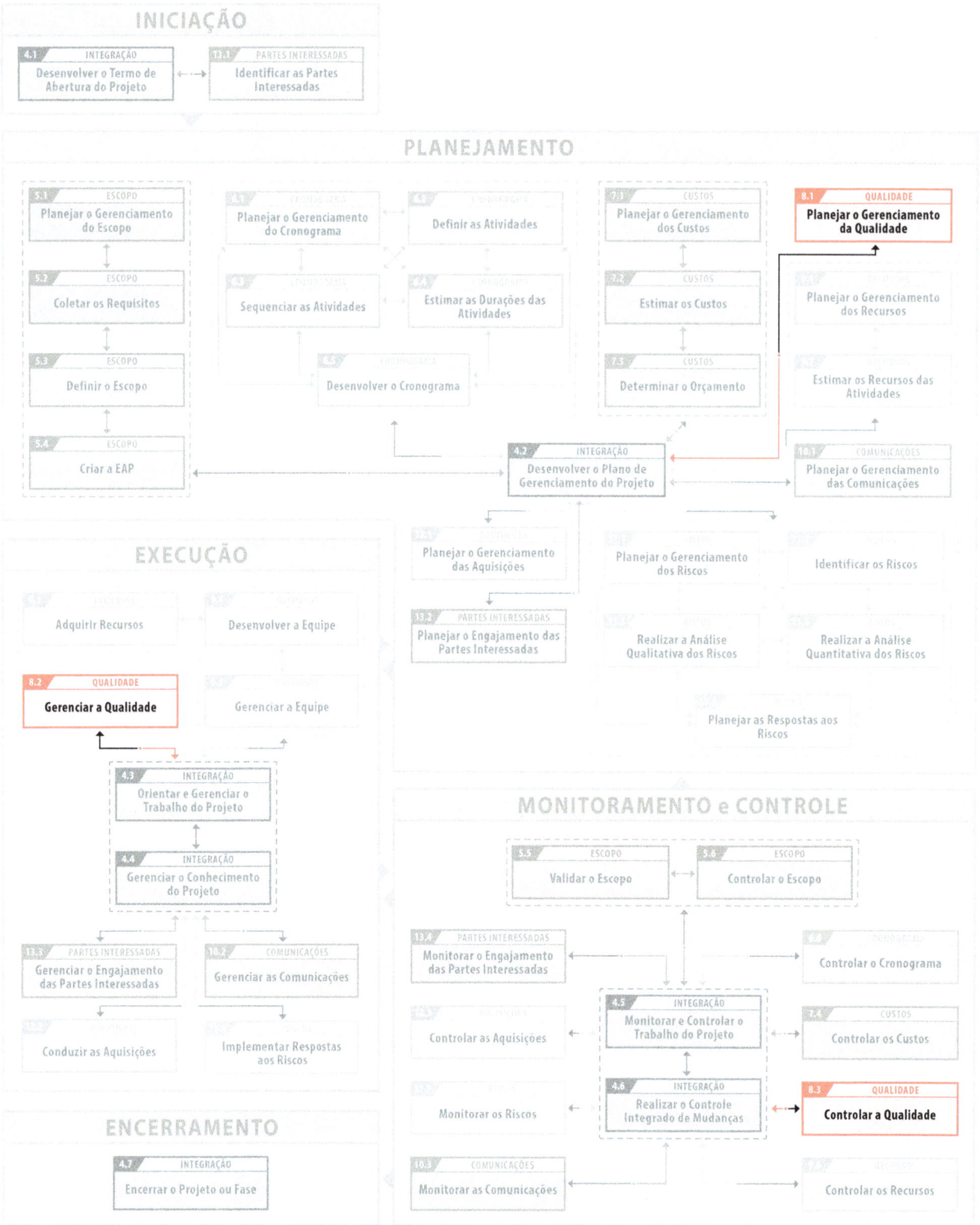

Figura 14.2 - Versão simplificada do Fluxo de Processos do PMBOK® Guide 6ª Edição com destaque para os processos do Gerenciamento da Qualidade

8.1 PLANEJAR O GERENCIAMENTO DA QUALIDADE

Descrição

É o processo de identificar os requisitos e/ou padrões da qualidade do projeto e suas entregas, além da documentação de como o projeto demonstrará a conformidade com os requisitos e/ou padrões de qualidade.

Entradas

1. Termo de abertura do projeto
2. Plano de gerenciamento do projeto
3. Documentos do projeto
4. Fatores ambientais da empresa
5. Ativos de processos organizacionais

Ferramentas e Técnicas

1. Opinião especializada
2. Coleta de dados
3. Análise de dados
4. Tomada de decisão
5. Representação de dados
6. Planejamento de testes e inspeções
7. Reuniões

Saídas

1. Plano de gerenciamento da qualidade
2. Métricas da qualidade
3. Atualizações do plano de gerenciamento do projeto
4. Atualizações de documentos do projeto

8.2 GERENCIAR A QUALIDADE

Descrição

É o processo de transformar o plano de gerenciamento da qualidade em atividades da qualidade executáveis que incorporam no projeto as políticas de qualidade da organização.

Entradas

1. Plano de gerenciamento do projeto
2. Documentos do projeto
3. Ativos de processos organizacionais

Ferramentas e Técnicas

1. Coleta de dados
2. Análise de dados
3. Tomada de decisão
4. Representação de dados
5. Auditorias
6. Design for X
7. Solução de problemas
8. Métodos para melhoria da qualidade

Saídas

1. Relatórios de qualidade
2. Documentos de teste e avaliação
3. Solicitações de mudança
4. Atualizações do plano de gerenciamento do projeto
5. Atualizações de documentos do projeto

8.3 CONTROLAR A QUALIDADE

Descrição

É o processo de monitorar e registrar resultados da execução de atividades de gerenciamento da qualidade para avaliar o desempenho e garantir que as saídas do projeto sejam completas, corretas e atendam às expectativas do cliente.

Entradas

1. Plano de gerenciamento do projeto
2. Documentos do projeto
3. Solicitações de mudança aprovadas
4. Entregas
5. Dados de desempenho do trabalho
6. Fatores ambientais da empresa
7. Ativos de processos organizacionais

Ferramentas e Técnicas

1. Coleta de dados
2. Análise de dados
3. Inspeção
4. Testes/avaliações de produtos
5. Representação de dados
6. Reuniões

Saídas

1. Medições de controle da qualidade
2. Entregas verificadas
3. Informações sobre o desempenho do trabalho
4. Solicitações de mudança
5. Atualizações do plano de gerenciamento do projeto
6. Atualizações de documentos do projeto

Capítulo 15

Gerenciamento dos Recursos

Até a quinta edição do PMBOK® Guide esta área tratava apenas dos recursos humanos envolvidos no projeto. Agora, foi ampliada para incluir todos os recurso empregados no projeto incluindo os recursos humanos (pessoal), os materiais e os equipamentos necessários.

Podcasts relacionados

- Gerenciamento de Pessoas *http://rvarg.as/9b*
- Gerenciamento de Equipes em Projetos *http://rvarg.as/9c*
- Entendendo os 3 Fatores para melhorar o dimensionamento da Equipe de Projeto *http://rvarg.as/49*

A quantidade e a qualidade dos recursos determinam diretamente os prazos, os custos e a qualidade de todos os trabalhos a serem realizados.

Os processos de gerenciamento dos recursos se decompõem conforme o mapa mental a seguir.

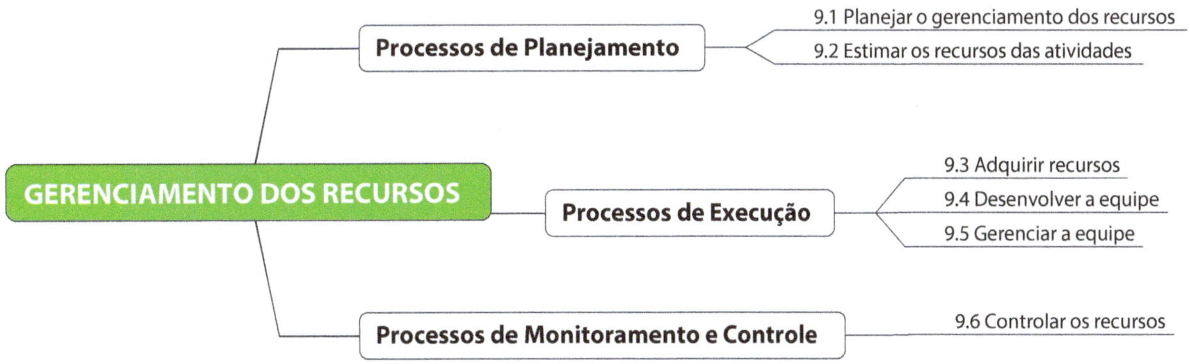

Figura 15.1 - Mapa mental do Gerenciamento dos Recursos

O PMBOK® Guide 6ª Edição subdivide o gerenciamento dos recursos em seis processos:

- Planejar o gerenciamento dos recursos (9.1);
- Estimar os recursos das atividades (9.2);
- Adquirir recursos (9.3);
- Desenvolver a equipe (9.4);
- Gerenciar a equipe (9.5);
- Controlar os recursos (9.6).

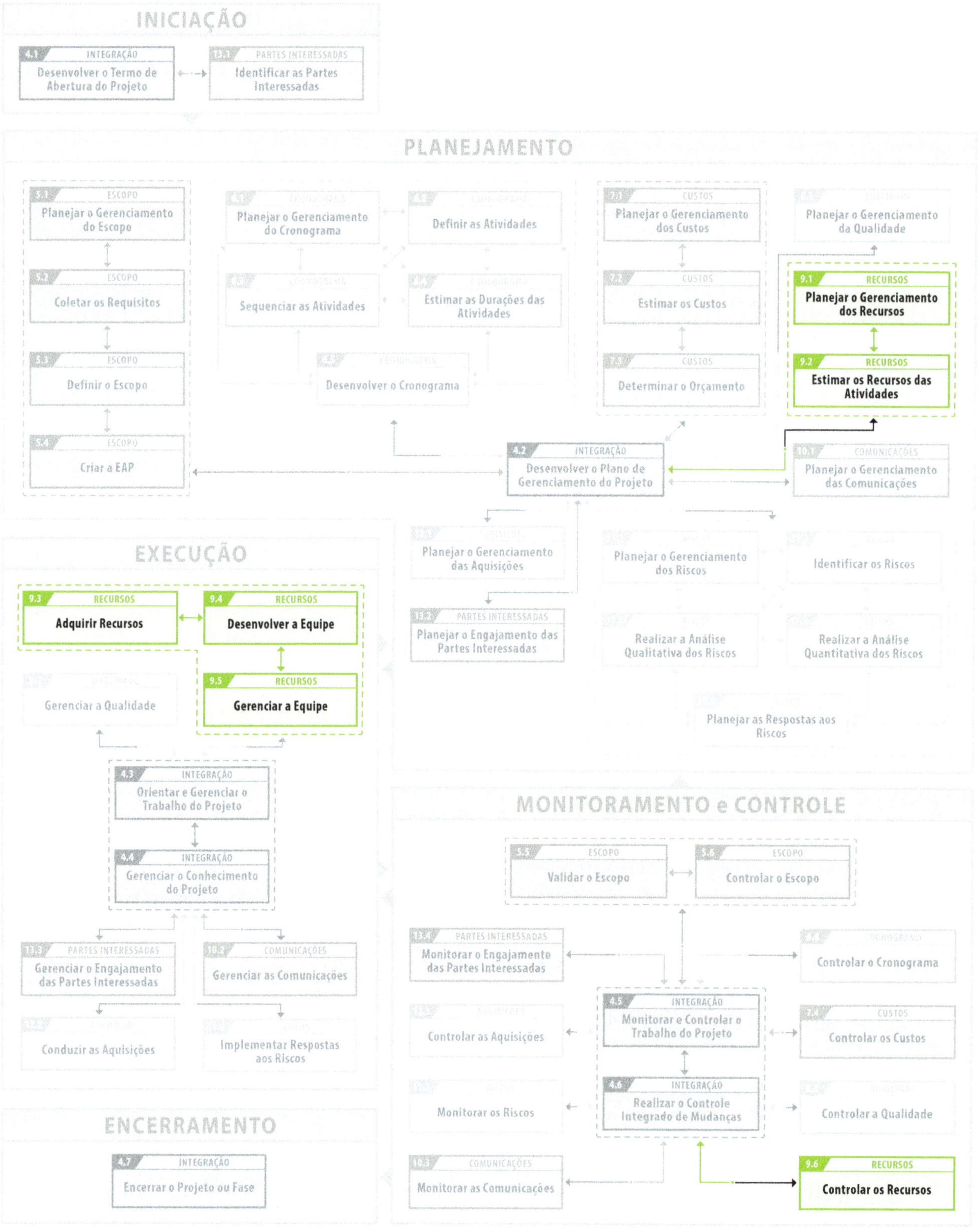

Figura 15.2 - Versão simplificada do Fluxo de Processos do PMBOK® Guide 6ª Edição com destaque para os processos do Gerenciamento dos Recursos

9.1 PLANEJAR O GERENCIAMENTO DOS RECURSOS

Descrição

É o processo de definir como estimar, adquirir, gerenciar e utilizar recursos físicos e de equipe.

Entradas

1. Termo de abertura do projeto
2. Plano de gerenciamento do projeto
3. Documentos do projeto
4. Fatores ambientais da empresa
5. Ativos de processos organizacionais

Ferramentas e Técnicas

1. Opinião especializada
2. Representação de dados
3. Teoria organizacional
4. Reuniões

Saídas

1. Plano de gerenciamento dos recursos
2. Termo de nomeação da equipe
3. Atualizações de documentos do projeto

9.2 ESTIMAR OS RECURSOS DAS ATIVIDADES

Descrição

É o processo de estimar recursos da equipe, o tipo e as quantidades de materiais, equipamentos e suprimentos necessários para realizar o trabalho do projeto.

Entradas

1. Plano de gerenciamento do projeto
2. Documentos do projeto
3. Fatores ambientais da empresa
4. Ativos de processos organizacionais

Ferramentas e Técnicas

1. Opinião especializada
2. Estimativa "bottom-up"
3. Estimativa análoga
4. Estimativa paramétrica
5. Análise de dados
6. Sistema de informações de gerenciamento de projetos
7. Reuniões

Saídas

1. Requisitos de recursos
2. Bases das estimativas
3. Estrutura analítica dos recursos
4. Atualizações de documentos do projeto

9.3 ADQUIRIR RECURSOS

Descrição

É o processo de obter membros da equipe, instalações, equipamentos, materiais, suprimentos e outros recursos necessários para concluir o trabalho do projeto.

Entradas

1. Plano de gerenciamento do projeto
2. Documentos do projeto
3. Fatores ambientais da empresa
4. Ativos de processos organizacionais

Ferramentas e Técnicas

1. Tomada de decisão
2. Habilidades interpessoais e de equipe
3. Pré-designação
4. Equipes virtuais

Saídas

1. Designações de recursos físicos
2. Designações da equipe do projeto
3. Calendários dos recursos
4. Solicitações de mudança
5. Atualizações do plano de gerenciamento do projeto
6. Atualizações de documentos do projeto
7. Atualizações nos fatores ambientais da empresa
8. Atualizações de ativos de processos organizacionais

9.4 DESENVOLVER A EQUIPE

Descrição

É o processo de melhoria de competências, da interação da equipe e do ambiente geral da equipe para aprimorar o desempenho do projeto.

Entradas

1. Plano de gerenciamento do projeto
2. Documentos do projeto
3. Fatores ambientais da empresa
4. Ativos de processos organizacionais

Ferramentas e Técnicas

1. Agrupamento
2. Equipes virtuais
3. Tecnologias de comunicações
4. Habilidades interpessoais e de equipe
5. Reconhecimento e recompensas
6. Treinamento
7. Avaliações individuais e da equipe
8. Reuniões

Saídas

1. Avaliações do desempenho da equipe
2. Solicitações de mudança
3. Atualizações do plano de gerenciamento do projeto
4. Atualizações de documentos do projeto
5. Atualizações nos fatores ambientais da empresa
6. Atualizações de ativos de processos organizacionais

9.5 GERENCIAR A EQUIPE

Descrição

É o processo de acompanhar o desempenho dos membros da equipe, fornecer feedback, resolver problemas e gerenciar mudanças para otimizar o desempenho do projeto.

Entradas

1. Plano de gerenciamento do projeto
2. Documentos do projeto
3. Relatórios de desempenho do trabalho
4. Avaliações do desempenho da equipe
5. Fatores ambientais da empresa
6. Ativos de processos organizacionais

Ferramentas e Técnicas

1. Habilidades interpessoais e de equipe
2. Sistema de informações de gerenciamento de projetos

Saídas

1. Solicitações de mudança
2. Atualizações do plano de gerenciamento do projeto
3. Atualizações de documentos do projeto
4. Atualizações nos fatores ambientais da empresa

9.6 CONTROLAR OS RECURSOS

Descrição

É o processo de garantir que os recursos físicos atribuídos e alocados ao projeto estejam disponíveis conforme planejado, bem como monitorar o uso planejado versus o uso real de recursos, e executar ações corretivas, conforme necessário.

Entradas

1. Plano de gerenciamento do projeto
2. Documentos do projeto
3. Dados de desempenho do trabalho
4. Acordos
5. Ativos de processos organizacionais

Ferramentas e Técnicas

1. Análise de dados
2. Solução de problemas
3. Habilidades interpessoais e de equipe
4. Sistema de informações de gerenciamento de projetos

Saídas

1. Informações sobre o desempenho do trabalho
2. Solicitações de mudança
3. Atualizações do plano de gerenciamento do projeto
4. Atualizações de documentos do projeto

Capítulo 16

Gerenciamento das Comunicações

Um efetivo processo de comunicação é necessário para garantir que todas as informações desejadas cheguem às pessoas corretas no tempo certo e de uma maneira economicamente viável.

O gerente do projeto utiliza-se da comunicação para assegurar que o time do projeto trabalhe de maneira integrada para resolver os problemas do projeto e aproveitar suas oportunidades.

Os processos de gerenciamento das comunicações se decompõem conforme o mapa mental a seguir.

Podcasts relacionados

- Gerenciamento das Comunicações em Projetos
  http://rvarg.as/9d
- *Feedback* no Gerenciamento das Comunicações
  http://rvarg.as/9e
- Ego, Vaidade e Inveja: O Drama do Gerente de Projetos
  http://rvarg.as/7l
- Diferenças Culturais: Por que a consciência e o respeito são vitais para o sucesso do Projeto
  http://rvarg.as/7z

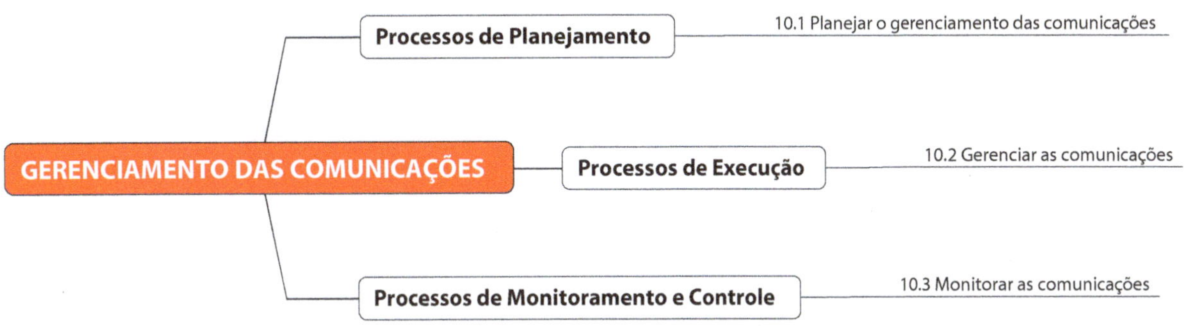

Figura 16.1 - Mapa mental do Gerenciamento das Comunicações

O PMBOK® Guide 6ª Edição subdivide o gerenciamento das comunicações em três processos:

- Planejar o gerenciamento das comunicações (10.1);
- Gerenciar as comunicações (10.2);
- Monitorar as comunicações (10.3).

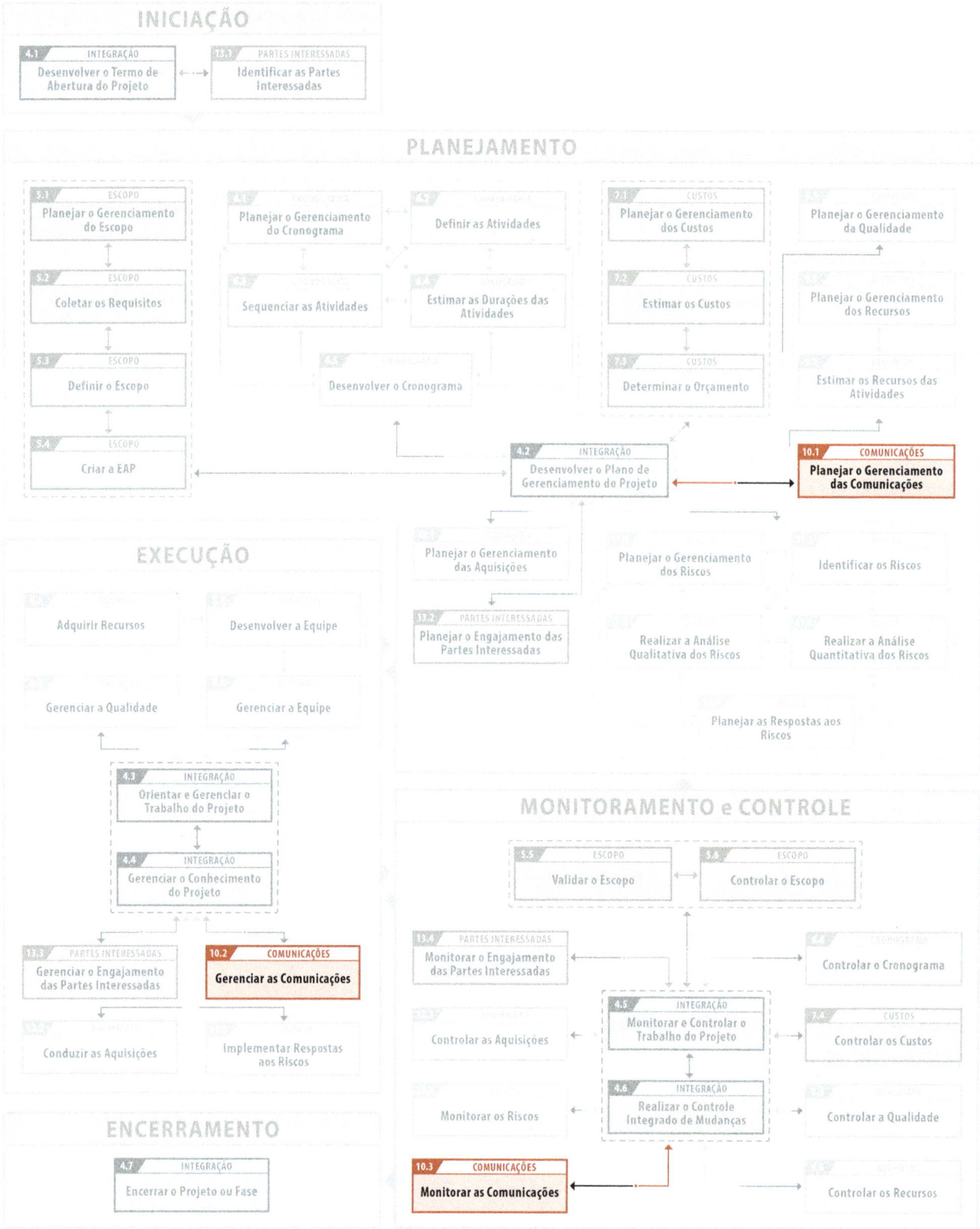

Figura 16.2 - Versão simplificada do Fluxo de Processos do PMBOK® Guide 6ª Edição com destaque para os processos do Gerenciamento das Comunicações

10.1 PLANEJAR O GERENCIAMENTO DAS COMUNICAÇÕES

Descrição

É o processo de desenvolver uma abordagem adequada e um plano de comunicações do projeto com base nas necessidades de informação de cada parte interessada ou grupo, nos ativos organizacionais disponíveis e nas necessidades do projeto.

Entradas

1. Termo de abertura do projeto
2. Plano de gerenciamento do projeto
3. Documentos do projeto
4. Fatores ambientais da empresa
5. Ativos de processos organizacionais

Ferramentas e Técnicas

1. Opinião especializada
2. Análise de requisitos das comunicações
3. Tecnologias de comunicações
4. Modelos de comunicações
5. Métodos de comunicação
6. Habilidades interpessoais e de equipe
7. Representação de dados
8. Reuniões

Saídas

1. Plano de gerenciamento das comunicações
2. Atualizações do plano de gerenciamento do projeto
3. Atualização de documentos do projeto

10.2 GERENCIAR AS COMUNICAÇÕES

Descrição

É o processo de assegurar a coleta, a criação, a distribuição, o armazenamento, a recuperação, o gerenciamento, o monitoramento e a disposição final das informações do projeto de forma oportuna e adequada.

Entradas

1. Plano de gerenciamento do projeto
2. Documentos do projeto
3. Relatórios de desempenho do trabalho
4. Fatores ambientais da empresa
5. Ativos de processos organizacionais

Ferramentas e Técnicas

1. Tecnologias de comunicações
2. Métodos de comunicação
3. Habilidades de comunicação
4. Sistema de informações de gerenciamento de projetos
5. Relatórios de projeto
6. Habilidades interpessoais e de equipe
7. Reuniões

Saídas

1. Comunicações do projeto
2. Atualizações do plano de gerenciamento do projeto
3. Atualizações de documentos do projeto
4. Atualizações de ativos de processos organizacionais

10.3 MONITORAR AS COMUNICAÇÕES

Descrição

É o processo de garantir que as necessidades de informação do projeto e de suas partes interessadas sejam atendidas.

Entradas

1. Plano de gerenciamento do projeto
2. Documentos do projeto
3. Dados de desempenho do trabalho
4. Fatores ambientais da empresa
5. Ativos de processos organizacionais

Ferramentas e Técnicas

1. Opinião especializada
2. Sistema de informações de gerenciamento de projetos
3. Representação de dados
4. Habilidades interpessoais e de equipe
5. Reuniões

Saídas

1. Informações sobre o desempenho do trabalho
2. Solicitações de mudança
3. Atualizações do plano de gerenciamento do projeto
4. Atualizações de documentos do projeto

Capítulo 17

Gerenciamento dos Riscos

O gerenciamento dos riscos possibilita a chance de melhor compreender a natureza do projeto, envolvendo os membros do time de modo a identificar as potenciais ameaças e oportunidades do projeto e responder a eles, geralmente associados a tempo, qualidade e custos.

Os processos de gerenciamento dos riscos se decompõem conforme o mapa mental a seguir.

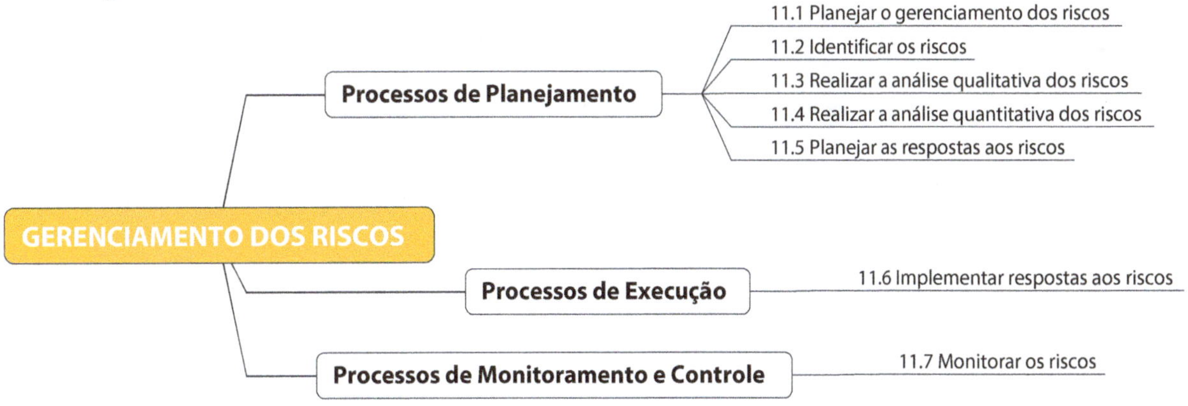

Figura 17.1 - Mapa mental do Gerenciamento dos Riscos

O PMBOK® Guide 6ª Edição subdivide o gerenciamento dos riscos em sete processos:

- Planejar o gerenciamento dos riscos (11.1);
- Identificar os riscos (11.2);
- Realizar a análise qualitativa dos riscos (11.3);
- Realizar a análise quantitativa dos riscos (11.4);
- Planejar as respostas aos riscos (11.5);
- Implementar respostas aos riscos (11.6);
- Monitorar os riscos (11.7).

Podcasts relacionados

Gerenciamento de Riscos em Projetos
http://rvarg.as/9f

Identificação de Riscos em Projetos
http://rvarg.as/9g

Importância do Monitoramento e Controle dos Riscos
http://rvarg.as/9h

Ampliando o Gerenciamento de Riscos para Incluir Também as Oportunidades - Ricardo Viana Vargas
http://rvarg.as/9i

Entenda a diferença entre Riscos Residuais e Riscos Secundários
http://rvarg.as/1a

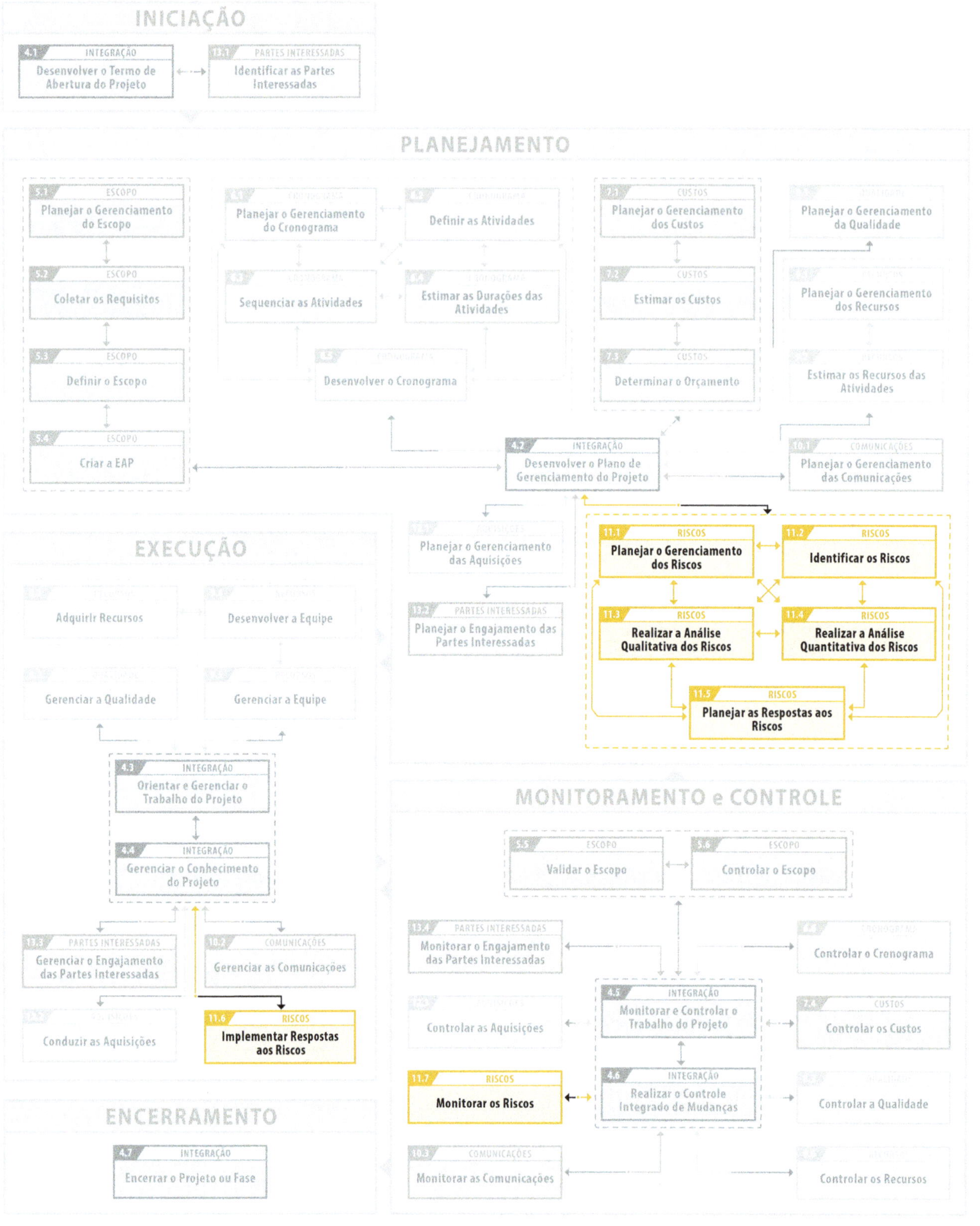

Figura 17.2 - Versão simplificada do Fluxo de Processos do PMBOK® Guide 6ª Edição com destaque para os processos do Gerenciamento dos Riscos

11.1 PLANEJAR O GERENCIAMENTO DOS RISCOS

Descrição

É o processo de definição de como conduzir as atividades de gerenciamento dos riscos de um projeto.

Entradas

1. Termo de abertura do projeto
2. Plano de gerenciamento do projeto
3. Documentos do projeto
4. Fatores ambientais da empresa
5. Ativos de processos organizacionais

Ferramentas e Técnicas

1. Opinião especializada
2. Análise de dados
3. Reuniões

Saídas

1. Plano de gerenciamento dos riscos

11.2 IDENTIFICAR OS RISCOS

Descrição

É o processo de identificação dos riscos individuais do projeto, bem como de fontes de risco geral do projeto, e de documentação de suas características.

Entradas

1. Plano de gerenciamento do projeto
2. Documentos do projeto
3. Acordos
4. Documentação de aquisições
5. Fatores ambientais da empresa
6. Ativos de processos organizacionais

Ferramentas e Técnicas

1. Opinião especializada
2. Coleta de dados
3. Análise de dados
4. Habilidades interpessoais e de equipe
5. Listas de alertas
6. Reuniões

Saídas

1. Registro dos riscos
2. Relatório de riscos
3. Atualizações de documentos do projeto

11.3 REALIZAR A ANÁLISE QUALITATIVA DOS RISCOS

Descrição

É o processo de priorização de riscos individuais do projeto para análise ou ação posterior, através da avaliação de sua probabilidade de ocorrência e impacto, assim como outras características.

Entradas

1. Plano de gerenciamento do projeto
2. Documentos do projeto
3. Fatores ambientais da empresa
4. Ativos de processos organizacionais

Ferramentas e Técnicas

1. Opinião especializada
2. Coleta de dados
3. Análise de dados
4. Habilidades interpessoais e de equipe
5. Categorização dos riscos
6. Representação de dados
7. Reuniões

Saídas

1. Atualizações de documentos do projeto

11.4 REALIZAR A ANÁLISE QUANTITATIVA DOS RISCOS

Descrição

É o processo de analisar numericamente o efeito combinado dos riscos individuais identificados no projeto e outras fontes de incerteza nos objetivos gerais do projeto.

Entradas

1. Plano de gerenciamento do projeto
2. Documentos do projeto
3. Fatores ambientais da empresa
4. Ativos de processos organizacionais

Ferramentas e Técnicas

1. Opinião especializada
2. Coleta de dados
3. Habilidades interpessoais e de equipe
4. Representações da incerteza
5. Análise de dados

Saídas

1. Atualizações de documentos do projeto

11.5 PLANEJAR AS RESPOSTAS AOS RISCOS

Descrição

É o processo de desenvolver alternativas, selecionar estratégias e acordar ações para lidar com a exposição geral aos riscos, além de tratar os riscos individuais do projeto.

Entradas

1. Plano de gerenciamento do projeto
2. Documentos do projeto
3. Fatores ambientais da empresa
4. Ativos de processos organizacionais

Ferramentas e Técnicas

1. Opinião especializada
2. Coleta de dados
3. Habilidades interpessoais e de equipe
4. Estratégias para ameaças
5. Estratégias para oportunidades
6. Estratégias de respostas de contingência
7. Estratégias para o risco geral do projeto
8. Análise de dados
9. Tomada de decisão

Saídas

1. Solicitações de mudança
2. Atualizações do plano de gerenciamento do projeto
3. Atualizações de documentos do projeto

11.6 IMPLEMENTAR RESPOSTAS AOS RISCOS

Descrição

É o processo de implementar planos acordados de resposta aos riscos.

Entradas

1. Plano de gerenciamento do projeto
2. Documentos do projeto
3. Ativos de processos organizacionais

Ferramentas e Técnicas

1. Opinião especializada
2. Habilidades interpessoais e de equipe
3. Sistema de informações de gerenciamento de projetos

Saídas

1. Solicitações de mudança
2. Atualizações de documentos do projeto

11.7 MONITORAR OS RISCOS

Descrição

É o processo de monitorar a implementação de planos acordados de resposta aos riscos, acompanhar riscos identificados, identificar e analisar novos riscos, e avaliar a eficácia do processo de risco ao longo do projeto.

Entradas

1. Plano de gerenciamento do projeto
2. Documentos do projeto
3. Dados de desempenho do trabalho
4. Relatórios de desempenho do trabalho

Ferramentas e Técnicas

1. Análise de dados
2. Auditorias
3. Reuniões

Saídas

1. Informações sobre o desempenho do trabalho
2. Solicitações de mudança
3. Atualizações do plano de gerenciamento do projeto
4. Atualizações de documentos do projeto
5. Atualizações de ativos de processos organizacionais

Capítulo 18

Gerenciamento das Aquisições

O gerenciamento das aquisições tem como objetivo dar garantia de que todo elemento externo participante do projeto irá assegurar o fornecimento de seu produto, ou serviço, para o projeto.

Os processos de gerenciamento das aquisições se decompõem conforme o mapa mental a seguir.

Podcasts relacionados

- Gerenciamento das Aquisições *http://rvarg.as/9j*
- Decisão de Fazer ou Comprar *http://rvarg.as/2d*
- 3 Fatores de Sucesso no Gerenciamento das Aquisições *http://rvarg.as/6l*

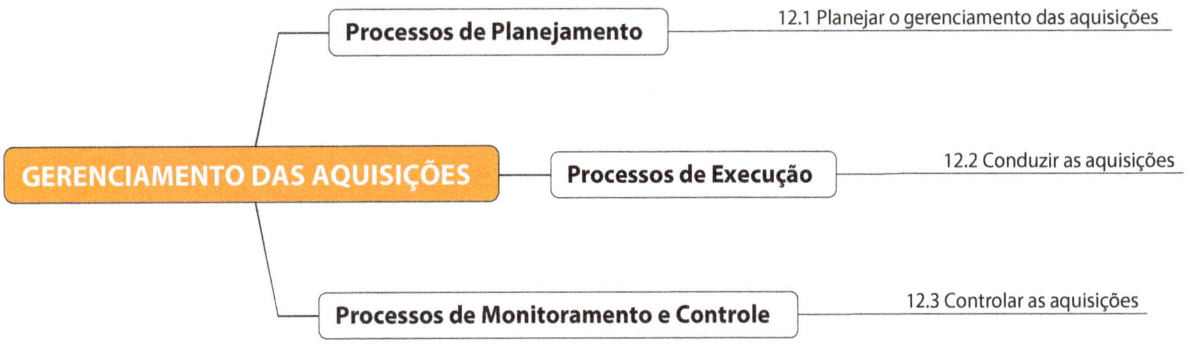

Figura 18.1 - Mapa mental do Gerenciamento das Aquisições

O PMBOK® Guide 6ª Edição subdivide o gerenciamento das aquisições em três processos:

- Planejar o gerenciamento das aquisições (12.1);
- Conduzir as aquisições (12.2);
- Controlar as aquisições (12.3).

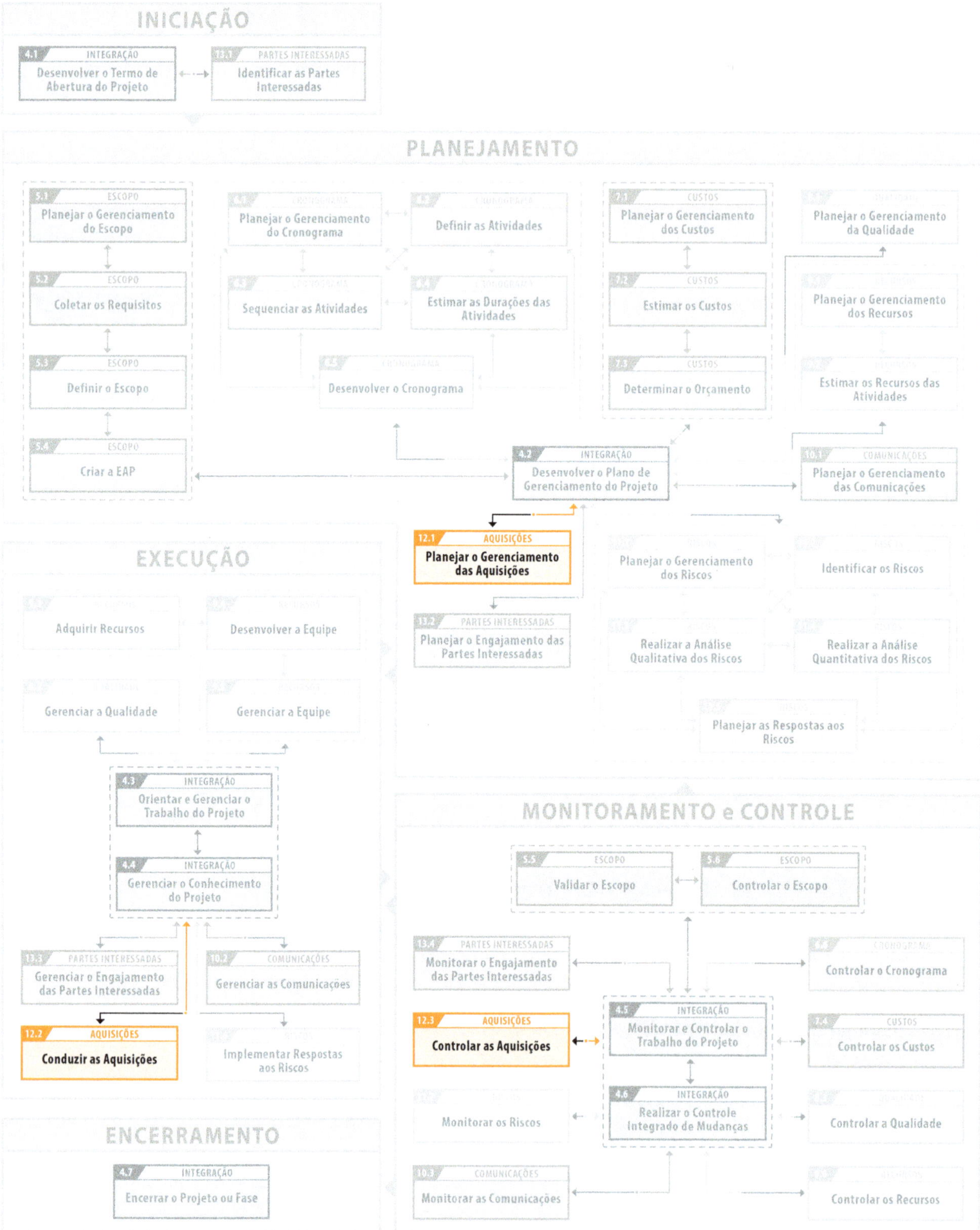

Figura 18.2 - Versão simplificada do Fluxo de Processos do PMBOK® Guide 6ª Edição com destaque para os processos do Gerenciamento das Aquisições

12.1 PLANEJAR O GERENCIAMENTO DAS AQUISIÇÕES

Descrição

É o processo de documentação das decisões de compras do projeto, especificando a abordagem e identificando vendedores em potencial.

Entradas

1. Termo de abertura do projeto
2. Documentos de negócios
3. Plano de gerenciamento do projeto
4. Documentos do projeto
5. Fatores ambientais da empresa
6. Ativos de processos organizacionais

Ferramentas e Técnicas

1. Opinião especializada
2. Coleta de dados
3. Análise de dados
4. Análise para seleção de fontes
5. Reuniões

Saídas

1. Plano de gerenciamento das aquisições
2. Estratégia da aquisição
3. Documentos de licitação
4. Especificação do trabalho das aquisições
5. Análise para seleção de fontes
6. Decisões de fazer ou comprar
7. Estimativas de custos independentes
8. Solicitações de mudança
9. Atualizações de documentos do projeto
10. Atualizações de ativos de processos organizacionais

12.2 CONDUZIR AS AQUISIÇÕES

Descrição

É o processo de obtenção de respostas de vendedores, seleção de um vendedor e adjudicação de um contrato.

Entradas

1. Plano de gerenciamento do projeto
2. Documentos do projeto
3. Documentação de aquisições
4. Propostas dos vendedores
5. Fatores ambientais da empresa
6. Ativos de processos organizacionais

Ferramentas e Técnicas

1. Opinião especializada
2. Publicidade
3. Reuniões com licitantes
4. Análise de dados
5. Habilidades interpessoais e de equipe

Saídas

1. Vendedores selecionados
2. Acordos
3. Solicitações de mudança
4. Atualizações do plano de gerenciamento do projeto
5. Atualizações de documentos do projeto
6. Atualizações de ativos de processos organizacionais

12.3 CONTROLAR AS AQUISIÇÕES

Descrição

É o processo de gerenciar relacionamentos de aquisições, monitorar o desempenho do contrato, fazer alterações e correções conforme apropriado e encerrar contratos.

Entradas

1. Plano de gerenciamento do projeto
2. Documentos do projeto
3. Acordos
4. Documentação de aquisições
5. Solicitações de mudança aprovadas
6. Dados de desempenho do trabalho
7. Fatores ambientais da empresa
8. Ativos de processos organizacionais

Ferramentas e Técnicas

1. Opinião especializada
2. Administração de reivindicações
3. Análise de dados
4. Inspeção
5. Auditorias

Saídas

1. Aquisições encerradas
2. Informações sobre o desempenho do trabalho
3. Atualizações na documentação de aquisições
4. Solicitações de mudança
5. Atualizações do plano de gerenciamento do projeto
6. Atualizações de documentos do projeto
7. Atualizações de ativos de processos organizacionais

Capítulo 19

Gerenciamento das Partes Interessadas

O gerenciamento das partes interessadas *(stakeholders)* tem como objetivo dar garantia ao projeto de que o gerente e a equipe do projeto sabem quais são os principais interessados no projeto e são capazes de formalizar e gerenciar estratégias de comunicação e abordagem para atender a esses interessados.

Os interessados podem ser internos à empresa (executivos, outras áreas, gerentes, funcionários etc.) ou externos (comunidade, órgãos reguladores, fornecedores, clientes etc.).

Os processos de gerenciamento das partes interessadas se decompõem conforme o mapa mental a seguir.

Podcasts relacionados

- Análise das Partes Interessadas
http://rvarg.as/9k
- Gerenciamento das Partes Interessadas - PMBOK® 5ª Edição - Parte 1 de 2
http://rvarg.as/64
- Gerenciamento das Partes Interessadas - PMBOK® 5ª Edição - Parte 2 de 2
http://rvarg.as/65
- Como educar o seu patrocinador
http://rvarg.as/a1

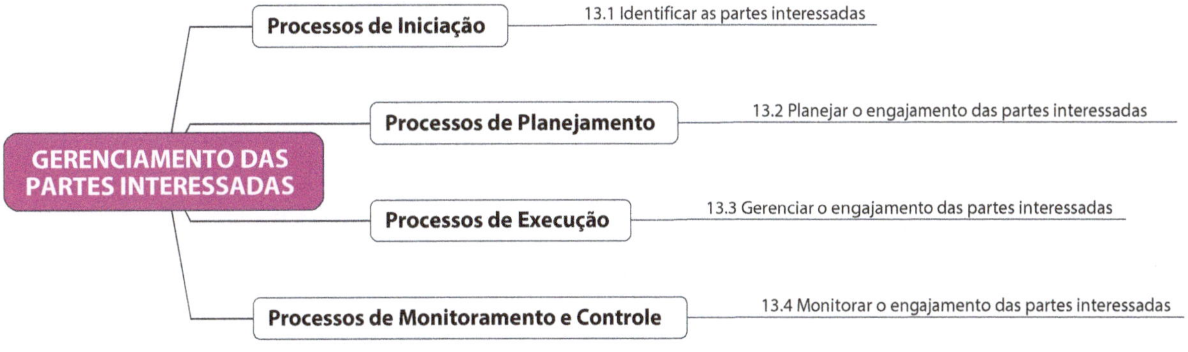

Figura 19.1 - Mapa mental do Gerenciamento das Partes Interessadas

O PMBOK® Guide 6ª Edição subdivide o gerenciamento das partes interessadas em quatro processos:

- Identificar as partes interessadas (13.1);
- Planejar o engajamento das partes interessadas (13.2);
- Gerenciar o engajamento das partes interessadas (13.3);
- Monitorar o engajamento das partes interessadas (13.4).

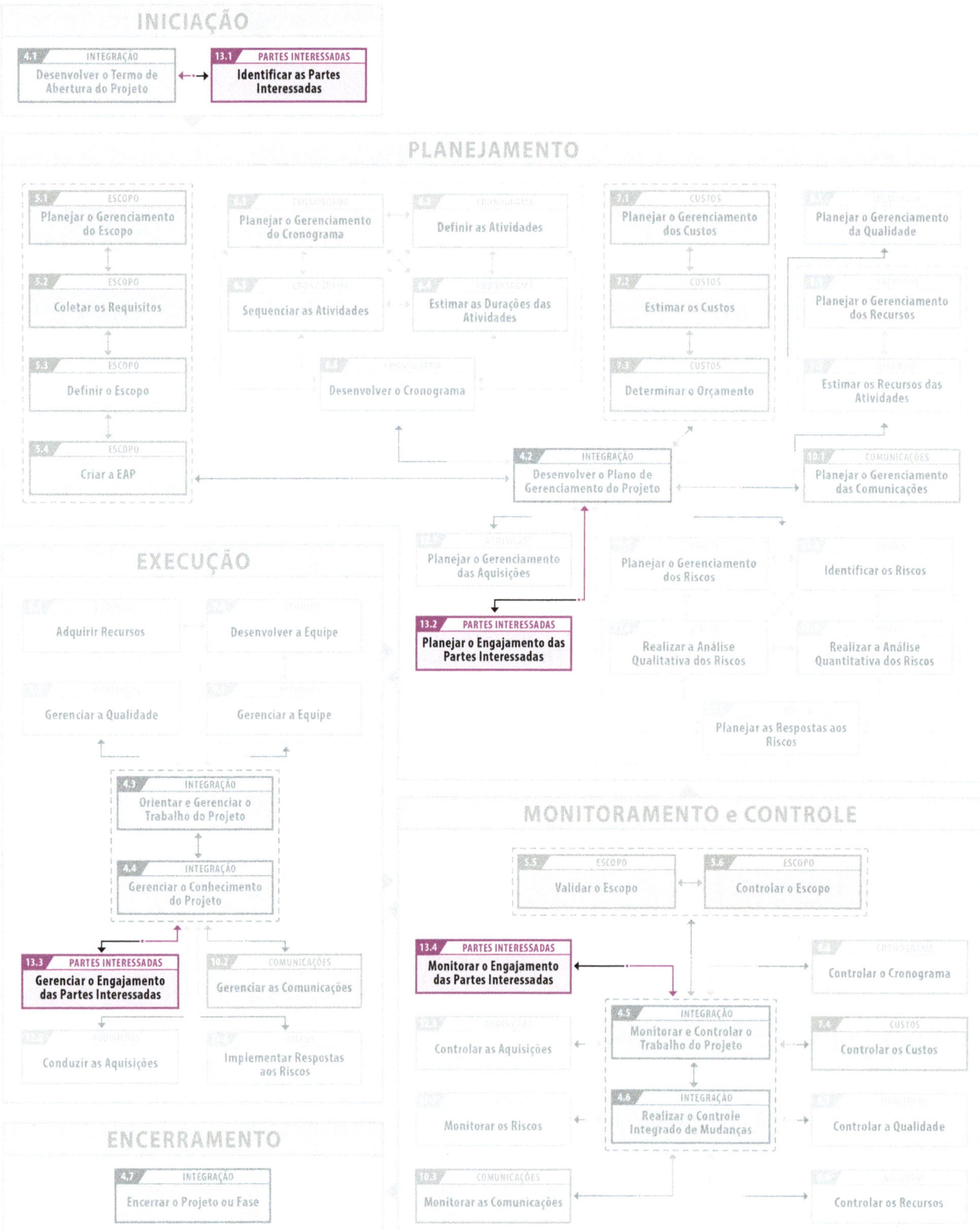

Figura 19.2 - Versão simplificada do Fluxo de Processos do PMBOK® Guide 6ª Edição com destaque para os processos do Gerenciamento das Partes Interessadas

13.1 IDENTIFICAR AS PARTES INTERESSADAS

Descrição

É o processo de identificar regularmente as partes interessadas do projeto e analisar e documentar informações relevantes sobre seus interesses, envolvimento, interdependências, influência e impacto potencial no sucesso do projeto.

Entradas

1. Termo de abertura do projeto
2. Documentos de negócios
3. Plano de gerenciamento do projeto
4. Documentos do projeto
5. Acordos
6. Fatores ambientais da empresa
7. Ativos de processos organizacionais

Ferramentas e Técnicas

1. Opinião especializada
2. Coleta de dados
3. Análise de dados
4. Representação de dados
5. Reuniões

Saídas

1. Registro das partes interessadas
2. Solicitações de mudança
3. Atualizações do plano de gerenciamento do projeto
4. Atualizações de documentos do projeto

13.2 PLANEJAR O ENGAJAMENTO DAS PARTES INTERESSADAS

Descrição

É o processo de desenvolvimento de abordagens para envolver as partes interessadas, com base em suas necessidades, expectativas, interesses e potencial impacto no projeto.

Entradas

1. Termo de abertura do projeto
2. Plano de gerenciamento do projeto
3. Documentos do projeto
4. Acordos
5. Fatores ambientais da empresa
6. Ativos de processos organizacionais

Ferramentas e Técnicas

1. Opinião especializada
2. Coleta de dados
3. Análise de dados
4. Tomada de decisão
5. Representação de dados
6. Reuniões

Saídas

1. Plano de engajamento das partes interessadas

13.3 GERENCIAR O ENGAJAMENTO DAS PARTES INTERESSADAS

Descrição

É o processo de se comunicar e trabalhar com as partes interessadas para atender às suas necessidades e expectativas, lidar com questões e promover o engajamento das partes interessadas adequadas.

Entradas

1. Plano de gerenciamento do projeto
2. Documentos do projeto
3. Fatores ambientais da empresa
4. Ativos de processos organizacionais

Ferramentas e Técnicas

1. Opinião especializada
2. Habilidades de comunicação
3. Habilidades interpessoais e de equipe
4. Regras básicas
5. Reuniões

Saídas

1. Solicitações de mudança
2. Atualizações do plano de gerenciamento do projeto
3. Atualizações de documentos do projeto

13.4 MONITORAR O ENGAJAMENTO DAS PARTES INTERESSADAS

Descrição

É o processo de monitorar as relações das partes interessadas do projeto e adaptar estratégias para engajar as partes interessadas através da modificação de planos e estratégias de engajamento.

Entradas

1. Plano de gerenciamento do projeto
2. Documentos do projeto
3. Dados de desempenho do trabalho
4. Fatores ambientais da empresa
5. Ativos de processos organizacionais

Ferramentas e Técnicas

1. Análise de dados
2. Tomada de decisão
3. Representação de dados
4. Habilidades de comunicação
5. Habilidades interpessoais e de equipe
6. Reuniões

Saídas

1. Informações sobre o desempenho do trabalho
2. Solicitações de mudança
3. Atualizações do plano de gerenciamento do projeto
4. Atualizações de documentos do projeto

PARTE III

DOCUMENTOS DO PLANO DE PROJETO

Capítulo 20

Apresentação

Nesta parte do livro serão apresentados os mais importantes documentos de um plano do projeto, a serem exemplificados em anexo através do Projeto Novas Fronteiras.

O projeto Novas Fronteiras foi desenvolvido para fins didáticos. Não é seu objetivo discutir estratégias utilizadas na construção do plano, e sim exemplificar um plano de projeto do início ao fim, visando principalmente mostrar a integração dos documentos.

Os planos descritos a seguir representam apenas um exemplo, não podendo ser considerados como completos para projetos reais. Também não é o objetivo do Projeto Novas Fronteiras ensinar as técnicas implementadas neste plano, bem como fazer algum tipo de juízo de valor sobre as melhores técnicas a serem utilizadas em um plano de projeto, não representando necessariamente uma posição oficial do PMI ou uma correlação exata com o PMBOK® Guide.

Todos os relatórios, gráficos e textos apresentados são uma sugestão, e não uma proposta rígida de modelo. Todas as alterações e personalizações nos elementos apresentados são permitidas e muito bem-vindas.

Finalmente, qualquer semelhança entre o tipo de projeto, o tipo de relatório, os nomes dos recursos e outros dados com projetos reais terá sido mera coincidência.

Capítulo 21

Gerenciamento da Integração

21.1 Termo de Abertura do Projeto ou *Project Charter*

O Termo de Abertura do Projeto é o documento legal que reconhece a existência de um projeto. Ele serve como linha de base para o trabalho do gerente do projeto. Contém diversas informações sobre o projeto, incluindo estimativas iniciais do prazo destinado, recursos necessários e orçamento disponível.

O Termo de Abertura do Projeto usualmente cobre os seguintes aspectos:

- título do projeto;
- um resumo das condições que definem o projeto (introdução);
- justificativa do projeto;
- nome do gerente de projeto e suas responsabilidades e autoridades;
- necessidades básicas do trabalho a ser realizado;
- principais partes interessadas;
- descrição do produto do projeto;
- cronograma básico do projeto;
- estimativas iniciais de custo;
- necessidades iniciais de recursos;
- necessidade de suporte pela organização;
- premissas e restrições;
- controle e gerenciamento das informações do projeto;
- aprovações com assinatura do executivo responsável pelo documento (não é o gerente do projeto).

Podcast relacionado

Onde eu coloco o objetivo do projeto?
http://rvarg.as/91

Vídeo relacionado

Entendendo as Premissas e as Restrições
http://rvarg.as/9p

21.2 Plano de Gerenciamento do Projeto (Plano Global do Projeto)

O plano de gerenciamento do projeto é o documento que descreve os procedimentos a serem conduzidos durante a sua execução. É o alicerce de toda a execução. Nele estão contidos todos os planos secundários, cronogramas, aspectos técnicos etc.

O plano de gerenciamento do projeto deve conter:

- a visão geral dos objetivos, metas e escopo do projeto de uma maneira resumida e macro para atender aos altos executivos do projeto (pequena introdução do assunto);
- o objetivo detalhado do projeto para atender ao gerente do projeto e ao time do projeto;
- o nome e as responsabilidades do gerente e do time principal do projeto (matriz de responsabilidades);
- o organograma do projeto;
- estudo técnico da solução a ser adotada pelo projeto;
- aspectos contratuais quanto à participação de elementos externos ao projeto;
- Estrutura Analítica do Projeto (EAP) ou *Work Breakdown Structure (WBS)*;
- Cronogramas (gráficos de *Gantt* e diagramas de rede);
- principais marcos com suas datas;
- utilização de recursos pelo projeto (relatório com as funções);
- orçamento, análise de custos e fluxos de caixa;
- necessidade de contratação e treinamento de pessoal;
- formas previstas de avaliação dos índices de qualidade e desempenho a serem atingidos pelo projeto;
- potenciais obstáculos a serem enfrentados pelo projeto e possíveis soluções;
- lista de pendências;
- planos das áreas de conhecimento (também considerados planos auxiliares)[4]:
  - Plano de Gerenciamento do Escopo;
  - Plano de Gerenciamento do Cronograma;
  - Plano de Gerenciamento dos Custos;
  - Plano de Gerenciamento da Qualidade;
  - Plano de Gerenciamento dos Recursos;
  - Plano de Gerenciamento das Comunicações;
  - Plano de Gerenciamento dos Riscos;
  - Plano de Gerenciamento das Aquisições;
  - Plano de Gerenciamento das Partes Interessadas.

[4]Até a terceira edição do PMBOK® Guide esses planos eram "Saídas" explícitas dos seus respectivos processos. A partir da quarta edição, alguns desses planos foram omitidos das "Saídas", sendo substituídos pelo termo "Documentação do projeto". Essa alteração não significa que esses planos não são importantes para o sucesso do projeto. Para fins didáticos, os planos apresentados estão explicados dentro de sua respectiva área de conhecimento.

21.3 Linha de Tempo do Projeto *(Timeline)*

O gráfico de *Gantt* representando a Linha de Tempo do Projeto *(Timeline)* exibe de forma direta os principais grupos de trabalho do projeto no tempo. Por ser resumido, ele tem como objetivo dar uma visão global de como os principais trabalhos se distribuem no tempo. É a representação gráfica padrão para evidenciar de modo macro os trabalhos do projeto. Usualmente é utilizado por executivos, pelo patrocinador e por elementos externos ao projeto.

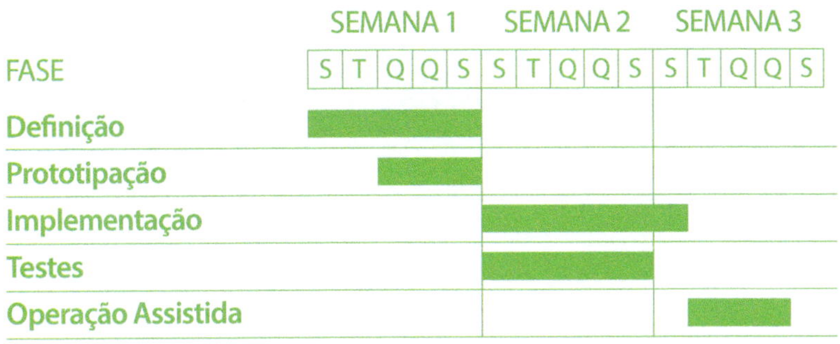

Figura 21.1 - Linha de Tempo do Projeto

21.4 Sistema de Controle Integrado de Mudanças

O Sistema de Controle Integrado de Mudanças é o documento que descreve todos os processos relacionados às mudanças no projeto, sejam elas mudanças de escopo, prazo ou custo.

Podcast relacionado

Comitê de Controle de Mudanças do Projeto
http://rvarg.as/90

Ele tem como objetivo assegurar que as mudanças foram devidamente avaliadas antes de serem aprovadas, rejeitadas ou alteradas. Usualmente o controle integrado de mudanças é representado através de um processo contendo regras, fluxogramas, dentre outros.

21.5 Registro das Lições Aprendidas

Documento que tem como objetivo registrar as lições aprendidas no projeto dentro da área responsável. Usualmente é preparado no formato analítico ou no formato de mapas mentais, destacando em um primeiro nível a área afetada ou os macroelementos da EAP e em segundo nível a lição aprendida.

Podcast relacionado

Lições Aprendidas
http://rvarg.as/9l

O registro das lições aprendidas viabiliza a transferência do conhecimento adquirido no projeto para futuros projetos e atividades organizacionais.

No mapa mental a seguir, as lições aprendidas em um projeto são classificadas de acordo com a prioridade (1 a 4), a influência sobre o projeto (negativa ou positiva) e a área afetada (áreas de conhecimento do PMI).

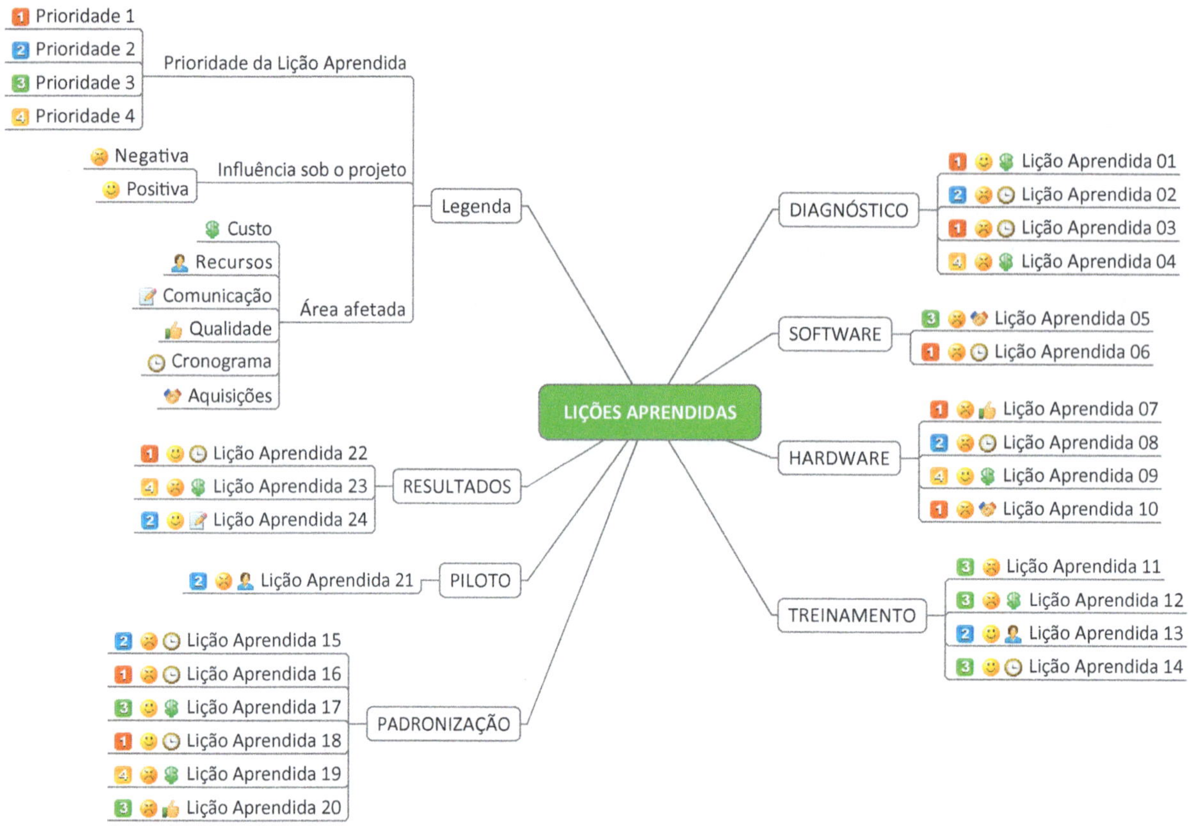

Figura 21.2 - Exemplo de um registro das lições aprendidas num projeto

Capítulo 22

Gerenciamento do Escopo

22.1 Documentação dos Requisitos

É o documento que registra os requisitos necessários para atender às necessidades do projeto. Ele pode ser construído a partir de requisitos de alto nível, sendo detalhado progressivamente com o projeto.

Normalmente o Documento de Requisitos do Projeto contém:

- título do projeto;
- nome da pessoa que elaborou o documento;
- descrição básica do projeto e da oportunidade;
- objetivo do projeto;
- requisitos funcionais desejáveis (priorizados);
- requisitos não funcionais (relacionados ao desempenho, segurança, confidencialidade etc.);
- requerimentos principais de qualidade (serão detalhados no Plano de Qualidade);
- critérios de aceitação do projeto;
- potenciais impactos do projeto em outras áreas;
- restrições consideradas na criação dos requerimentos;
- premissas consideradas na criação dos requerimentos;
- registro de alterações no documento de requisitos;
- aprovações.

Podcasts relacionados

Erros quanto ao escopo
http://rvarg.as/9o

Os Novos Processos de Planejamento de Escopo, Tempo e Custo do PMBOK® Guide 5ª Edição
http://rvarg.as/68

5 Ideias para Mitigar as Mudanças de Escopo no seu Projeto - Parte 1 de 2
http://rvarg.as/35

5 Ideias para Mitigar as Mudanças de Escopo no seu Projeto - Parte 2 de 2
http://rvarg.as/38

22.2 Plano de Gerenciamento dos Requisitos do Projeto

O plano de gerenciamento dos requisitos do projeto é auxiliar ao plano de gerenciamento de projetos e descreve os procedimentos que serão utilizados para documentar como os requerimentos serão analisados, documentados e gerenciados através do projeto.

No plano, deve estar documentado:

- título do projeto;
- nome da pessoa que elaborou o documento;

- critério de priorização dos requisitos;
- critérios de rastreabilidade dos requisitos;
- sistema de controle de mudanças nos requisitos;
- níveis de aprovação de mudanças nos requisitos;
- outros assuntos relacionados ao gerenciamento dos requisitos do projeto não previstos no plano;
- registro de alterações no documento;
- aprovações.

22.3 Matriz de Rastreabilidade de Requisitos (RTM)

A matriz de rastreabilidade de requisitos ou *Requirements Traceability Matrix (RTM)* é um documento em forma de tabela que lista os requisitos do projeto de modo a permitir o rastreamento do requisito dentro da EAP do projeto, determinando seu status, teste e requisitos relacionados. Tem como objetivo garantir que cada requerimento adicione valor ao objetivo do projeto e esteja perfeitamente ligado ao escopo de atividades.

A matriz usualmente contém os seguintes campos:

- ID do requisito;
- nome do requisito;
- descrição do requisito;
- tipo do requisito;
- prioridade do requisito;
- elemento(s) da EAP onde o requisito está associado;
- outros requisitos associados e relacionados (ID);
- status do requisito;
- critério de aceitação e conclusão;
- comentários.

22.4 Especificação do Escopo do Projeto *(Scope Statement)*

A Especificação do Escopo (antiga Declaração do Escopo) é o documento que formaliza o escopo de todos os trabalhos a serem desenvolvidos no projeto, servindo de base para definir suas características e limites. É importante ressaltar que em um projeto somente existe uma única especificação do escopo. Muitas vezes, a diferença entre especificação preliminar e especificação final do escopo está apenas no nível de detalhamento.

O escopo do projeto a ser utilizado para fins de planejamento e controle será sempre a especificação final do escopo.

Ao contrário do Termo de Abertura do Projeto *(Project Charter)*, a especificação do escopo pode ter dezenas de páginas com detalhes do projeto.

Usualmente, a Especificação do Escopo do Projeto contém:

- título do projeto;
- nome da pessoa que elaborou o documento;
- nome do patrocinador;
- nome do gerente do projeto e suas responsabilidades e autoridades;
- organograma preliminar;
- nome dos integrantes do time do projeto;
- descrição do projeto;
- objetivo do projeto;
- justificativa do projeto;
- produto do projeto;
- expectativa do cliente/patrocinador;
- fatores de sucesso do projeto;
- restrições;
- premissas;
- limites do projeto e exclusões específicas (tudo o que não será abordado pelo projeto);
- Estrutura Analítica do Projeto (níveis superiores da estrutura);
- principais atividades e estratégias do projeto;
- principais entregas do projeto;
- orçamento básico do projeto;
- plano de entregas e marcos do projeto;
- riscos iniciais do projeto;
- requisitos de gerenciamento de configuração e mudanças do projeto;
- registro de alterações no documento;
- aprovações.

22.5 Estrutura Analítica do Projeto (EAP)

A Estrutura Analítica do Projeto, também conhecida como *WBS - Work Breakdown Structure*, é a ferramenta de gerenciamento do escopo do projeto. Cada nível descendente do projeto representa um aumento no nível de detalhamento do projeto, como se fosse um organograma (hierárquico).

O detalhamento pode ser realizado até o nível desejado, apresentando dados genéricos ou detalhados. O detalhamento mais usual é até o pacote de trabalho *(work package)*.

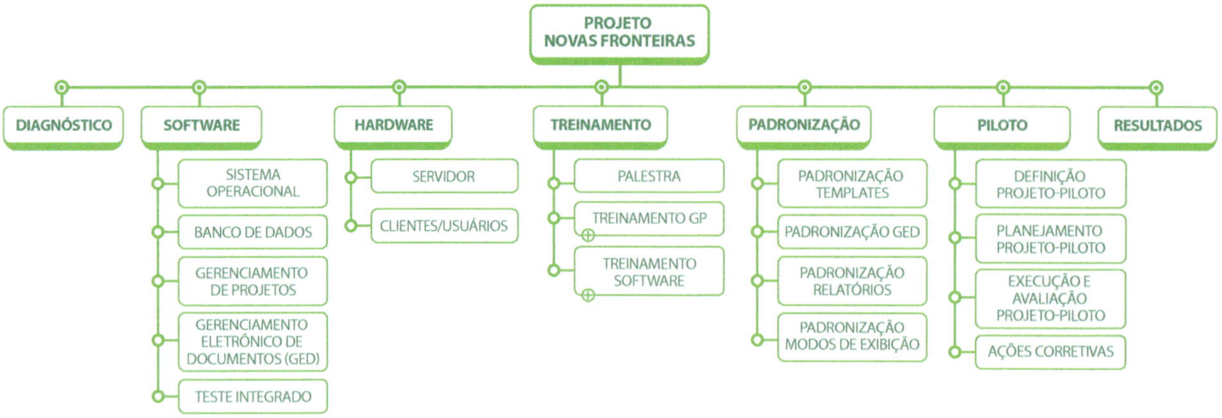

Figura 22.1 - Exemplo de uma EAP hierárquica

Podcasts relacionados

EAP
http://rvarg.as/9s

EAP e a Orientação às Entregas
http://rvarg.as/9t

Qual a Diferença entre Item da EAP, Pacote de Trabalho, Tarefas e Dicionário da EAP?
http://rvarg.as/25

Importância da Estrutura Analítica (EAP) no Gerenciamento de Custos do Projeto
http://rvarg.as/93

Vídeo relacionado

Elaborando a Estrutura Analítica do Projeto (EAP)
http://rvarg.as/9r

As principais características da EAP são as seguintes:

- permite que se veja a contribuição dos pacotes de trabalho *(work package)* no projeto principal;
- permite o direcionamento das equipes, dos recursos e das responsabilidades;
- determina quais materiais serão necessários para a execução de cada pacote;
- determina o custo final do projeto a partir do custo de cada pacote ou entrega.

Suas principais vantagens são as seguintes:

- conjuntos de entregas agrupadas de forma simples;
- fácil atribuição de responsabilidades;
- fácil desmembramento do projeto em pacotes de trabalho *(work package)*.

Suas principais desvantagens são as seguintes:

- não diferencia, visualmente, o prazo e a duração de cada pacote, bem como a importância de cada um;
- não mostra as interdependências entre as entregas e os pacotes;
- requer técnica e habilidade para confecção e não é construída graficamente pelo MS Project, sendo necessária a utilização do MS Visio.

A EAP apresenta variantes, principalmente no que diz respeito à sua forma de apresentação, a saber:

EAP Analítica – EAP que apresenta o escopo do trabalho através de uma lista de elementos recuados indicando os grupos de trabalho. Normalmente vem acompanhada de numeração. É bastante comum nos softwares de gerenciamento de projetos, tais como o Microsoft Project.

PROJETO NOVAS FRONTEIRAS
1 DIAGNÓSTICO
⊞ 2 SOFTWARE
⊞ 3 HARDWARE
⊟ 4 TREINAMENTO
⊞ 4.1 PALESTRA
⊞ 4.2 TREINAMENTO GP
⊞ 4.3 TREINAMENTO SOFTWARE
⊞ 5 PADRONIZAÇÃO
⊞ 6 PILOTO
7 RESULTADOS

Figura 22.2 - Exemplo de uma EAP analítica

EAP Mapa Mental – Opção de estruturação de escopo onde a EAP é apresentada como um mapa mental. Mapas mentais, também conhecidos como *Mindmaps*, são um padrão mundial para criação, gerenciamento e comunicação de ideias. Os mapas mentais apoiam a organização de ideias e de conhecimento através de uma visualização intuitiva e amigável, além de apresentarem grande versatilidade visual. Mapas mentais se iniciam com uma ideia central, onde todos os ramos do mapa significam uma decomposição da ideia principal em ideias relacionadas, baseadas em um modelo visual de pensamento.

Figura 22.3 - Uma EAP como mapa mental

22.6 Dicionário da EAP

Podcast relacionado

O Dicionário da EAP
http://rvarg.as/50

O dicionário da EAP é um conjunto de definições que descrevem cada pacote de trabalho do projeto. Ele detalha o trabalho a ser realizado, bem como aspectos relacionados aos recursos, predecessores, sucessores, dentre outros. Por exemplo, um projeto que tem 200 pacotes de trabalho terá também 200 elementos do dicionário preenchidos. A linha de base do escopo do projeto nada mais é do que o agrupamento da especificação do escopo, da EAP e do dicionário da EAP.

Estão contidos no dicionário da EAP os seguintes elementos:

- nome e código do pacote de trabalho;
- responsável principal pelo pacote de trabalho;
- principais tarefas contidas no pacote de trabalho;
- recursos previstos para a realização do pacote de trabalho;
- prazo estimado para a realização das tarefas do pacote de trabalho;
- custo estimado para a realização das tarefas do pacote de trabalho;
- predecessores principais do pacote de trabalho;
- sucessores principais do pacote de trabalho;
- riscos associados ao pacote;
- outras informações.

22.7 Plano de Gerenciamento do Escopo

O plano de gerenciamento do escopo é o documento que descreve os procedimentos que serão utilizados para gerenciar todo o escopo do projeto. É basicamente a regra com que o escopo será gerenciado no projeto.

No plano, devem estar documentados:

- título do projeto;
- nome da pessoa que elaborou o documento;
- descritivo dos processos de gerenciamento do escopo (regras gerais);
- priorização das mudanças de escopo e respostas;
- gerenciamento das configurações ou *configuration management*;
- frequência de avaliação do escopo do projeto;
- alocação financeira das mudanças de escopo;
- nome do responsável pelo plano;
- frequência de atualização do plano de gerenciamento do escopo;
- outros assuntos relacionados ao gerenciamento do escopo do projeto não previstos no plano;
- registro de alterações no documento;
- aprovações.

Capítulo 23

Gerenciamento do Cronograma

23.1 Lista das Atividades do Projeto

Podcasts relacionados

- Gerenciamento de Tempo em Projetos *http://rvarg.as/9w*
- Folga Livre e Folga Total em Projetos *http://rvarg.as/9u*
- Você entende mesmo o significado das diferentes relações entre as tarefas? – Parte 1 de 2 *http://rvarg.as/9v*
- Você entende mesmo o significado das diferentes relações entre as tarefas? – Parte 2 de 2 *http://rvarg.as/8j*

Constitui a listagem completa das atividades do projeto, detalhando todos os pacotes de trabalho em suas respectivas ações.

Atividades são as etapas necessárias para se completar um projeto. São executadas em uma sequência caracterizada pela natureza do projeto. As atividades podem ocorrer sequencialmente ou simultaneamente.

Os principais tipos de atividades são:

- atividades executivas ou tarefas *(Tasks)*;
- marcos ou entregas *(Milestones)*;
- atividades-resumo ou pacotes de trabalho *(Summary Tasks)*.

Atividades Executivas ou Tarefas – São as atividades relacionadas diretamente com a ação dentro do projeto. Exemplos de atividades executivas:

- embalar computadores;
- limpar o terreno;
- digitar o relatório de compras;
- revisar um artigo.

Marcos ou Entregas *(Milestones)* – O marco representa um evento, ou condição, que marca a execução de um grupo de atividades relacionadas entre si, ou o término de uma fase de projeto. Serve, também, para identificar as entregas dos pacotes de trabalho e não tem duração. É também chamado de etapa.

Exemplos de marcos:

- telhado pronto (entrega);
- testes do produto realizados;
- recebimento da terceira parcela.

Atividades-Resumo ou Pacote de Trabalho *(Summary Tasks)* – São atividades que englobam outras atividades, denominadas subatividades. Elas representam um conjunto de atividades, totalizando duração, datas e custos das atividades a elas pertencentes.

Exemplos de atividades-resumo:

- fase de planejamento;
- construção do alicerce da casa;
- desenho do protótipo do produto;
- fase de design.

23.2 Gráfico de *Gantt*

Forma popular de representação gráfica para cronogramas. O diagrama utiliza barras horizontais, colocadas dentro de uma escala de tempo. O comprimento relativo das barras determina a duração da atividade. As linhas conectando as barras individuais em um gráfico de *Gantt* refletem as relações entre as atividades.

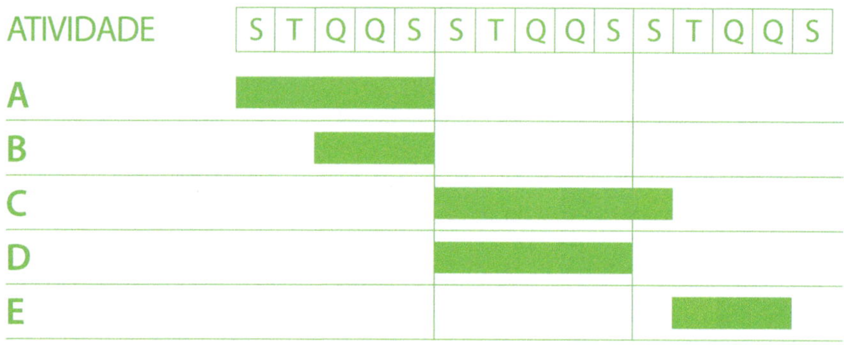

Figura 23.1 - Gráfico de *Gantt*

As principais vantagens do gráfico de *Gantt* são as seguintes:

- simples entendimento;
- visualização de atrasos com facilidade;
- escala de tempo bem definida.

Suas principais desvantagens são as seguintes:

- inadequação para grandes projetos;
- difícil visualização de dependências;
- vaga descrição de como o projeto reage a alterações de escopo.

O gráfico de *Gantt* é a visualização-padrão da maioria dos softwares de gerenciamento de projetos.

23.3 Diagrama de Rede

Representação gráfica do inter-relacionamento entre as atividades do projeto. É vulgarmente e incorretamente conhecido como rede PERT *(Program Evaluation and Review Technique)*. O diagrama de rede evidencia os inter-relacionamentos entre as atividades no projeto global.

Podcast relacionados

Dependências Obrigatórias (Mandatórias) x Dependências Arbitradas (Discricionárias)
http://rvarg.as/t

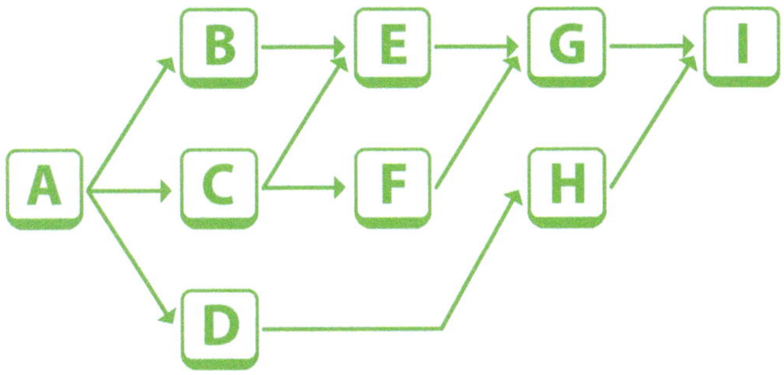

Figura 23.2 - Exemplo simplificado de um diagrama de rede

As vantagens do diagrama de rede são as seguintes:

- simples entendimento;
- interdependência entre as atividades bem definida.

As desvantagens do diagrama de rede são as seguintes:

- apresenta relatórios muito extensos;
- não mostra uma relação visual entre as durações das atividades;
- é de difícil manipulação.

23.4 Gráfico de Marcos

Gráfico de marcos é a representação dentro de um cronograma das principais entregas do projeto. É um relatório bastante resumido e de alto valor gerencial. Muito utilizado em reuniões gerenciais.

Figura 23.3 - Gráfico de Marcos

23.5 Plano de Gerenciamento do Cronograma

Podcast relacionado

Gerenciamento de Tempo em Projetos
http://rvarg.as/9w

É o documento que descreve os procedimentos que serão utilizados para gerenciar e controlar os prazos do projeto.

No plano, devem estar documentados:

- título do projeto;
- nome da pessoa que elaborou o documento;
- descritivo dos processos de gerenciamento do cronograma (regras gerais);
- priorização das mudanças de prazos;
- sistema de controle de mudanças de prazos *(Schedule Change Control System)*;
- frequência de avaliação de prazos do projeto;
- alocação financeira para o gerenciamento do cronograma;
- nome do responsável pelo plano;
- frequência de atualização do plano de gerenciamento do cronograma;
- outros assuntos relacionados ao gerenciamento do cronograma não previstos no plano;
- registro de alterações no documento;
- aprovações.

Capítulo 24

Gerenciamento dos Custos

24.1 Decomposição do Orçamento na EAP

O orçamento do projeto pode ser representado pelo somatório do custo fixo com o custo relativo aos recursos de cada atividade do projeto. Orçamentos são as atribuições financeiras dos recursos necessários para se completar o projeto, normalmente expressos em unidades monetárias. A maioria dos orçamentos é dada através de tabelas, como a exibida na figura 24.2.

Podcasts relacionados

- Importância da Estrutura Analítica (EAP) no Gerenciamento de Custos do Projeto
http://rvarg.as/93
- 4 Mecanismos de Previsões de Prazos e Custos em Projetos
http://rvarg.as/14

A EAP pode ser usada para estimativas de custos das fases do projeto e até de todo o projeto. O custo da fase é a soma dos custos das atividades a ela pertencentes. O custo total do projeto é a soma dos custos de suas fases. Esse processo também é conhecido como *Bottom Up estimating*. Esse documento é muito conhecido na língua inglesa como CBS ou *Cost Breakdown Structure*.

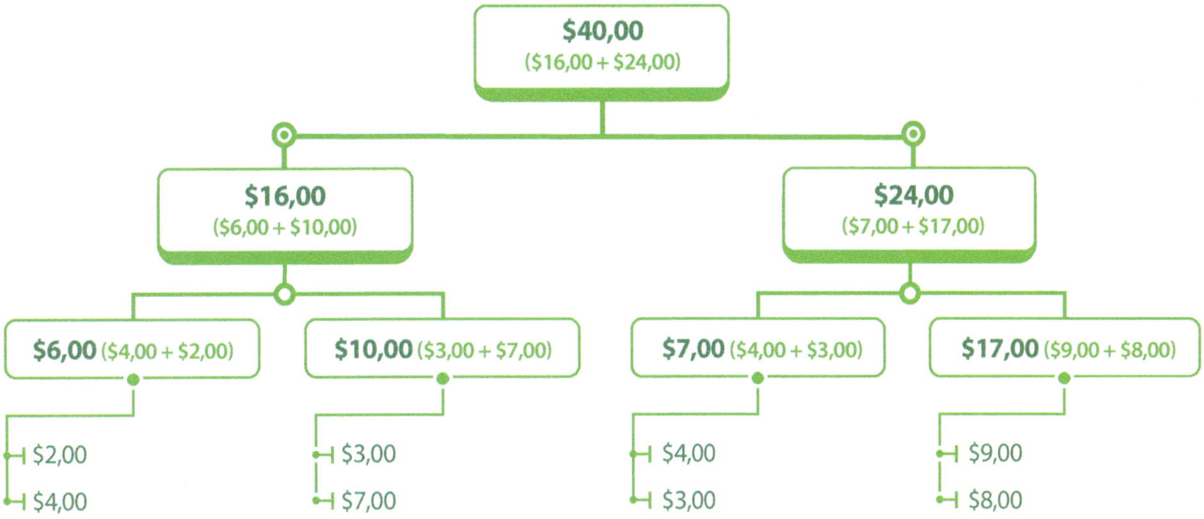

Figura 24.1 - EAP como ferramenta para o cálculo do custo do projeto

24.2 Orçamento do Projeto por Atividades

Documento que detalha o orçamento do projeto por cada uma de suas tarefas. Muito similar à Decomposição do Orçamento na EAP *(Cost Breakdown Structure)*; no entanto, a visualização desse documento é através de uma listagem das atividades do projeto e seus custos associados.

	Orçamento			
Atividade	Custo Fixo	Custo Direto	Custo Indireto	Total
A	$3,00	$12,00	$0,00	**$15,00**
B	$0,00	$15,00	$4,00	**$19,00**
C	$5,00	$0,00	$0,00	**$5,00**
D	$2,00	$10,00	$7,00	**$19,00**
Total	**$10,00**	**$37,00**	**$11,00**	**$58,00**

Figura 24.2 - Exemplo de visualização do orçamento

24.3 Orçamento do Projeto por Recursos

Muito similar ao orçamento do projeto por atividades; no entanto, apresenta o custo total do projeto por recurso alocado, permitindo que se analise o custo de cada recurso alocado no projeto.

Existem duas formas de se atribuírem custos a um recurso:

- custo por empreitada (custo por uso);
- custo variável por hora de trabalho.

O custo por empreitada é utilizado para recursos que irão cobrar por um determinado trabalho, independentemente do tempo que se gaste para executá-lo. Também é utilizado para materiais que serão consumidos pelo projeto.

O custo variável por hora de trabalho é atribuído a recursos que serão remunerados por hora trabalhada, podendo, inclusive, incluir os custos decorrentes de horas extras. Para recursos do tipo equipamentos, o custo por hora deve ser o valor da depreciação do bem ou do aluguel por hora de utilização.

Como exemplo, pode-se contratar um engenheiro para fazer o cálculo estrutural de uma obra e ele ser remunerado pelo trabalho realizado (custo por empreitada).

Outro exemplo é um operário trabalhar em um projeto complexo e grande, sendo remunerado através de seu salário mensal. O custo desse operário deve ser incluído no projeto como custo variável por hora de trabalho. O custo por hora é encontrado através da divisão do salário mensal pelas horas trabalhadas no mês, sem deixar de considerar os efeitos de produtividade do recurso.

24.4 Cronograma de Desembolso do Projeto

O Cronograma de Desembolso é uma das mais importantes visualizações dos custos do projeto. Quando inclui receitas é também conhecido como fluxo de caixa do projeto. Ele associa os custos de cada atividade ao cronograma do projeto, permitindo que se analisem o desembolso médio e o custo médio de cada atividade do projeto.

	Custo por Semana				
Atividade	S1	S1	S3	S4	Total
A	\$2,00	\$3,00	\$2,00	\$8,00	**\$15,00**
B	\$4,00	\$2,00	\$9,00	\$4,00	**\$19,00**
C	\$1,00	\$1,00	\$1,00	\$2,00	**\$5,00**
D	\$3,00	\$8,00	\$3,00	\$5,00	**\$19,00**
Total	**\$10,00**	**\$14,00**	**\$15,00**	**\$19,00**	**\$58,00**

Figura 24.3 - Exemplo de Cronograma de Desembolso de um projeto

24.5 Curva de Desembolso do Projeto

A Curva de Desembolso do Projeto, ou Curva S, ou curva de custo acumulado, permite que seja avaliada graficamente a evolução do custo previsto do projeto com o tempo. Constitui a base para a avaliação do processo de desembolso do projeto, bem como constitui a base para a determinação do custo planejado (custo orçado do trabalho agendado, ou BCWS) da análise de valor agregado *(Earned Value)*. Normalmente é obtida a partir de dados do projeto, através de programas de planilha eletrônica ou de geradores de gráficos.

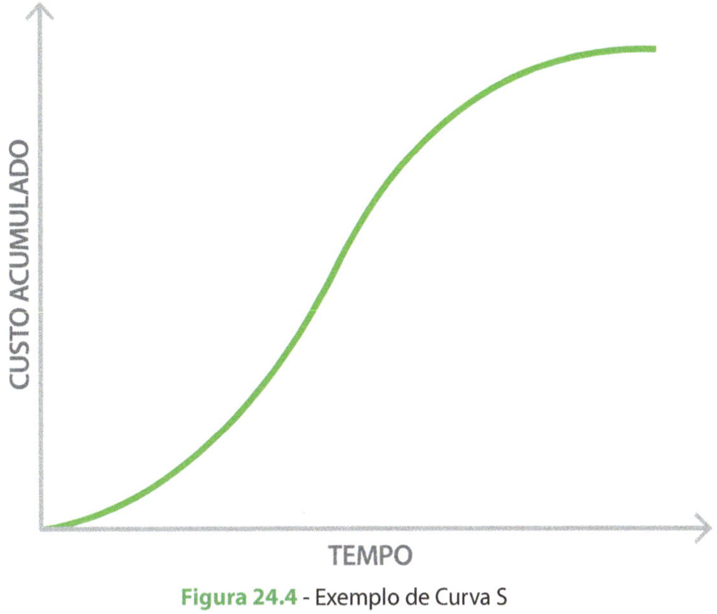

Figura 24.4 - Exemplo de Curva S

24.6 Plano de Gerenciamento dos Custos

O plano de gerenciamento dos custos é o documento que descreve os procedimentos que serão utilizados para gerenciar todos os custos do projeto.

No plano, devem estar documentados:

- título do projeto;
- nome da pessoa que elaborou o documento;
- descritivo dos processos de gerenciamento dos custos (regras gerais);
- descrição das reservas gerenciais e da autonomia em sua utilização;
- sistema de controle de mudanças de custos *(Cost Change Control System)*;
- frequência de avaliação do orçamento do projeto e das reservas gerenciais;
- alocação financeira das mudanças no orçamento;
- nome do responsável pelo plano;
- frequência de atualização do plano de gerenciamento dos custos;
- outros assuntos relacionados ao gerenciamento dos custos não previstos no plano;
- registro de alterações no documento;
- aprovações.

Capítulo 25

Gerenciamento da Qualidade

25.1 Plano de Gerenciamento da Qualidade

O Plano de Gerenciamento da Qualidade é o documento que descreve os procedimentos que serão utilizados para gerenciar todos os aspectos da qualidade do projeto.

No plano, devem estar documentados:

- título do projeto;
- nome da pessoa que elaborou o documento;
- descritivo dos processos de gerenciamento da qualidade (regras gerais);
- requisitos de qualidade;
- métricas e padrões de qualidade esperados (pode ser um documento isolado);
- priorização das mudanças nos quesitos de qualidade e respostas;
- sistema de controle de mudanças da qualidade *(Quality Change Control System)*;
- frequência de avaliação dos requisitos de qualidade do projeto;
- alocação financeira das mudanças nos requisitos de qualidade;
- administração do plano de gerenciamento da qualidade;
- nome do responsável pelo plano;
- frequência de atualização do plano de gerenciamento da qualidade;
- outros assuntos relacionados ao gerenciamento da qualidade não previstos no plano;
- registro de alterações no documento;
- aprovações.

Podcasts relacionados

Requisitos de Qualidade em Projetos
http://rvarg.as/9m

Gerenciamento da Qualidade em Projetos
http://rvarg.as/98

Recall automobilístico sob a perspectiva do Gerenciamento de Projetos
http://rvarg.as/9n

O Custo da Qualidade
http://rvarg.as/96

25.2 Listas de Verificação da Qualidade

As listas de verificação são documentos que servem para avaliar se um determinado componente da qualidade está em conformidade com o previsto nas métricas e padrões estabelecidos. São usualmente apresentadas como *checklists*.

ITEM DA QUALIDADE	VERIFICAÇÃO			
	SIM	NÃO	N/D	DATA
O projeto tem um Plano de Gerenciamento da Qualidade aprovado?				
O Plano de Gerenciamento da Qualidade foi revisto pelas principais partes interessadas?				
As principais partes interessadas têm acesso ao Plano de Gerenciamento da Qualidade?				
O Plano de Gerenciamento da Qualidade é consistente com o plano geral do projeto?				
As métricas relacionadas aos padrões de qualidade dos produtos e serviços do projeto foram estabelecidas e acordadas entre as partes?				
As métricas estabelecidas atendem aos requisitos de qualidade aceitáveis para o cliente e beneficiário do projeto?				
Todas as métricas têm mecanismos de coleta estabelecidos e acordados?				
A frequência de coleta das métricas está acordada entre as partes?				
Existem reuniões para reavaliação do plano de qualidade agendadas durante toda a duração do projeto?				
Todas as métricas estabelecidas nos padrões de qualidade são claras, mensuráveis e controláveis?				
Existe um repositório para todas as informações de qualidade?				
Todos os membros do time têm acesso ao repositório de documentação da qualidade?				
Todos os membros do time requeridos para o processo de revisão da qualidade foram notificados e confirmaram a participação?				
As responsabilidades relacionadas aos padrões de qualidade foram atribuídas aos respectivos membros do time do projeto?				
Os limites de qualidade foram estabelecidos, documentados e comunicados?				
O patrocinador está ciente das suas responsabilidades quanto à aceitação dos padrões de qualidade?				
O cliente/beneficiário está ciente das suas responsabilidades relacionadas à aceitação dos padrões de qualidade?				

Figura 25.1 - Exemplo de uma Lista de Verificação dos Processos de Qualidade

Capítulo 26

Gerenciamento dos Recursos

26.1 Organograma

Representação hierárquica dos diferentes níveis do projeto. Normalmente apresenta, em sua parte superior, o nome do patrocinador e/ou do gerente do projeto. Revela as relações de trabalho dentro do projeto.

Podcast relacionado

Ego, Vaidade e Inveja: O Drama do Gerente de Projetos
http://rvarg.as/7l

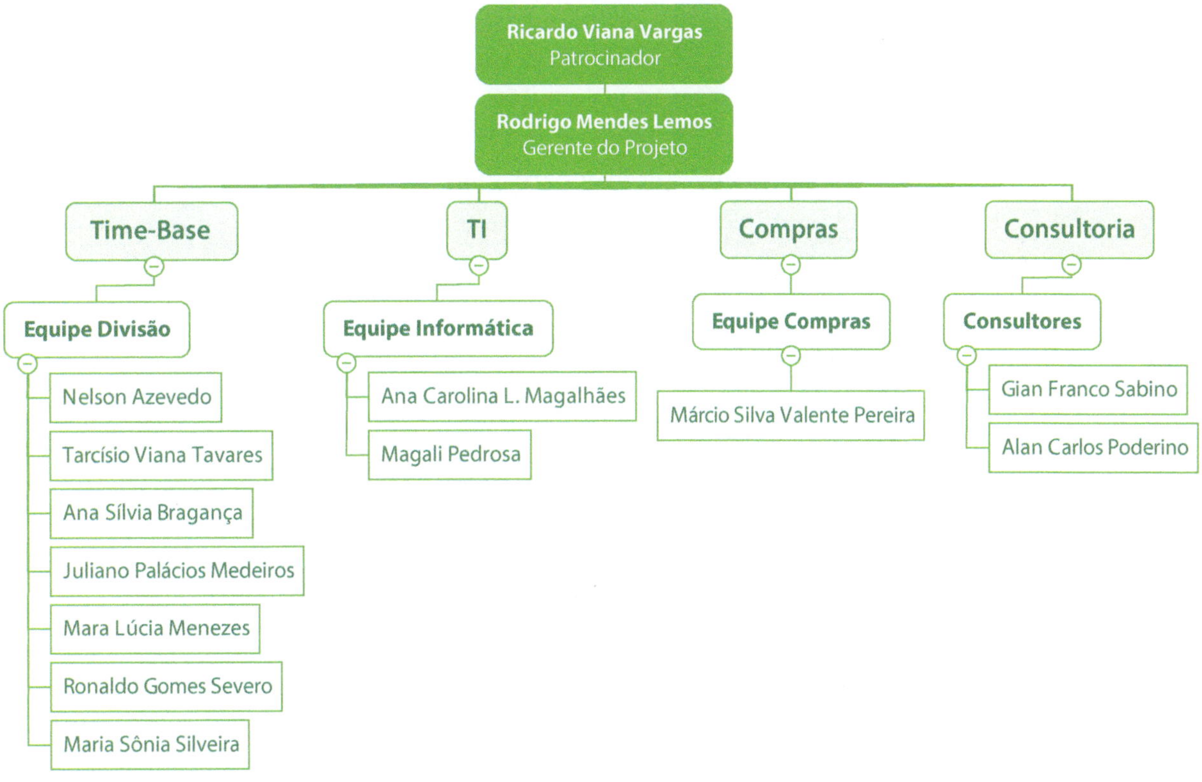

Figura 26.1 - Exemplo de organograma de um projeto

26.2 Diretório do Time do Projeto

Lista dos membros do time do projeto, incluindo seu cargo, setor e contato.

Nome	Área	E-mail	Telefone
Alan Carlos Poderino	Consultoria	*alancp@xyz.com*	5432-1111
Ana Carolina L Magalhães	TI	*anacm@xyz.com*	5432-1222
Ana Sílvia Bragança	Membro Time	*anasb@xyz.com*	5432-1333
Gian Franco Sabino	Consultoria	*gianfs@xyz.com*	5432-1444
João Rosa da Motta	TI	*joaom@xyz.com*	5432-1555

Figura 26.2 - Diretório do Time do Projeto

26.3 Lista dos Recursos do Projeto

Constitui a listagem completa dos recursos a serem empregados no projeto.

Os recursos são todas as pessoas, materiais de consumo e equipamentos necessários para a realização da atividade.

Os recursos se subdividem nas seguintes categorias:

- mão de obra (profissionais), materiais, equipamentos.

São exemplos de recursos:

- pintores, areia, computadores, veículos, papel, programadores.

26.4 Alocação dos Recursos

Podcast relacionado

Usando Recursos Genéricos na Alocação de Recursos
http://rvarg.as/3d

Tabela que associa o recurso ao seu respectivo pacote de trabalho. Documento que representa a listagem exata de todos os recursos necessários para cada uma das atividades do projeto. Usualmente confeccionado automaticamente pelos principais softwares de gerenciamento de projetos.

26.5 Matriz de Responsabilidades

Apresenta, na forma de uma tabela, as responsabilidades de cada um dos membros da equipe no projeto. Pode apresentar as responsabilidades detalhadas de cada recurso, como também as responsabilidades apenas das pessoas e funções-chave do projeto. Identifica as responsabilidades, bem como a necessidade de apoio e a supervisão de cada grupo de atividades do projeto e de cada plano específico do projeto. Muito conhecida também como Matriz RACI *(Responsible, Accountable, Consulted, Informed)*. Os campos da Matriz de Responsabilidades podem ser personalizados conforme a necessidade do projeto e da equipe.

Nome	Diagnóstico	Software	Hardware	Treinamento	Padronização	Piloto	Resultados
Alan Carlos Poderino	R			A		A	A
Ana Carolina L Magalhães		R	A				
Ana Sílvia Bragança				R	A	A	
Gian Franco Sabino		A					A
João Rosa da Motta	A	A		A	A	S	A
Juliano Palácios Medeiros		A				A	
Luiz Carlos Paula Pena		S	A				
Magali Pedrosa		A	S				
Mara Lúcia Menezes				S	S	A	

R – Responsável A – Apoio S - Suplente

Figura 26.3 - Matriz de Responsabilidades

26.6 Diagrama de Funções *(Who Does What)*

Apresenta a listagem dos recursos em suas respectivas atividades. Apresenta também a quantidade de recursos destinada a cada atividade do projeto. Utilizada para definir a alocação de cada recurso do projeto.

Nome da tarefa	Unidades	Duração
Projeto Novas Fronteiras		**120 dias**
1 DIAGNÓSTICO		**9 dias**
1.1 Kick-off Meeting do projeto		4 hrs
1.2 Reunir a equipe do projeto para definição do comitê		1,5 dias
João Rosa da Motta - TI	*50%*	
Rodrigo Mendes Lemos - GP	*100%*	
Ricardo Viana Vargas - Patrocinador	*20%*	
Alan Carlos Poderino - Consultor	*100%*	
Viagem Divisão GP	*1 Unidade (s)*	
1.3 Criar o escopo dos trabalhos		3 dias
João Rosa da Motta - TI	*50%*	
Rodrigo Mendes Lemos - GP	*100%*	

Figura 26.4 - Diagrama de Funções

26.7 Plano de Gerenciamento dos Recursos

O plano de gerenciamento dos recursos é o documento que descreve os procedimentos que serão utilizados para gerenciar todos os recursos, humanos e materiais, do projeto. Em alguns casos, o plano de gerenciamento dos recursos pode ser subdividido em plano de gerenciamento da equipe (para os recursos humanos) e plano de gerenciamento dos recursos materiais e equipamentos. Na lista a seguir, os itens assinalados com *[equipe]* são específicos do gerenciamento dos recursos humanos.

No plano devem estar documentados:

- título do projeto;
- nome da pessoa que elaborou o documento;
- descrição do tratamento a ser dado para recursos materiais e equipamentos;
- organograma do projeto mostrando a estrutura hierárquica do time do projeto, incluindo os elementos das estruturas matriciais relacionados (pode ser documento separado) *[equipe]*;
- diretório do time do projeto contendo todas as informações dos recursos humanos do projeto, incluindo cargo, área de atuação e contato (pode ser documento separado) *[equipe]*;
- matriz de responsabilidades relacionando os elementos da EAP com os integrantes do time (pode ser também em um documento separado) *[equipe]*;
- políticas de treinamento *[equipe]*;
- critérios de bonificação da equipe *[equipe]*;
- frequência de avaliação consolidada dos resultados do time *[equipe]*;
- políticas com relação a novos recursos, realocação e substituição de recursos;
- critérios de avaliação de resultados;
- alocação financeira para o gerenciamento dos recursos;
- administração do plano de gerenciamento dos recursos;
- nome do responsável pelo plano;
- frequência de atualização do plano de gerenciamento dos recursos;
- outros assuntos relacionados ao gerenciamento dos recursos não previstos no plano;
- registro de alterações no documento;
- aprovações.

Capítulo 27

Gerenciamento das Comunicações

27.1 Plano de Gerenciamento das Comunicações

O Plano de Gerenciamento das Comunicações é o documento que descreve os procedimentos que serão utilizados para gerenciar todo o processo de comunicação no projeto.

Podcast relacionado

Gerenciamento das Comunicações em Projetos
http://rvarg.as/9d

No plano, devem estar documentados:

- título do projeto;
- nome da pessoa que elaborou o documento;
- descritivo dos processos de gerenciamento das comunicações;
- eventos de comunicação (reuniões e apresentações);
- cronograma dos eventos de comunicação;
- atas de reunião;
- exemplo de relatórios do projeto;
- tabela 5W e 2H que resume os relatórios e eventos do projeto (o que, quem, quando, onde, por que, como e quanto custa);
- ambiente técnico e estrutura de armazenamento e distribuição da informação;
- alocação financeira para o gerenciamento das comunicações;
- nome do responsável pelo plano;
- frequência de atualização do plano de gerenciamento das comunicações;
- outros assuntos relacionados ao gerenciamento das comunicações não previstos no plano;
- registro de alterações no documento;
- aprovações.

1. KICK OFF MEETING

OBJETIVO	RESPONSÁVEL	LOCAL	FREQUÊNCIA
Dar a partida no projeto, apresentando as informações quanto ao seu objetivo e à sua importância para a empresa, aos seus prazos, aos seus custos etc.	Rodrigo Mendes Lemos, gerente do projeto	Auditório do Departamento de Comunicação Social	Não aplicável
METODOLOGIA	**ENVOLVIDOS**	**DATA / DURAÇÃO**	**OUTROS**
Apresentação em auditório com utilização de projetor, computadores e sistemas de som.	Time do projeto, patrocinador e convidados (executivos da empresa)	Dia 02/01/2017 às 09:00 / 4 horas	Lista de presença requerida

2. REUNIÃO DE AVALIAÇÃO DE FORNECEDORES

OBJETIVO	RESPONSÁVEL	LOCAL	FREQUÊNCIA
Avaliar e antecipar potenciais problemas relativos a fornecedores e entregas de aquisições para o projeto, conforme apresentado no plano de gerenciamento das aquisições.	Nelson Azevedo, responsável pelo plano de gerenciamento das aquisições	Sala de reuniões II - Bloco A (Departamento de Compras)	Mensal, toda segunda segunda-feira de cada mês com início dia 09/01/2017 e término em 12/06/2017
METODOLOGIA	**ENVOLVIDOS**	**DATA / DURAÇÃO**	**OUTROS**
Reuniões individuais com os fornecedores mostrando os indicadores de cumprimento de prazos e qualidade estabelecidos nos contratos, bem como obtendo retorno sobre possíveis dificuldades enfrentadas pelo fornecedor no exercício de seu trabalho. Nenhuma informação específica do projeto deve ser informada, a não ser que seja relacionada diretamente com o objeto fornecido.	Tarcísio Viana Tavares, responsável pelo plano de gerenciamento do cronograma e das comunicações, Nelson Azevedo	2 horas, com início às 11:00 (imediatamente após a reunião do Comitê Executivo)	Ata de reunião (com lista de presença) requerida

3. REUNIÃO DE AVALIAÇÃO DOS PLANOS DE PROJETO

OBJETIVO	RESPONSÁVEL	LOCAL	FREQUÊNCIA
Avaliar a efetividade dos planos de gerenciamento do projeto, verificando se o que está estabelecido como regra no plano está sendo cumprido e se o plano precisa de atualização.	Tarcísio Viana Tavares, responsável pelo plano de gerenciamento das comunicações	Sala de reuniões I - Bloco C	Mensal, toda primeira segunda-feira de cada mês com início dia 06/02/2017 e término em 05/06/2017
METODOLOGIA	**ENVOLVIDOS**	**DATA / DURAÇÃO**	**OUTROS**
Reunião convencional, onde cada um dos responsáveis pelos planos apresenta os potenciais desvios e necessidades de atualização para os demais integrantes do time, que realizam comentários e sugestões até que o plano seja atualizado e aprovado pelo gerente do projeto.	Time do projeto	2 horas, com início às 11:00 (imediatamente após a reunião do Comitê Executivo)	Ata de reunião (com lista de presença) requerida

Figura 27.1- Exemplos de registros de eventos de comunicação

CAPÍTULO 28

Gerenciamento dos Riscos

28.1 Registro dos Riscos

O Registro dos Riscos é o documento que registra todas as informações dos riscos do projeto. É elaborado progressivamente ao longo do planejamento e tem como objetivo facilitar o monitoramento e o desenvolvimento de respostas aos riscos. Na maioria das vezes é apresentado no formato de uma planilha eletrônica.

O registro dos riscos deve conter:

- título do projeto;
- nome da pessoa que elaborou o documento;
- tabela de dados
    - identificador do risco
    - nome do risco
    - descritivo
    - tipo (ameaça ou oportunidade)
    - responsável
    - status do risco (aberto, ocorreu, não ocorreu)
    - probabilidade de ocorrência
    - impacto
    - exposição (EMV = PxI)
    - resposta planejada;
- nome do responsável pelo plano;
- registro de alterações no documento;
- aprovações.

Podcasts relacionados

🎙 Identificação de Riscos em Projetos
http://rvarg.as/9g

🎙 Ampliando o Gerenciamento de Riscos para Incluir Também as Oportunidades
http://rvarg.as/9i

🎙 Importância do Monitoramento e Controle dos Riscos
http://rvarg.as/9h

🎙 *RBS – Risk Breakdown Structure*
http://rvarg.as/9x

28.2 Plano de Gerenciamento dos Riscos

O plano de gerenciamento dos riscos é o documento que descreve os procedimentos que serão utilizados para gerenciar os riscos através do projeto. O plano de riscos é um dos planos secundários do plano geral do projeto.

No plano, devem estar documentados:

- título do projeto;
- nome da pessoa que elaborou o documento;
- descritivo dos processos de gerenciamento dos riscos (regras gerais);
- *RBS – Risk Breakdown Structure* para a identificação dos riscos;
- mecanismo de qualificação dos riscos;
- mecanismos de quantificação dos riscos;
- sistema de controle de mudanças de riscos *(Risk Change Control System)*;
- respostas planejadas aos riscos;
- planos de contingência;
- frequência de avaliação dos riscos do projeto;
- alocação financeira para o gerenciamento dos riscos;
- administração do plano de gerenciamento dos riscos;
- nome do responsável pelo plano;
- frequência de atualização do plano de gerenciamento dos riscos;
- outros assuntos relacionados ao gerenciamento dos riscos não previstos no plano;
- registro de alterações no documento;
- aprovações.

Capítulo 29

Gerenciamento das Aquisições

29.1 Especificação do Trabalho *(Statement of Work)*

A especificação do trabalho (antiga declaração de trabalho) descreve o item a ser contratado com suficiente detalhe para permitir que os potenciais fornecedores possam avaliar se são capazes de atender à solicitação. O nível de detalhe pode variar de acordo com a natureza do item, as necessidades do comprador, ou a forma do contrato. A especificação do trabalho pode ser aprimorada e refinada com o desenrolar do projeto.

Podcasts relacionados

Decisão de Fazer ou Comprar
http://rvarg.as/2d

Três Fatores de Sucesso no Gerenciamento das Aquisições
http://rvarg.as/9y

Na especificação do trabalho devem estar documentados:

- o propósito do documento e o objeto da aquisição;
- a especificação e quantitativos dos materiais e equipamentos a serem adquiridos ou descrição do serviço a ser contratado;
- as condições de fornecimento;
- o método de qualificação dos proponentes;
- as exigências quanto à qualificação da empresa contratada;
- o modelo contratual a ser adotado para o objeto da aquisição;
- o mecanismo de avaliação do objeto fornecido e do fornecedor;
- registro de alterações no documento;
- aprovações.

29.2 Plano de Gerenciamento das Aquisições

O plano de gerenciamento das aquisições é o documento que descreve os procedimentos que serão utilizados para gerenciar todos os contratos do projeto.

No plano, devem estar documentados:

- título do projeto;
- nome da pessoa que elaborou o documento;
- descritivo dos processos de gerenciamento das aquisições (regras gerais), incluindo os elementos que serão objeto de contrato;

- gerenciamento e tipos de contratos;
- critérios de avaliação de cotações e propostas;
- avaliação de fornecedores;
- frequência de avaliação dos processos de aquisições;
- alocação financeira para o gerenciamento das aquisições;
- administração do plano de gerenciamento das aquisições;
- nome do responsável pelo plano;
- frequência de atualização do plano de gerenciamento das aquisições;
- outros assuntos relacionados ao gerenciamento das aquisições não previstos no plano;
- registro de alterações no documento;
- aprovações.

Capítulo 30

Gerenciamento das Partes Interessadas

30.1 Registro das Partes Interessadas

Documento que identifica, avalia e classifica as partes interessadas no projeto, determinando a prioridade de cada uma delas no projeto. Tem como objetivo documentar a capacidade de influência positiva ou negativa de cada uma das partes interessadas no projeto. Pode ser apresentado através de uma tabela, mapa mental ou diagramas de poder/interesse no projeto.

Podcasts relacionados

Como fazer a Análise de Interessados na Prática – Parte 1 de 2
http://rvarg.as/6n

Como fazer a Análise de Interessados na Prática – Parte 2 de 2
http://rvarg.as/6p

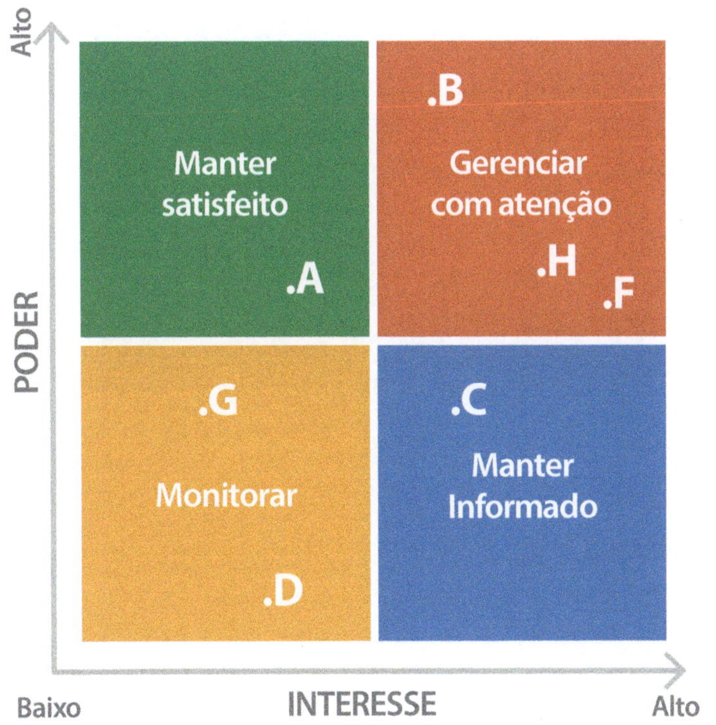

Figura 30.1 - Diagrama de poder/interesse das partes interessadas

30.2 Plano de Engajamento das Partes Interessadas

O plano de engajamento das partes interessadas é o documento que identifica e escreve as estratégias de abordagens para envolver as partes interessadas no projeto.

No plano, devem estar documentados:

- título do projeto;
- nome da pessoa que elaborou o documento;
- descritivo das expectativas de engajamento das partes interessadas;
- requisitos de comunicação dos interessados;
- processo de identificação das partes interessadas;
- processo de reavaliação do poder/influência dos atuais interessados;
- alocação financeira para o gerenciamento das partes interessadas;
- administração do plano de gerenciamento das partes interessadas;
- nome do responsável pelo plano;
- frequência de atualização do plano de gerenciamento das partes interessadas;
- outros assuntos relacionados ao gerenciamento das partes interessadas não previstos no plano;
- registro de alterações no documento;
- aprovações.

ANEXO

PROJETO NOVAS FRONTEIRAS
VERSÃO 6

Este projeto é um exemplo para fins didáticos.

Não é seu objetivo discutir estratégias utilizadas na construção do plano, e sim exemplificar um plano de projeto do início ao fim, visando principalmente mostrar a integração dos documentos. Os planos descritos apresentam apenas um exemplo, não podendo ser considerados como completos para projetos reais. Também não é seu objetivo ensinar as técnicas implementadas neste plano, bem como fazer algum tipo de juízo de valor sobre as melhores técnicas a serem utilizadas em um plano de projeto.

Os dados apresentados não representam necessariamente uma posição oficial do PMI ou uma correlação exata com o PMBOK® Guide.

Todos os relatórios, gráficos e textos apresentados são uma sugestão metodológica, e não uma proposta rígida de modelo. Todas as alterações e personalizações nos elementos apresentados são permitidas e bem-vindas.

Qualquer semelhança entre o tipo de projeto, os tipos de relatórios, as datas, os nomes de software e hardware, os nomes dos recursos e outros dados com projetos reais terá sido mera coincidência.

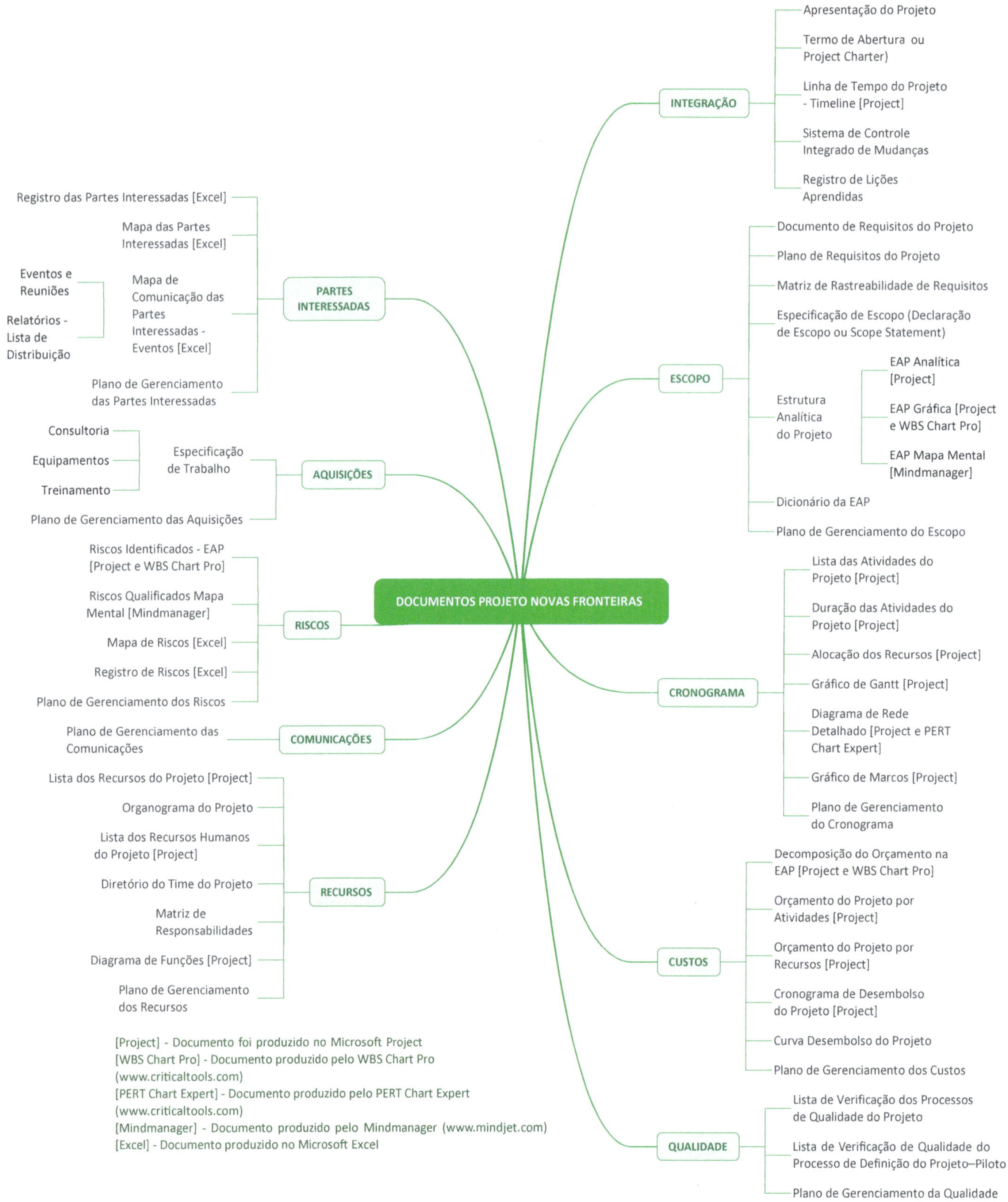

[Project] - Documento foi produzido no Microsoft Project
[WBS Chart Pro] - Documento produzido pelo WBS Chart Pro (www.criticaltools.com)
[PERT Chart Expert] - Documento produzido pelo PERT Chart Expert (www.criticaltools.com)
[Mindmanager] - Documento produzido pelo Mindmanager (www.mindjet.com)
[Excel] - Documento produzido no Microsoft Excel

Projeto Novas Fronteiras

Gerenciamento da Integração

PROJETO NOVAS FRONTEIRAS

Apresentação do Projeto

PREPARADO POR	APROVADO POR	VERSÃO	DATA
Ricardo Viana Vargas - Patrocinador	Diretoria	02	01/09/2025

Uma divisão (empregados) de uma grande empresa percebeu a necessidade de se tornar mais direcionada para projetos *(project driven)*. Como resultado desse processo, um comitê foi formado para redefinir os rumos da divisão e implementar efetivamente o gerenciamento de projetos na organização.

A divisão já havia tentado utilizar o gerenciamento de projetos, tendo tido pouco sucesso. Obstáculos culturais precisavam ser superados. O comitê identificou três maiores obstáculos que deveriam ser considerados para evitar erros no novo processo.

- Na primeira tentativa de implantação, somente os gerentes funcionais poderiam atuar como gerentes de projetos, uma vez que eram eles que instruíam sua equipe funcional para a conclusão do projeto.
- Empregados das áreas funcionais eram resistentes ao uso de softwares para acompanhamento de projetos por temerem que o programa pudesse identificar a "realidade" dos resultados.
- Os executivos estavam sempre muito ocupados para se reunir com os consultores responsáveis pela implementação da metodologia.

Uma auditoria organizacional foi realizada pelo comitê. Ela foi constituída para identificar os problemas que existem dentro da divisão.

Os resultados estão listados a seguir:

1. Processo de mudança tecnológica contínuo
2. Pouco tempo alocado para o trabalho
3. Muita interferência externa ao projeto (reuniões, atrasos etc.)
4. Cronogramas desenvolvidos com base em suposições
5. Falta de balanceamento da força de trabalho
6. Diferentes objetivos de cada grupo
7. Falta de habilidade nas discussões abertas
8. Falta de um planejamento com qualidade
9. Inexistência de mecanismos de acompanhamento de recursos
10. Inexistência de documentação
11. Problemas ao lidar com contratados e terceirizados
12. Mudanças constantes nas expectativas de resultados do projeto
13. Mudanças frequentes de última hora
14. Membros da equipe com agendas paralelas
15. Escopo do projeto indefinido e impreciso
16. Dependência de recursos sob os quais não se tem controle

17. A frase "Isso não é problema meu" utilizada com alta frequência pelas pessoas do projeto
18. Inexistência de um processo formal de controle
19. Pouco ou nenhum foco no cliente
20. Inexistência de um processo de gerenciamento dos riscos
21. Mudança constante nas responsabilidades (nunca se sabe quem está dirigindo o ônibus)
22. Aumento constante do escopo do projeto
23. Atribuições sobrepostas para os recursos do projeto (fazer muitas coisas ao mesmo tempo)
24. Alta irritabilidade das pessoas quando questionadas sobre seu desempenho
25. Pouco suporte de outras áreas
26. Desejo de envolvimento de todos, mas poucos estavam hábeis para resolver o problema
27. Pouco direcionamento proveniente de executivos
28. Pouco senso de cooperação
29. Muito trabalho agendado do fim para o início (ALAP)
30. Mecanismo de comunicação entre o time pobre e lento

O diretor do departamento decidiu então autorizar a criação de um escritório de projetos (PMO) visando preparar a divisão para um aumento significativo na demanda por serviços provenientes das novas linhas de produtos oferecidos pela companhia e de movimentos de concorrentes.

A implantação do PMO será conduzida como um projeto incluindo um diagnóstico mais detalhado da situação atual, a definição e aquisição de software e hardware, bem como o treinamento e a padronização dos trabalhos.

PROJETO NOVAS FRONTEIRAS

Termo de Abertura do Projeto *(Project Charter)*

PREPARADO POR	APROVADO POR	VERSÃO	DATA
Ricardo Viana Vargas - Patrocinador	Diretoria	02	12/09/2025

Resumo das condições do projeto

Uma pequena divisão (150 empregados) de uma organização percebeu a necessidade de se tornar mais direcionada para projetos (*project driven*) e, portanto, decidiu implementar um escritório de projetos (PMO) na divisão. O movimento no direcionamento para projetos é proveniente da grande necessidade de preparar a divisão para um aumento significativo na demanda por serviços decorrentes da ampliação nas linhas de produtos oferecidos pela organização e de movimentos de concorrentes. A divisão já havia tentado utilizar o gerenciamento de projetos, tendo tido pouco sucesso. Obstáculos culturais precisavam ser superados.

Justificativa do projeto

Preparar a divisão para um aumento significativo na demanda por serviços decorrentes da ampliação nas linhas de produtos oferecidos pela companhia e de movimentos de concorrentes.

Nome do gerente do projeto, suas responsabilidades e sua autoridade

Rodrigo Mendes Lemos é o gerente do projeto. Sua autoridade é total na esfera da divisão, podendo contratar, realizar compras e gerenciar o pessoal de acordo com seus próprios critérios.

No aspecto financeiro, a autoridade do gerente do projeto estará limitada a determinadas autonomias, a serem definidas no plano de gerenciamento dos custos.

No caso de necessidade de relacionamento externo à divisão, sua autoridade é a autoridade funcional inerente ao seu posto dentro da organização.

Necessidades básicas do trabalho a ser realizado

Serão realizadas as compras de software e hardware, a criação de metodologia, Projeto-Piloto e padronização de projetos, bem como o treinamento do pessoal da divisão.

Principais partes interessadas

- patrocinador do projeto;
- área comercial da empresa;
- equipe do projeto;
- fornecedores de software e hardware;
- fornecedores de treinamento;
- área financeira;
- funcionários do departamento.

Descrição do projeto

1. Produto do projeto: Metodologia implementada e documentada com aprovação do patrocinador, bem como um projeto-piloto implementado na divisão para avaliar a efetividade da metodologia.

2. Cronograma básico do projeto: A execução dos trabalhos terá início em janeiro de 2026 e deve durar aproximadamente seis meses.

3. Estimativas iniciais de custo: O orçamento para este projeto é de $1.000.000 de gastos adicionais da divisão (custos internos não serão considerados).

Premissas iniciais

- A equipe está motivada para o trabalho no projeto.
- Todas as comunicações serão controladas.
- Existe apoio de outras áreas.
- Membros do time terão disponibilidade.

Restrições iniciais

- O orçamento é limitado.
- O projeto deve ser mantido dentro da esfera departamental.

Administração

1. Necessidade inicial de recursos: O gerente terá uma equipe de seis profissionais, podendo, ainda, contratar externos para o projeto. Máquinas e equipamentos precisarão ser adquiridos.

2. Necessidade de suporte pela organização: A organização irá suportar toda a necessidade externa à divisão, uma vez que existe um interesse de longo prazo em implementar o gerenciamento de projetos em outras áreas.

3. Comitê Executivo ou Comitê de Controle de Mudanças (CCB: Change Control Board ou Project Board): Será criado um comitê executivo, composto pelo patrocinador, pelo gerente do projetos, por um representante da área de compras, pelo consultor externo (usuário) e pelo membro do time responsável pela área de escopo do projeto, totalizando cinco participantes. Esse comitê será o responsável pela análise e aprovação das mudanças, mediante fluxo de controle de mudanças a ser definido no projeto. O processo de decisão do comitê será baseado em consenso, tendo o patrocinador a prerrogativa de vetar e aprovar decisões caso o consenso não seja obtido.

4. Controle e gerenciamento das informações do projeto: O gerente do projeto é o responsável pelas informações. Todas as informações devem ser armazenadas em banco de dados e acessadas em www.ricardo-vargas.com.

Nota: Quaisquer alterações neste documento deverão ser submetidas ao processo de controle do projeto para aprovação antes de serem incorporadas a este documento.

Ricardo Vargas

APROVADO POR
Ricardo Viana Vargas - Patrocinador

DATA
15/10/2025

PROJETO NOVAS FRONTEIRAS

Linha de Tempo do Projeto *(Project Timelime)*

PREPARADO POR	APROVADO POR	VERSÃO	DATA
Rodrigo Mendes Lemos - Gerente do Projeto	Diretoria	02	23/10/2025

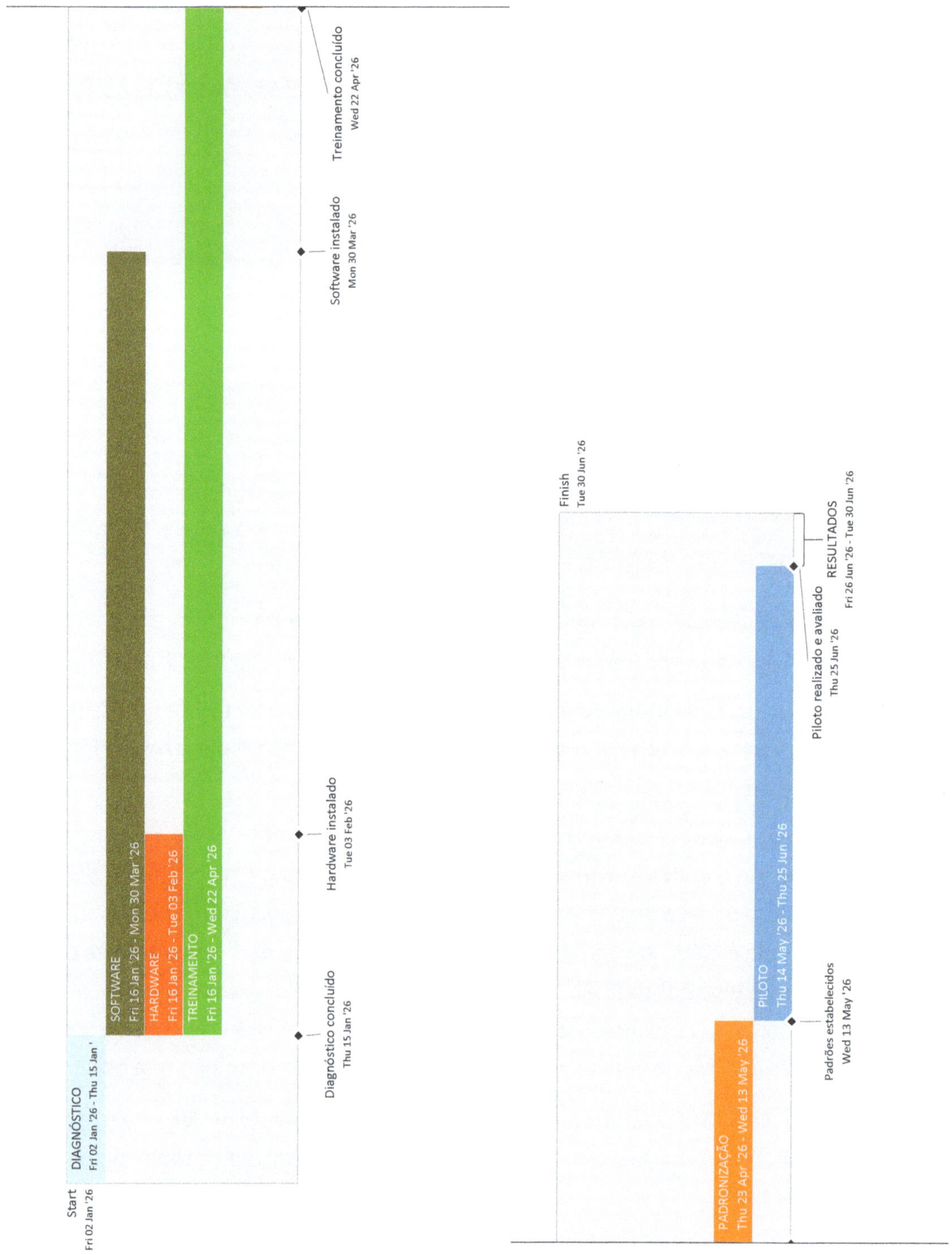

Nota: Quaisquer alterações neste documento deverão ser submetidas ao processo de controle do projeto para aprovação antes de serem incorporadas a este documento.

APROVADO POR	DATA
Ricardo Viana Vargas - Patrocinador	25/10/2025

PROJETO NOVAS FRONTEIRAS

Sistema de Controle Integrado de Mudanças *(Integrated Change Control System)*

PREPARADO POR	APROVADO POR	VERSÃO	DATA
Rodrigo Mendes Lemos - Gerente do Projeto	Ricardo Viana Vargas - Patrocinador	02	01/11/2025

Controle integrado de mudanças

O controle integrado de mudanças a ser utilizado pelo Comitê Executivo será realizado conforme o fluxo de processos a seguir.

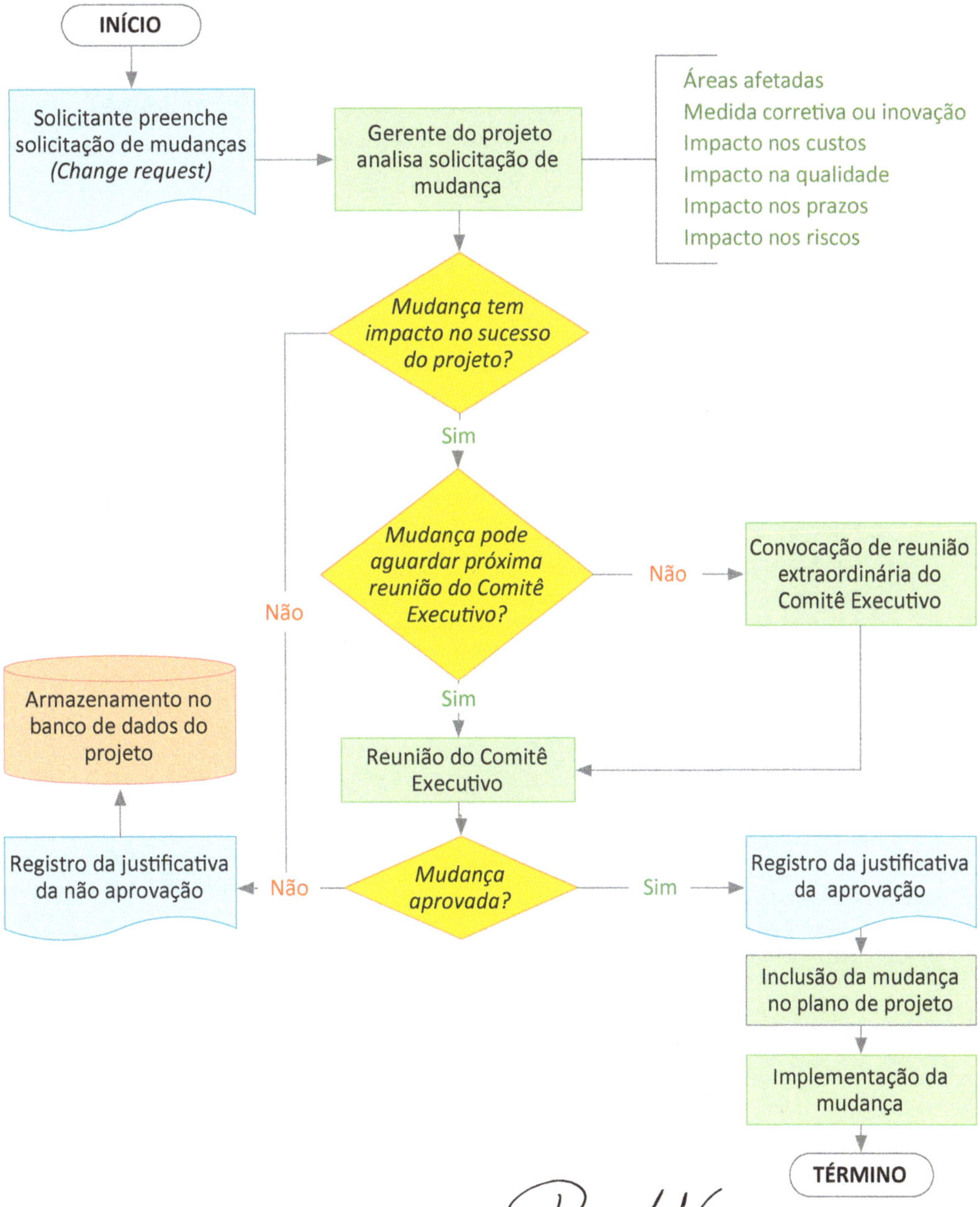

DESCRIÇÃO DA ALTERAÇÃO
Inserção do processo de inclusão da mudança no plano do projeto.

ALTERADO POR	DATA
Rodrigo Mendes Lemos	10/11/2025

APROVADO POR	DATA
Ricardo Viana Vargas - Patrocinador	10/11/2025

Nota: Quaisquer alterações neste documento deverão ser submetidas ao processo de controle do projeto para aprovação antes de serem incorporadas a este documento.

PROJETO NOVAS FRONTEIRAS

Registro das Lições Aprendidas no Projeto *(Project Lessons Learnerd Log)*

PREPARADO POR	APROVADO POR	VERSÃO	DATA
Rodrigo Mendes Lemos - Gerente do Projeto	Ricardo Viana Vargas - Patrocinador	02	20/11/2025

Registro das lições aprendidas

As lições aprendidas do projeto serão registradas durante todo o ciclo de vida do projeto. As reuniões semanais do Comitê Executivo do Projeto irão compilar os registros da semana e o registro será anexado à ata de reunião do projeto.

As lições aprendidas serão classificadas de acordo com a prioridade (1 a 4), a influência sobre o projeto (negativa ou positiva) e a área afetada (áreas de conhecimento do PMI), conforme modelos apresentados nos itens a seguir.

Lições aprendidas - Globais

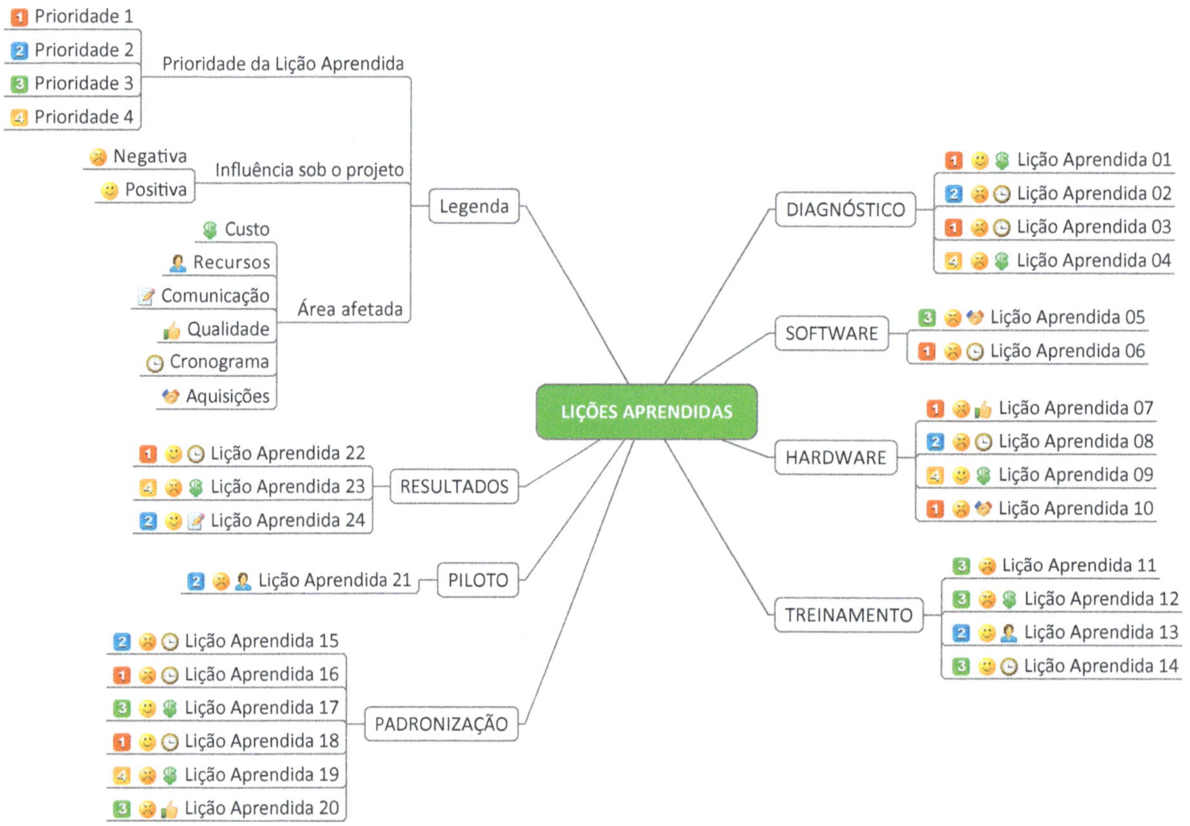

Lições aprendidas: Prioridade máxima 1

Lições aprendidas: Influência negativa no projeto

Lições aprendidas: Influência positiva no projeto

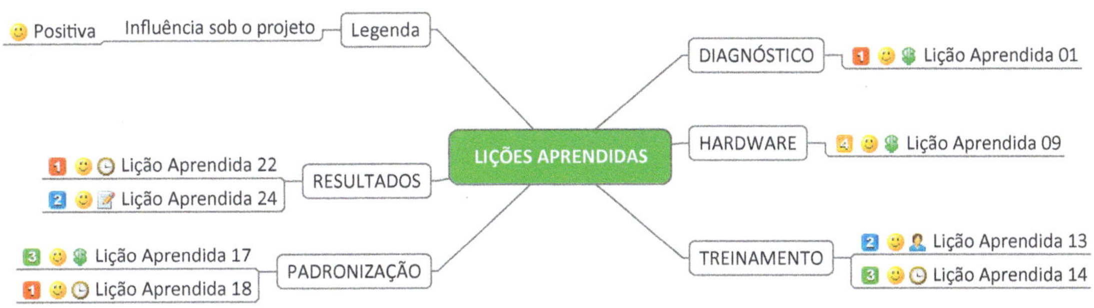

Nota: Quaisquer alterações neste documento deverão ser submetidas ao processo de controle do projeto para aprovação antes de serem incorporadas a este documento.

APROVADO POR	DATA
Ricardo Viana Vargas - Patrocinador	21/11/2025

Gerenciamento do Escopo

PROJETO NOVAS FRONTEIRAS

Documento de Requisitos do Projeto *(Project Requirements Document)*

PREPARADO POR	APROVADO POR	VERSÃO	DATA
Juliano Palácios Medeiros - Membro do Time	Rodrigo Mendes Lemos - Gerente do Projeto	01	01/11/2025

Descrição básica do projeto e da oportunidade

Uma pequena divisão (150 empregados) de uma organização percebeu a necessidade de se tornar mais direcionada para projetos *(project driven)* e, portanto, decidiu implementar um escritório de projetos (PMO) na divisão. Esse movimento visa preparar a divisão para um aumento significativo na demanda por serviços decorrentes da ampliação nas linhas de produtos oferecidos pela organização e de movimentos de concorrentes. O projeto abordará a compra de software e hardware, a criação de metodologia, um Projeto-Piloto, a padronização do fluxo de processo do escritório, bem como o treinamento do pessoal da divisão.

Objetivo do projeto

Implementar o gerenciamento de projetos na divisão através de um escritório de projetos (PMO), dentro das metodologias estabelecidas pela divisão de projetos corporativos da matriz (USA), dentro de um prazo máximo de 180 dias corridos a partir de janeiro de 2026 e com um custo total estimado de $1.000.000 (custo adicional).

Requisitos funcionais desejáveis (priorizados)

Os requisitos funcionais iniciais priorizados para o projeto estão listados no mapa mental a seguir. A Especificação do Escopo, a EAP e os Planos de Qualidade e Riscos devem explorar, detalhar e conter padrões e pacotes de trabalho para atender a esses requisitos.

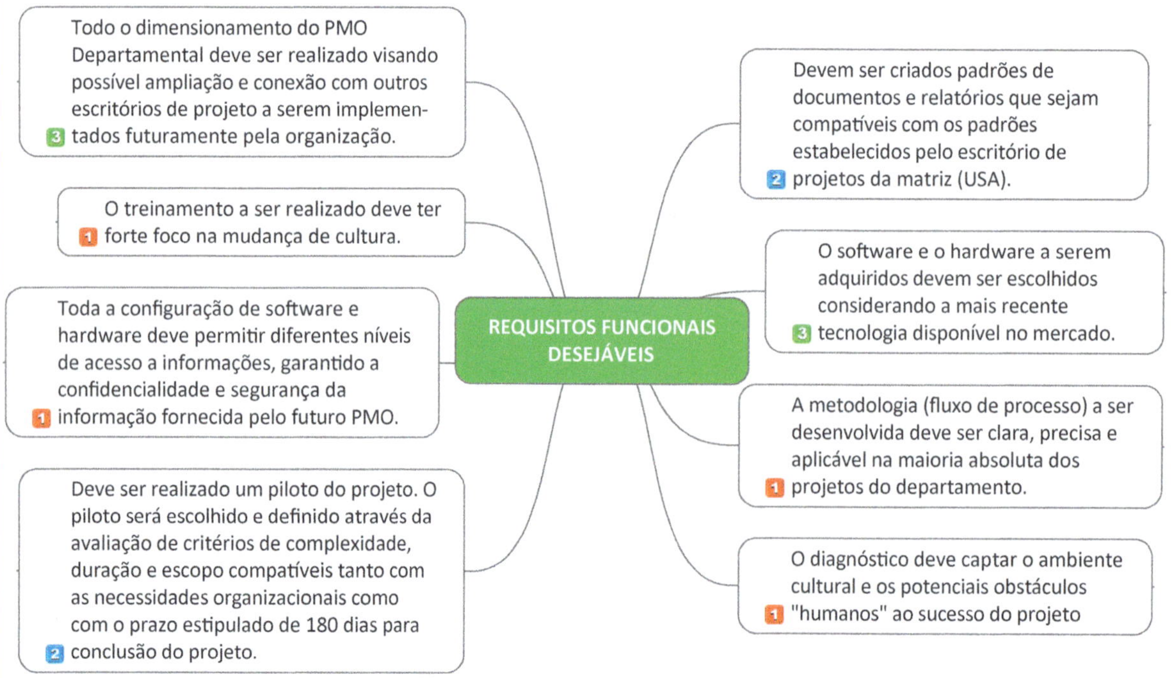

Requisitos não funcionais (priorizados)

Os requisitos não funcionais influenciam a realização dos trabalhos e a qualidade do projeto, apesar de não estarem diretamente relacionados ao escopo funcional do projeto. Os requisitos não funcionais estão listados no mapa mental a seguir. A Especificação do Escopo, a EAP e os Planos de Qualidade e Riscos devem explorar, detalhar e conter padrões e pacotes de trabalho para atender também a esses requisitos.

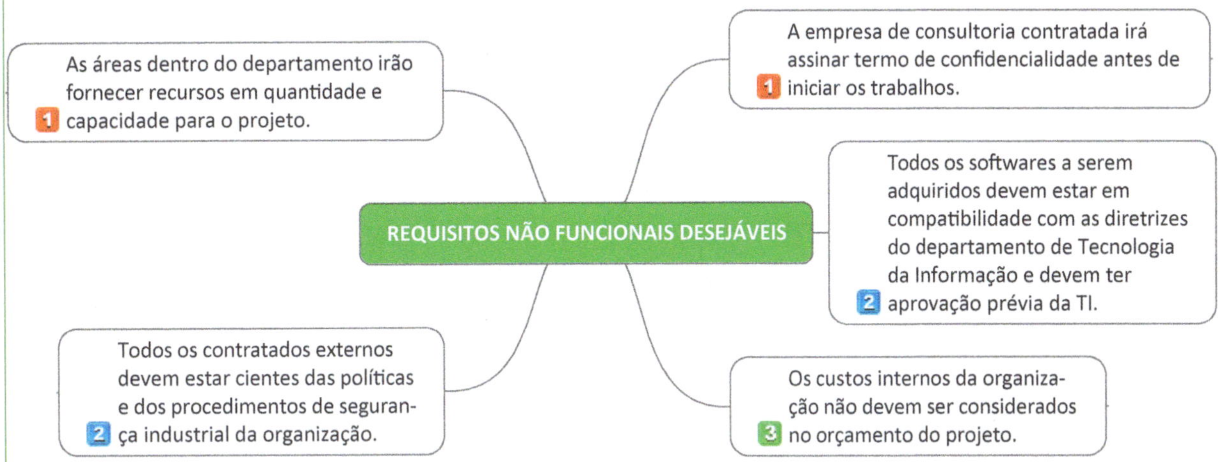

Requisitos de Qualidade (Iniciais e Principais)

A listagem inicial dos requisitos está apresentada no mapa mental a seguir. A listagem final e detalhada dos requisitos será desenvolvida posteriormente e estará contida no Plano de Qualidade do Projeto Novas Fronteiras.

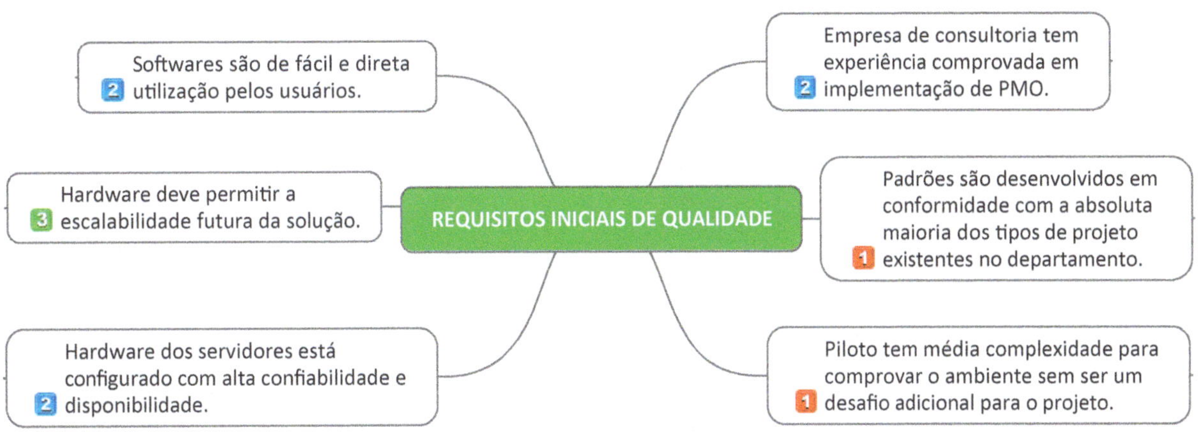

Critérios de aceitação do projeto

O projeto será aceito quando:

- a documentação do fluxo de processo, dos modelos de documento e dos relatórios for disponibilizada para uso geral do departamento;
- o piloto estiver implementado, evidenciando clara melhoria na gestão de projetos, incluindo maior rastreabilidade e controle;
- todo o sistema informatizado que apoia o PMO estiver em produção.

Potenciais impactos do projeto em outras áreas

Por se tratar de um projeto que envolve mudança cultural, existe um potencial impacto em outras áreas da organização. Esse impacto pode ser evidenciado de modo positivo ou negativo. Do lado positivo pode-se evidenciar claro interesse de outras áreas pelo trabalho do PMO e desejo de participar do processo. Do lado negativo, é possível uma percepção de que o escritório de projetos tenha como objetivo fiscalizar o trabalho, além de um deslocamento de poder, gerando resistência ao fornecimento de informações e a um eventual "boicote" a todas as atividades do projeto.

Ambos os impactos precisam ser trabalhados tanto no treinamento e na palestra quanto nos padrões estabelecidos para o projeto.

Restrições consideradas na criação dos requisitos

Os fatores que limitaram as alternativas da equipe na criação dos requisitos estão listados a seguir.

- O número de entrevistados foi limitado devido a mudanças na organização.
- Somente os requisitos que foram considerados mais relevantes pelos entrevistados foram citados nesse documento.

Premissas consideradas na criação dos requisitos

As suposições desenvolvidas pela equipe na criação dos requisitos estão listadas a seguir.

- O trabalho da auditoria organizacional realizada pelo comitê e descrita no documento de apresentação desse projeto foi realizada criteriosamente e apresenta resultados válidos.
- Os entrevistados para a construção dos requisitos são realmente representativos de suas respectivas áreas, tanto em conhecimento como em experiência.
- Não existe nenhuma "agenda oculta" ou interesse difuso por parte dos interessados, balizando determinadas escolhas por determinados requisitos.

Nota: Quaisquer alterações neste documento deverão ser submetidas ao processo de controle do projeto para aprovação antes de serem incorporadas a este documento.

APROVADO POR	DATA
Rodrigo Mendes Lemos - Gerente do Projeto	08/11/2025

PROJETO NOVAS FRONTEIRAS

Plano de Gerenciamento dos Requisitos *(Requirements Management Plan)*

PREPARADO POR	APROVADO POR	VERSÃO	DATA
Juliano Palácios Medeiros - Membro do Time	Rodrigo Mendes Lemos - Gerente do Projeto	01	01/11/2025

Critério de priorização dos requisitos

Todos os requisitos do projeto (funcionais, não funcionais ou de qualidade) serão priorizados em três diferentes níveis.

Prioridade 1 (um) ou Essenciais – São os requisitos essenciais para o projeto. O acompanhamento e monitoramento desses requisitos estão diretamente relacionados com a natureza do próprio projeto. Sua não observância pode afetar de modo severo o resultado do projeto.

Prioridade 2 (dois) ou Desejáveis – São os requisitos potencialmente benéficos para o projeto e seus interessados. Eles compõem o segundo nível mais elevado de importância, perdendo apenas para os requisitos essenciais.

Prioridade 3 (três) ou Opcionais – São requisitos que precisam ser registrados e acompanhados pelo projeto, no entanto, não são vitais ou essenciais. Sua realização e observância são facultadas ao gerente do projeto e sua equipe. É o menor nível de prioridade de um requisito identificado. Abaixo dessa prioridade os requisitos passam a não ser nem documentados.

Critérios de rastreabilidade dos requisitos

Todos os requisitos principais do projeto serão controlados e rastreados através da Matriz de Rastreabilidade de Requisitos, a ser atualizada juntamente com a atualização da EAP e será apresentada semanalmente na reunião do Comitê Executivo do projeto, conforme detalhado no Plano de Gerenciamento das Comunicações.

Sistema de controle de mudanças nos requisitos

O sistema de controle de mudanças nos requisitos deve proporcionar que todas as mudanças relacionadas aos requisitos do projeto sejam tratadas segundo o fluxo apresentado a seguir com seus resultados demonstrados na reunião semanal do Comitê Executivo com suas conclusões, prioridades e ações relacionadas.

Esse sistema de controle de mudanças nos requisitos deve ser integralmente compatível com o sistema de controle de mudanças no escopo e na EAP do projeto e deve ser detalhado no Plano de Gerenciamento do Escopo do Projeto.

O sistema de controle de mudanças será baseado em prioridades. É importante nesse tópico diferenciar a prioridade do requisito com a prioridade da mudança do requisito. A prioridade apresentada no fluxo é a prioridade da mudança e não a prioridade do requisito propriamente dito, apresentada anteriormente nesse documento.

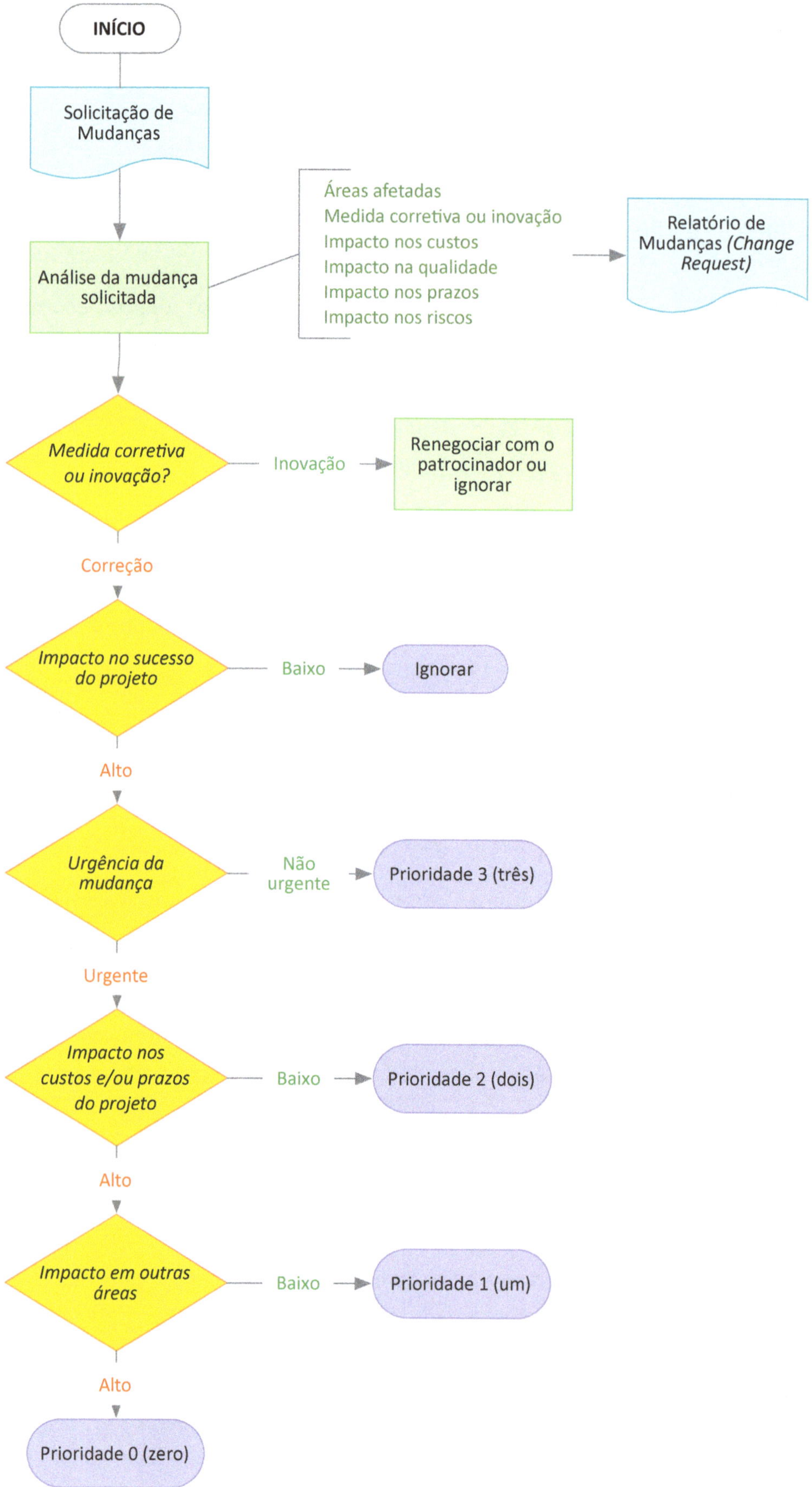
INÍCIO
Solicitação de Mudanças
Análise da mudança solicitada
Áreas afetadas
Medida corretiva ou inovação
Impacto nos custos
Impacto na qualidade
Impacto nos prazos
Impacto nos riscos
Relatório de Mudanças (Change Request)
Medida corretiva ou inovação?
Inovação
Renegociar com o patrocinador ou ignorar
Correção
Impacto no sucesso do projeto
Baixo
Ignorar
Alto
Urgência da mudança
Não urgente
Prioridade 3 (três)
Urgente
Impacto nos custos e/ou prazos do projeto
Baixo
Prioridade 2 (dois)
Alto
Impacto em outras áreas
Baixo
Prioridade 1 (um)
Alto
Prioridade 0 (zero)

As mudanças dos requisitos são classificadas em quatro níveis de prioridade:

Prioridade 0 (zero) – Mudanças de prioridade zero requerem uma ação imediata por parte do gerente do projeto, que deve acionar imediatamente o patrocinador, uma vez que se trata de mudança urgente, de alto impacto no projeto e em outras áreas sobre as quais o gerente do projeto não tem autonomia.

Prioridade 1 (um) – Mudanças de prioridade um requerem uma ação imediata por parte do gerente do projeto, independentemente das reuniões de controle previstas devido à urgência, acionando imediatamente o patrocinador no caso de necessidade de autorizações financeiras fora da alçada do gerente do projeto.

Prioridade 2 (dois) – Mudanças de prioridade dois requerem um planejamento da ação através de terceiros ou de equipes que, a princípio, tenham disponibilidade, uma vez que agregam valor ao sucesso do projeto e são urgentes, porém não têm impacto significativo nos custos e nos prazos do projeto.

Prioridade 3 (três) – Mudanças de prioridade três podem ser implementadas por terem influência no sucesso do projeto, porém não requerem uma ação imediata por não serem impactantes ou urgentes.

Níveis de aprovação de mudanças nos requisitos

Todas as mudanças nos requisitos do projeto deverão ser aprovadas pelo Comitê Executivo do Projeto em sua reunião semanal. Extraordinariamente, o gerente do projeto pode, em conjunto com o patrocinador, aprovar interinamente uma mudança nos requisitos. Caso isso ocorra, é necessária a aprovação formal da mudança na reunião subsequente.

Outros assuntos relacionados ao gerenciamento dos requisitos do projeto não previstos no plano

Todas as solicitações não previstas neste plano deverão ser submetidas a uma reunião do Comitê Executivo para aprovação. Imediatamente após a aprovação, deverá ser atualizado o plano de gerenciamento dos requisitos com o devido registro das alterações efetivadas.

Nota: Quaisquer alterações neste documento deverão ser submetidas ao processo de controle do projeto para aprovação antes de serem incorporadas a este documento.

Rod M Lemos

APROVADO POR
Rodrigo Mendes Lemos - Gerente do Projeto

DATA
08/11/2025

PROJETO NOVAS FRONTEIRAS

Matriz de Rastreabilidade dos Requisitos *(Requirements Traceability Matrix)*

PREPARADO POR	APROVADO POR	VERSÃO	DATA
Juliano Palácios Medeiros - Membro do Time	Rodrigo Mendes Lemos - Gerente do Projeto	01	01/11/2025

ID	NOME DO REQUISITO	DESCRIÇÃO DO REQUISITO	TIPO DO REQUISITO	PRIORIDADE	EAP	ID REQUISITOS RELACIONADOS	STATUS
1	Compatibilidade dos Padrões	Devem ser criados padrões de documentos e relatórios que sejam compatíveis com os padrões estabelecidos pelo escritório de projetos da matriz (USA).	Requisito Funcional	2 - Desejável	5	3, 8, 15	Aberto
2	Tecnologia Disponível no Mercado	O software e o hardware a serem adquiridos devem ser escolhidos considerando a mais recente tecnologia disponível no mercado.	Requisito Funcional	3 - Opcional	2, 3	6, 10, 17, 18, 19	Aberto
3	Aplicabilidade da Metodologia	A metodologia (fluxo de processo) a ser desenvolvida deve ser clara, precisa e aplicável na maioria absoluta dos projetos do departamento.	Requisito Funcional	1 - Essencial	5.1	1, 8, 15	Aberto
4	Diagnóstico e Cultura	O diagnóstico deve captar o ambiente cultural e os potenciais obstáculos "humanos" ao sucesso do projeto	Requisito Funcional	1 - Essencial	1, 4.1	7, 14	Aberto
5	Critérios do Piloto	Deve ser realizado um piloto do projeto. O piloto será escolhido e definido através da avaliação de critérios de complexidade, duração e escopo compatíveis tanto com as necessidades organizacionais, com o prazo estipulado de 180 dias para conclusão do projeto.	Requisito Funcional	2 - Desejável	6.1	16	Aberto
6	Segurança da Informação	Toda a configuração de software e hardware deve permitir diferentes níveis de acesso a informações, garantindo a confidencialidade e segurança da informação fornecida pelo futuro PMO.	Requisito Funcional	1 - Essencial	2, 3	2, 10, 17, 18, 19	Aberto
7	Treinamento e Cultura	O treinamento a ser realizado deve ter forte foco na mudança de cultura.	Requisito Funcional	1 - Essencial	4.1, 4.2	4	Aberto
8	Escalabilidade do PMO	Todo o dimensionamento do PMO Departamental deve ser realizado visando possível ampliação e conexão com outros escritórios de projeto a serem implementados futuramente pela organização.	Requisito Funcional	3 - Opcional	5	1, 3, 15	Aberto

ID	NOME DO REQUISITO	DESCRIÇÃO DO REQUISITO	TIPO DO REQUISITO	PRIORIDADE	EAP	ID REQUISITOS RELACIONADOS	STATUS
9	Confidencialidade	A empresa de consultoria contratada irá assinar termo de confidencialidade antes de iniciar os trabalhos.	Requisito Não Funcional	1 - Essencial	-	-	Aberto
10	Compatibilidade com Diretrizes de TI	Todos os softwares a serem adquiridos devem estar em conformidade com as diretrizes do departamento de Tecnologia da Informação e devem ter aprovação prévia da TI.	Requisito Não Funcional	2 - Desejável	2, 3	2, 6, 17, 18, 19	Aberto
11	Custos Internos	Os custos internos da organização não devem ser considerados no orçamento do projeto.	Requisito Não Funcional	3 - Opcional	-	-	Aberto
12	Segurança Industrial	Todos os contratados externos devem estar cientes das políticas e procedimentos de segurança industrial da organização.	Requisito Não Funcional	2 - Desejável	-	-	Aberto
13	Disponibilização dos Recursos	As áreas dentro do departamento irão fornecer recursos em quantidade e capacidade para o projeto.	Requisito Não Funcional	1 - Essencial	-	-	Aberto
14	Experiência Consultoria	Empresa de consultoria tem experiência comprovada em implementação de PMO.	Requisito de Qualidade	2 - Desejável	1	4	Aberto
15	Conformidade dos Padrões	Padrões são desenvolvidos em conformidade com a absoluta maioria dos tipos de projeto existentes no departamento.	Requisito de Qualidade	1 - Essencial	5	1, 3, 8	Aberto
16	Complexidade do Piloto	Piloto tem média complexidade para comprovar o ambiente sem ser um desafio adicional para o projeto.	Requisito de Qualidade	1 - Essencial	6	5	Aberto
17	Confiabilidade do Hardware	Hardware dos servidores está configurado com alta confiabilidade e disponibilidade.	Requisito de Qualidade	2 - Desejável	2, 3	2, 6, 10, 18, 19	Aberto
18	Escalabilidade do Hardware	Hardware deve permitir a escalabilidade futura da solução.	Requisito de Qualidade	3 - Opcional	2, 3	2, 6, 10, 17, 19	Aberto
19	Facilidade do Uso do Software	Softwares são de fácil e direta utilização pelos usuários.	Requisito de Qualidade	2 - Desejável	2, 4.3	2, 6, 10, 17, 18	Aberto

Nota: Quaisquer alterações neste documento deverão ser submetidas ao processo de controle do projeto para aprovação antes de serem incorporadas a este documento.

APROVADO POR
Rodrigo Mendes Lemos - Gerente do Projeto

DATA
08/11/2025

PROJETO NOVAS FRONTEIRAS

Especificação do Escopo (Declaração do Escopo) *(Scope Statement)*

PREPARADO POR	APROVADO POR	VERSÃO	DATA
Rodrigo Mendes Lemos - Gerente do Projeto	Ricardo Viana Vargas - Patrocinador	03	01/11/2025

Patrocinador

Ricardo Viana Vargas – Gerente da Divisão

Nome do gerente do projeto, suas responsabilidades e sua autoridade

Rodrigo Mendes Lemos é o gerente do projeto. Sua autoridade é total na esfera da divisão, podendo contratar terceiros, realizar compras e gerenciar o pessoal de acordo com seus próprios critérios. No caso de necessidade de relacionamento externo à divisão, sua autoridade é a autoridade funcional inerente ao seu posto dentro da organização.

Organograma preliminar

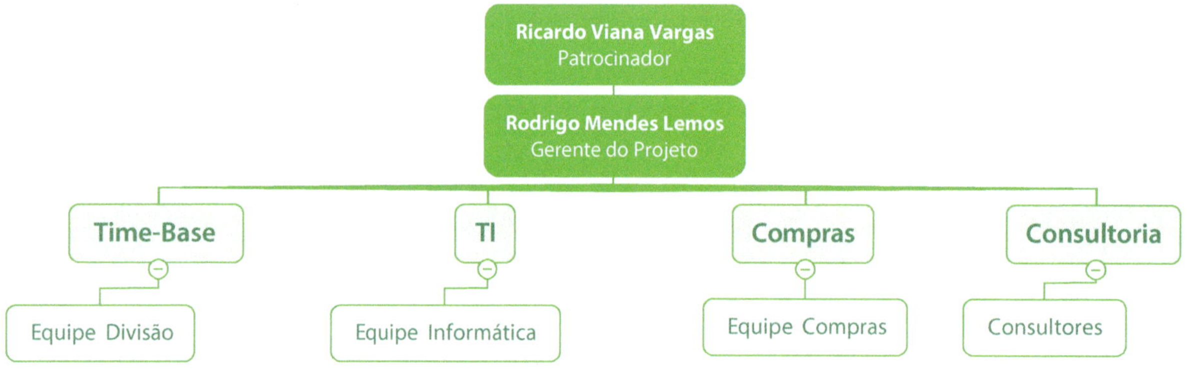

Time do projeto

Nelson Azevedo *Membro*	Tarcísio Viana Tavares *Membro*	Ana Sílvia Bragança *Membro*	Juliano Palácios Medeiros *Membro*
Ronaldo Gomes Severo *Membro*	Maria Sônia Silveira *Membro*	João Rosa da Motta *TI*	Márcia Maria Silva *TI*
Mara Lúcia Menezes *Membro*	Márcio Silva Valente Pereira *Compras*	Ana Carolina L Magalhães *TI*	Luiz Carlos Paula Pena *TI*
Magali Pedrosa *TI*	Gian Franco Sabino *Consultor Externo*	Alan Carlos Poderino *Consultor Externo*	

Comitê executivo ou Comitê de Controle de Mudanças (CCB)

O Comitê executivo será formado por:

- Rodrigo Mendes Lemos – Gerente do Projeto
- Ricardo Viana Vargas – Patrocinador
- Márcio Silva Valente Pereira – Compras
- Alan Carlos Poderino – Consultor
- Juliano Palácios Medeiros – Membro do time responsável pelo escopo

Esse comitê será o responsável pela análise e aprovação das mudanças, mediante fluxo de controle de mudanças a ser definido no projeto.

Descrição do projeto

O projeto envolverá o diagnóstico do ambiente, as compras de software e hardware, a criação de metodologia, o Projeto-Piloto, a padronização de projetos e o treinamento do pessoal da divisão.

Objetivo do projeto

Implementar o gerenciamento de projetos na divisão através de um escritório de projetos (PMO), dentro das metodologias estabelecidas pela divisão de projetos corporativos da matriz (USA), dentro de um prazo máximo de 180 dias corridos a partir de janeiro de 2026 e com um custo total estimado de $1.000.000 (custo adicional).

Justificativa do projeto

Preparar a divisão para um aumento significativo na demanda por serviços decorrentes de um aumento nas linhas de produtos oferecidos pela companhia e de movimentos de concorrentes.

Produto do projeto

Metodologia implementada e documentada com aprovação do patrocinador, bem como um projeto-piloto implementado na divisão para avaliar sua efetividade.

Expectativa do cliente

- Projeto em conformidade com o Termo de Abertura
- Projeto dentro do prazo e do orçamento previsto

Fatores de sucesso do projeto

- Comunicação efetiva dentro do time
- Apoio integral da área de TI
- Suporte permanente do patrocinador

Restrições

- O orçamento é limitado.
- O prazo-limite é o final do ano fiscal da empresa, sob risco de realocação orçamentária.
- O projeto deve ser mantido dentro da esfera departamental, tendo apenas o contato externo com as áreas de TI e compras.

Premissas

- As pessoas podem mudar seu comportamento se adequadamente estimuladas e preparadas.
- A comunicação dentro do time será feita através do site www.ricardo-vargas.com, com utilização da solução Enterprise Project Management da Microsoft.
- É necessário o apoio irrestrito de todos os envolvidos dentro da divisão.

- Os membros do time terão dedicação integral ao projeto.
- O time do projeto deverá ter conhecimento de gerenciamento de projetos e de informática.

Limites do projeto e exclusões específicas

- O projeto não tem como objetivo administrar os projetos após sua implementação.
- O projeto não tem como objetivo criar políticas e processos para projetos fora do departamento ou entre departamentos da organização.
- A equipe de consultoria atuará apenas como apoio, e não como mão de obra.

Estrutura Analítica do Projeto (preliminar)

Principais atividades e estratégias do projeto

Geral

- O custo de pessoal interno não está incluído no valor anterior e não será considerado, por já fazer parte do custo indireto da empresa.
- Serão consideradas críticas as atividades com folga menor ou igual a três dias úteis.

Software

- 150 licenças do Microsoft Project Professional com Microsoft Project Online para todas as máquinas.
- Uma licença do Microsoft Project Server como servidor de projetos.
- Software de gestão eletrônica de documentos no servidor.
- SQL Server como plataforma de banco de dados no servidor.
- Windows Server e Windows para servidores e usuários, respectivamente.
- Instalação realizada pelo departamento de tecnologia.
- Todos os programas serão adquiridos, com exceção do servidor de projetos, que será fornecido gratuitamente pelo fabricante.
- Programa para gestão eletrônica de documentos também precisa ser avaliado e adquirido.

Diagnóstico

- Será realizado pela divisão de gerenciamento de projetos da matriz (EUA), com custos arcados pela divisão, tais como deslocamentos, traslados, hospedagem etc.
- O padrão adotado será o do PMI através do PMBOK Guide® 6ª Edição (já utilizado pela matriz).
- Será realizado por consultor especializado externo.

Hardware

- Dois servidores (incluindo backup).
- 165 computadores (15 computadores de backup).
- Instalação realizada pelo departamento de informática da companhia.
- Inexistência de outros equipamentos disponíveis devido ao deslocamento dos atuais para outros setores.

Piloto

- Lançamento de campanha publicitária a ser definida pela divisão.
- Duração máxima de 15 dias de execução.
- Realização por empresa especializada em parceria com a divisão.
- Avaliação de resultados incluindo o patrocinador.

Padronização

- Inclusão de padronização de projetos, relatórios, modos de exibição, estrutura de GED através do site www.ricardo-vargas.com.
- Realização externa com apoio da divisão.
- Confecção dos padrões realizada internamente pela empresa.
- Padrão aprovado pelo gerente do projeto.

Treinamento

- Prevê treinamento de software e metodologia de gerenciamento de projetos, inclusive para os usuários finais.
- Os treinamentos serão realizados no centro de treinamento da empresa (fora do ambiente de trabalho) em período integral, salvo se citado o contrário.
- Serão realizadas cinco turmas de gerenciamento de projetos básicos (150 participantes) e uma turma de gerenciamento de projetos avançados (trinta participantes).
- Os cursos básicos e avançados de gerenciamento de projetos terão a duração de 24 horas ou três dias.
- Serão realizadas cinco turmas do treinamento no software (150 participantes), turma avançada do software e uma turma para a equipe de suporte no software.
- O curso básico do software terá carga horária de 16 horas por turma.
- O curso avançado do software terá carga horária de 24 horas por turma.
- O curso da equipe de suporte terá a carga horária de quarenta horas em duas semanas em meio período fora da empresa.
- Uma avaliação de conhecimento dos alunos com o objetivo de conduzir o nivelamento da turma deve ser realizada anteriormente ao início das turmas.
- Inclui palestra para a alta administração e para os membros do time.
- As máquinas utilizadas no treinamento já serão as definitivas dos usuários.
- O treinamento será em horário integral e com todas as turmas sequenciadas.
- O treinamento terá preço fechado por turma (trinta alunos cada) e não deve ter dependência com o local do treinamento.

Entregas do projeto

- Diagnóstico concluído
- Treinamento concluído
- Software e hardware instalados
- Piloto realizado e avaliado
- Padrões estabelecidos

Orçamento do projeto

- O projeto prevê um gasto adicional de até $1.000.000, incluindo as reservas gerenciais.
- As reservas gerenciais e de contingência somadas não podem ultrapassar $100.000 (10% do orçamento).
- O pagamento dos valores orçados se efetuará segundo o fluxo de caixa a ser desenvolvido para o projeto e aprovado pela área financeira da empresa.

- As despesas com pessoal e recursos internos não serão consideradas dentro do orçamento do projeto.
- Antecipações ou atrasos não deslocam o fluxo de caixa do projeto.

Plano de entregas e marcos do projeto

A execução dos trabalhos terá início em janeiro de 2026 e deve durar aproximadamente seis meses.

O planejamento do projeto, bem como sua finalização, deverá ser realizado fora do período descrito.

ENTREGA	DESCRIÇÃO	TÉRMINO
Fase de Iniciação	Gerente do projeto definido	15/09/2025
	Project charter aprovado	20/09/2025
Fase de Planejamento	*Scope statement* aprovado	01/11/2025
	Cronograma definido	30/11/2025
	Orçamento definido	03/12/2025
	Plano do projeto concluído	15/12/2025
	Aprovação do plano do projeto	20/12/2025
Fase de Execução	Diagnóstico concluído	14/01/2026
	Treinamento realizado	21/04/2026
	Software instalado	29/03/2026
	Hardware instalado	02/02/2026
	Padrões estabelecidos	12/05/2026
	Piloto realizado e avaliado	24/06/2026
Fase de Finalização	Projeto concluído	28/06/2026
	Lições aprendidas registradas	15/07/2026

Riscos iniciais do projeto

- Questões cambiais podem influenciar a compra de software e hardware.
- Falta de disponibilidade dos usuários para treinamento e capacitação.
- Atraso na entrega de insumos atrasando o projeto.
- Falta de conhecimento da equipe em implantação de escritórios de projetos.

Requisitos de gerenciamento de configuração e mudanças do projeto

Será definido um sistema de controle de mudanças com procedimentos estruturados de avaliação e aprovação de modo a facilitar e acompanhar todo o processo de solicitação de mudanças do projeto.

Ricardo Vargas

APROVADO POR
Ricardo Viana Vargas - Patrocinador

DATA
01/11/2025

Nota: Quaisquer alterações neste documento deverão ser submetidas ao processo de controle do projeto para aprovação antes de serem incorporadas a este documento.

DESCRIÇÃO DA ALTERAÇÃO
Especificação do software a ser utilizado

ALTERADO POR
Rodrigo Mendes Lemos

DATA
01/11/2025

PROJETO NOVAS FRONTEIRAS

Estrutura Analítica do Projeto – Analítica *(Work Breakdown Structure)*

PREPARADO POR	APROVADO POR	VERSÃO	DATA
Juliano Palácios Medeiros - Membro do Time	Rodrigo Mendes Lemos - Gerente do Projeto	03	05/11/2025

- PROJETO NOVAS FRONTEIRAS
  - 1 DIAGNÓSTICO
  - 2 SOFTWARE
    - 2.1 SISTEMA OPERACIONAL
    - 2.2 BANCO DE DADOS
    - 2.3 GERENCIAMENTO DE PROJETOS
    - 2.4 GERENCIAMENTO ELETRÔNICO DE DOCUMENTOS (GED)
    - 2.5 TESTE INTEGRADO
  - 3 HARDWARE
    - 3.1 SERVIDOR
    - 3.2 CLIENTES/USUÁRIOS
  - 4 TREINAMENTO
    - 4.1 PALESTRA
    - 4.2 TREINAMENTO GP
      - 4.2.1 TREINAMENTO BÁSICO GP
      - 4.2.2 TREINAMENTO AVANÇADO GP
    - 4.3 TREINAMENTO SOFTWARE
      - 4.3.1 TREINAMENTO BÁSICO SOFTWARE
      - 4.3.2 TREINAMENTO AVANÇADO SOFTWARE
      - 4.3.3 TREINAMENTO EQUIPE DE SUPORTE SOFTWARE
  - 5 PADRONIZAÇÃO
    - 5.1 PADRONIZAÇÃO TEMPLATES (MODELOS)
    - 5.2 PADRONIZAÇÃO GED
    - 5.3 PADRONIZAÇÃO RELATÓRIOS
    - 5.4 PADRONIZAÇÃO MODOS DE EXIBIÇÃO
  - 6 PILOTO
    - 6.1 DEFINIÇÃO PROJETO-PILOTO
    - 6.2 PLANEJAMENTO PROJETO-PILOTO
    - 6.3 EXECUÇÃO E AVALIAÇÃO PROJETO-PILOTO
    - 6.4 AÇÕES CORRETIVAS
  - 7 RESULTADOS

Nota: Imagem extraída do Microsoft Project

Nota: Quaisquer alterações neste documento deverão ser submetidas ao processo de controle do projeto para aprovação antes de serem incorporadas a este documento.

APROVADO POR	DATA
Rodrigo Mendes Lemos - Gerente do Projeto	08/11/2025

PROJETO NOVAS FRONTEIRAS

Estrutura Analítica do Projeto – Hierárquica *(Work Breakdown Structure)*

PREPARADO POR	APROVADO POR	VERSÃO	DATA
Juliano Palácios Medeiros - Membro do Time	Rodrigo Mendes Lemos - Gerente do Projeto	03	05/11/2025

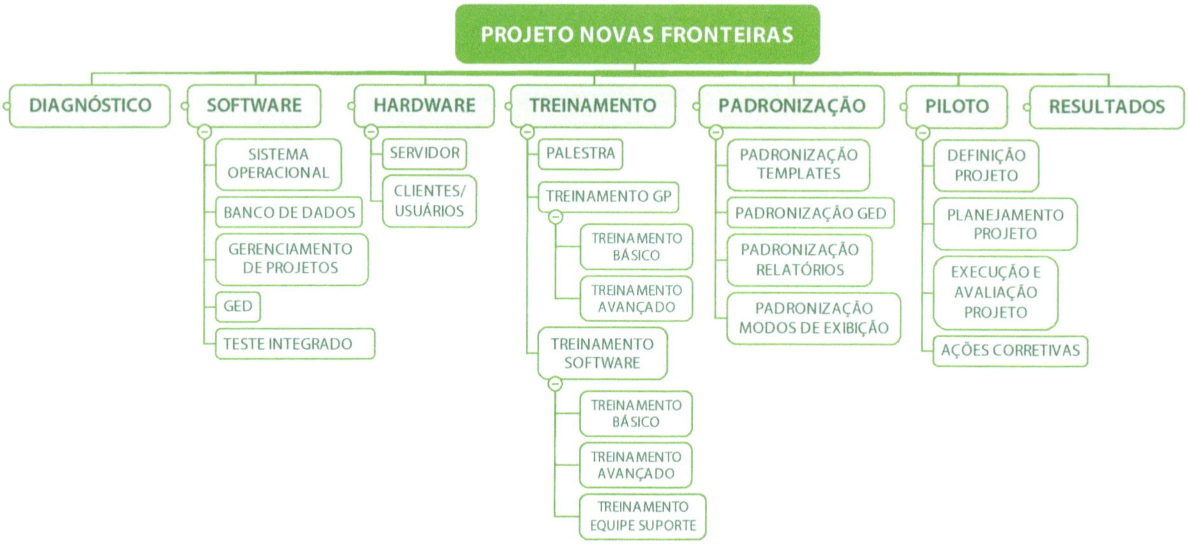

Nota: Quaisquer alterações neste documento deverão ser submetidas ao processo de controle do projeto para aprovação antes de serem incorporadas a este documento.

APROVADO POR	DATA
Rodrigo Mendes Lemos - Gerente do Projeto	08/11/2025

PROJETO NOVAS FRONTEIRAS

Estrutura Analítica do Projeto – Mapa Mental *(Work Breakdown Structure)*

PREPARADO POR	APROVADO POR	VERSÃO	DATA
Juliano Palácios Medeiros - Membro do Time	Rodrigo Mendes Lemos - Gerente do Projeto	03	05/11/2025

Nota: Quaisquer alterações neste documento deverão ser submetidas ao processo de controle do projeto para aprovação antes de serem incorporadas a este documento.

APROVADO POR	DATA
Rodrigo Mendes Lemos - Gerente do Projeto	08/11/2025

PROJETO NOVAS FRONTEIRAS

Dicionário da EAP *(WBS Dictionary)*

PREPARADO POR	APROVADO POR	VERSÃO	DATA
Alan Carlos Poderino - Consultoria	Rodrigo Mendes Lemos - Gerente do Projeto	03	05/11/2025

PACOTE 1	DIAGNÓSTICO		
CÓDIGO NA EAP	**RESPONSÁVEL**	**PRAZO ESTIMADO**	**CUSTO ESTIMADO**
1	Alan Carlos Poderino - Consultoria	10 dias	$20.000,00

Principais tarefas a serem realizadas

- Realizar a *Kick-off Meeting* do projeto
- Reunir a equipe do projeto e definir o comitê
- Criar o escopo dos trabalhos
- Criar o comitê responsável
- Aprovar o comitê
- Aprovar o escopo dos trabalhos

Recursos previstos

- Alan Carlos Poderino – Consultor
- João Rosa da Motta – TI
- Ricardo Viana Vargas – Patrocinador
- Rodrigo Mendes Lemos – GP

Pacotes de Trabalho Relacionados

- Predecessores
    - Nenhum
- Sucessores
    - 2.1 – Software – Sistema Operacional
    - 3.1 – Hardware – Servidor
    - 3.2 – Hardware – Clientes
    - 4.1 – Treinamento – Palestra

Riscos associados ao pacote

- Falta de conhecimento dos integrantes do time sobre o projeto, podendo causar uma excessiva dependência da consultoria durante o projeto

Nota: Quaisquer alterações neste documento deverão ser submetidas ao processo de controle do projeto para aprovação antes de serem incorporadas a este documento.

APROVADO POR	DATA
Rodrigo Mendes Lemos - Gerente do Projeto	08/11/2025

PROJETO NOVAS FRONTEIRAS

Dicionário da EAP *(WBS Dictionary)*

PREPARADO POR	APROVADO POR	VERSÃO	DATA
Ana Carolina L. Magalhães - TI	Rodrigo Mendes Lemos - Gerente do Projeto	03	05/11/2025

PACOTE 2.1	SOFTWARE – SISTEMA OPERACIONAL		
CÓDIGO NA EAP	**RESPONSÁVEL**	**PRAZO ESTIMADO**	**CUSTO ESTIMADO**
2.1	Ana Carolina L. Magalhães - TI	19 dias	$80.000,00

Principais tarefas a serem realizadas

- Cotar o sistema operacional (Windows)
- Comprar o software (sistema operacional)
- Instalar o sistema operacional
- Testar o sistema operacional

Recursos previstos

- Ana Carolina Lopes Magalhães – TI
- Juliano Palácios Medeiros – Membro
- Luiz Carlos Paula Pena – TI
- Márcia Maria Silva – TI
- Márcio Silva Valente Pereira – Compras

Pacotes de Trabalho Relacionados

- Predecessores
  - 1. Diagnóstico
- Sucessores
  - 2.2 – Software – Banco de Dados

Riscos associados ao pacote

- Preço do software diretamente atrelado ao câmbio, podendo tornar o cumprimento do orçamento do projeto inviável
- Falta de experiência na instalação do software pela área de TI, podendo atrasar a instalação e inviabilizar os testes
- Incompatibilidade entre os ambientes dos diferentes softwares, podendo causar um ambiente de trabalho instável

Nota: Quaisquer alterações neste documento deverão ser submetidas ao processo de controle do projeto para aprovação antes de serem incorporadas a este documento.

APROVADO POR	DATA
Rodrigo Mendes Lemos - Gerente do Projeto	08/11/2025

PROJETO NOVAS FRONTEIRAS

Dicionário da EAP *(WBS Dictionary)*

PREPARADO POR	APROVADO POR	VERSÃO	DATA
Ana Carolina L. Magalhães - TI	Rodrigo Mendes Lemos - Gerente do Projeto	03	05/11/2025

PACOTE 2.2	SOFTWARE – BANCO DE DADOS		
CÓDIGO NA EAP	**RESPONSÁVEL**	**PRAZO ESTIMADO**	**CUSTO ESTIMADO**
2.2	Ana Carolina L. Magalhães - TI	27 dias	$2.000,00

Principais tarefas a serem realizadas

- Cotar o Microsoft SQL Server
- Comprar o software (banco de dados)
- Instalar o banco de dados
- Preparar a tabela de dados de projetos
- Testar o banco de dados

Recursos previstos

- Ana Carolina Lopes Magalhães – TI
- Luiz Carlos Paula Pena – TI
- Márcia Maria Silva – TI
- Márcio Silva Valente Pereira – Compras

Pacotes de Trabalho Relacionados

- Predecessores
  - 2.1 – Software – Sistema Operacional
- Sucessores
  - 2.4 – Software – GED

Riscos associados ao pacote

- Preço do software diretamente atrelado ao câmbio, podendo tornar o cumprimento do orçamento do projeto inviável
- Falta de experiência na instalação do software pela área de TI, podendo atrasar a instalação e inviabilizar os testes
- Incompatibilidade entre os ambientes dos diferentes softwares, podendo causar um ambiente de trabalho instável

Nota: Quaisquer alterações neste documento deverão ser submetidas ao processo de controle do projeto para aprovação antes de serem incorporadas a este documento.

APROVADO POR	DATA
Rodrigo Mendes Lemos - Gerente do Projeto	08/11/2025

PROJETO NOVAS FRONTEIRAS

Dicionário da EAP *(WBS Dictionary)*

PREPARADO POR	APROVADO POR	VERSÃO	DATA
Ana Carolina L. Magalhães - TI	Rodrigo Mendes Lemos - Gerente do Projeto	03	05/11/2025

PACOTE 2.3	SOFTWARE - GERENCIAMENTO DE PROJETOS		
CÓDIGO NA EAP	**RESPONSÁVEL**	**PRAZO ESTIMADO**	**CUSTO ESTIMADO**
2.3	Ana Carolina L. Magalhães - TI	44 dias	$120.000,00

Principais tarefas a serem realizadas

- Cotar o Microsoft Project
- Comprar o software (ger. projetos)
- Instalar o Microsoft Project no servidor e nos usuários
- Testar o software (ger. projetos)

Recursos previstos

- Ana Carolina Lopes Magalhães – TI
- Márcio Silva Valente Pereira – Compras

Pacotes de Trabalho Relacionados

- Predecessores
  - 2.1 – Software – Sistema Operacional
- Sucessores
  - 4.3.3 – Treinamento Equipe de Suporte Software

Riscos associados ao pacote

- Preço do software diretamente atrelado ao câmbio, podendo tornar o cumprimento do orçamento do projeto inviável
- Falta de experiência na instalação do software pela área de TI, podendo atrasar a instalação e inviabilizar os testes
- Incompatibilidade entre os ambientes dos diferentes softwares, podendo causar um ambiente de trabalho instável

Nota: Quaisquer alterações neste documento deverão ser submetidas ao processo de controle do projeto para aprovação antes de serem incorporadas a este documento.

APROVADO POR	DATA
Rodrigo Mendes Lemos - Gerente do Projeto	08/11/2025

PROJETO NOVAS FRONTEIRAS

Dicionário da EAP *(WBS Dictionary)*

PREPARADO POR	APROVADO POR	VERSÃO	DATA
Ana Carolina L. Magalhães - TI	Rodrigo Mendes Lemos - Gerente do Projeto	03	05/11/2025

PACOTE 2.4	SOFTWARE – GESTÃO ELETRÔNICA DE DOCUMENTOS (GED)		
CÓDIGO NA EAP	**RESPONSÁVEL**	**PRAZO ESTIMADO**	**CUSTO ESTIMADO**
2.4	Ana Carolina L. Magalhães - TI	32 dias	$20.000,00

Principais tarefas a serem realizadas

- Identificar os potenciais fornecedores dos programas GED
- Solicitar as apresentações sobre os produtos
- Definir o fornecedor do GED
- Comprar o software (GED)
- Instalar o software (GED)
- Testar o software (GED)

Recursos previstos

- Alan Carlos Poderino – Consultor
- Ana Carolina Lopes Magalhães – TI
- Gian Franco Sabino – Consultor
- João Rosa da Motta – TI
- Luiz Carlos Paula Pena – TI
- Magali Pedrosa – TI
- Márcia Maria Silva – TI
- Márcio Silva Valente Pereira – Compras

Pacotes de Trabalho Relacionados

- Predecessores
    - 2.2 – Software – Banco de Dados
- Sucessores
    - 2.5 – Software – Teste Integrado

Riscos associados ao pacote

- Preço do software diretamente atrelado ao câmbio, podendo tornar o cumprimento do orçamento do projeto inviável
- Falta de experiência na instalação do software pela área de TI, podendo atrasar a instalação e inviabilizar os testes
- Incompatibilidade entre os ambientes dos diferentes softwares, podendo causar um ambiente de trabalho instável

Nota: Quaisquer alterações neste documento deverão ser submetidas ao processo de controle do projeto para aprovação antes de serem incorporadas a este documento.

APROVADO POR	DATA
Rodrigo Mendes Lemos - Gerente do Projeto	08/11/2025

PROJETO NOVAS FRONTEIRAS

Dicionário da EAP *(WBS Dictionary)*

PREPARADO POR	APROVADO POR	VERSÃO	DATA
Ana Carolina L. Magalhães - TI	Rodrigo Mendes Lemos - Gerente do Projeto	03	05/11/2025

PACOTE 2.5	SOFTWARE - TESTE INTEGRADO		
CÓDIGO NA EAP	**RESPONSÁVEL**	**PRAZO ESTIMADO**	**CUSTO ESTIMADO**
2.5	Ana Carolina L. Magalhães - TI	8 dias	$0,00

Principais tarefas a serem realizadas

- Realizar o teste integrado
- Avaliar o teste integrado
- Realizar as correções necessárias

Recursos previstos

- Ana Carolina Lopes Magalhães – TI
- Magali Pedrosa – TI
- João Rosa da Motta – TI
- Rodrigo Mendes Lemos – GP
- Luiz Carlos Paula Pena – TI
- Ana Sílvia Bragança – Membro
- Nelson Azevedo – Membro

Pacotes de Trabalho Relacionados

- Predecessores
  - 2.1 – Software – Sistema Operacional
  - 2.2 – Software – Banco de Dados
  - 2.3 – Software – Gerenciamento de Projetos
  - 2.4 – Software – GED
- Sucessores
  - 4.3.1 – Treinamento Básico Software
  - 4.3.2 – Treinamento Avançado Software

Riscos associados ao pacote

- Preço do software diretamente atrelado ao câmbio, podendo tornar o cumprimento do orçamento do projeto inviável
- Falta de experiência na instalação do software pela área de TI, podendo atrasar a instalação e inviabilizar os testes
- Incompatibilidade entre os ambientes dos diferentes softwares, podendo causar um ambiente de trabalho instável

Nota: Quaisquer alterações neste documento deverão ser submetidas ao processo de controle do projeto para aprovação antes de serem incorporadas a este documento.

Rod M Lemos

APROVADO POR	DATA
Rodrigo Mendes Lemos - Gerente do Projeto	08/11/2025

PROJETO NOVAS FRONTEIRAS

Dicionário da EAP *(WBS Dictionary)*

PREPARADO POR	APROVADO POR	VERSÃO	DATA
Márcia Maria Silva - TI	Rodrigo Mendes Lemos - Gerente do Projeto	03	05/11/2025

PACOTE 3.1	HARDWARE - SERVIDOR		
CÓDIGO NA EAP	**RESPONSÁVEL**	**PRAZO ESTIMADO**	**CUSTO ESTIMADO**
3.1	Márcia Maria Silva - TI	10 dias	$20.000,00

Principais tarefas a serem realizadas

- Comprar os servidores
- Instalar os servidores
- Testar física e logicamente os servidores

Recursos previstos

- Ana Carolina Lopes Magalhães – TI
- Márcio Silva Valente Pereira – Compras

Pacotes de Trabalho Relacionados

- Predecessores
  - 1 – Diagnóstico
- Sucessores
  - 5.1 – Padronização Templates
  - 5.2 – Padronização GED
  - 5.3 – Padronização Relatórios
  - 5.4 – Padronização Modos de Exibição

Riscos associados ao pacote

- Preço do hardware diretamente atrelado ao câmbio, podendo tornar o cumprimento do orçamento do projeto inviável
- Necessidade de adequação de infraestrutura (rede e energia) para as novas máquinas dos usuários
- Atraso na entrega dos servidores, podendo atrasar a instalação dos softwares

Nota: Quaisquer alterações neste documento deverão ser submetidas ao processo de controle do projeto para aprovação antes de serem incorporadas a este documento.

APROVADO POR	DATA
Rodrigo Mendes Lemos - Gerente do Projeto	08/11/2025

PROJETO NOVAS FRONTEIRAS

Dicionário da EAP *(WBS Dictionary)*

PREPARADO POR	APROVADO POR	VERSÃO	DATA
Márcia Maria Silva - TI	Rodrigo Mendes Lemos - Gerente do Projeto	03	05/11/2025

PACOTE 3.2	HARDWARE - CLIENTES/USUÁRIOS		
CÓDIGO NA EAP	**RESPONSÁVEL**	**PRAZO ESTIMADO**	**CUSTO ESTIMADO**
3.2	Márcia Maria Silva - TI	13 dias	$500.000,00

Principais tarefas a serem realizadas

- Comprar os computadores dos usuários
- Instalar os computadores dos usuários
- Testar física e logicamente os computadores dos usuários

Recursos previstos

- Luiz Carlos Paula Pena – TI
- Magali Pedrosa – TI
- Márcia Maria Silva – TI
- Márcio Silva Valente Pereira – Compras

Pacotes de Trabalho Relacionados

- Predecessores
  - 1 – Diagnóstico
- Sucessores
  - 5.1 – Padronização Templates
  - 5.2 – Padronização GED
  - 5.3 – Padronização Relatórios
  - 5.4 – Padronização Modos de Exibição

Riscos associados ao pacote

- Preço do hardware diretamente atrelado ao câmbio, podendo tornar o cumprimento do orçamento do projeto inviável
- Necessidade de adequação de infraestrutura (rede e energia) para as novas máquinas dos usuários

Nota: Quaisquer alterações neste documento deverão ser submetidas ao processo de controle do projeto para aprovação antes de serem incorporadas a este documento.

APROVADO POR	DATA
Rodrigo Mendes Lemos - Gerente do Projeto	08/11/2025

PROJETO NOVAS FRONTEIRAS

Dicionário da EAP *(WBS Dictionary)*

PREPARADO POR	APROVADO POR	VERSÃO	DATA
Ana Sílvia Bragança - Membro do Time	Rodrigo Mendes Lemos - Gerente do Projeto	03	05/11/2025

PACOTE 4.1	TREINAMENTO – PALESTRA		
CÓDIGO NA EAP	**RESPONSÁVEL**	**PRAZO ESTIMADO**	**CUSTO ESTIMADO**
4.1	Ana Sílvia Bragança - Membro do Time	3 dias	$7.000,00

Principais tarefas a serem realizadas

- Agendar a palestra de conscientização
- Realizar a palestra de conscientização
- Avaliar os resultados da palestra

Recursos previstos

- Ana Sílvia Bragança – Membro
- Ricardo Viana Vargas – Patrocinador
- Rodrigo Mendes Lemos – GP

Pacotes de Trabalho Relacionados

- Predecessores
  - 1. Diagnóstico
- Sucessores
  - 4.2.1 – Treinamento Básico GP

Riscos associados ao pacote

- Falta de experiência da empresa contratada para o tipo de treinamento solicitado e para o tipo de negócio da divisão
- Falta de nivelamento do conhecimento da turma, causando perda de produtividade durante o curso
- Indisponibilidade dos usuários para treinamento, causando baixo volume de participantes na turma e gerando necessidade de turmas adicionais

Nota: Quaisquer alterações neste documento deverão ser submetidas ao processo de controle do projeto para aprovação antes de serem incorporadas a este documento.

APROVADO POR	DATA
Rodrigo Mendes Lemos - Gerente do Projeto	08/11/2025

PROJETO NOVAS FRONTEIRAS

Dicionário da EAP *(WBS Dictionary)*

PREPARADO POR	APROVADO POR	VERSÃO	DATA
Ana Sílvia Bragança - Membro do Time	Rodrigo Mendes Lemos - Gerente do Projeto	03	05/11/2025

PACOTE 4.2.1 | TREINAMENTO BÁSICO GP

CÓDIGO NA EAP	RESPONSÁVEL	PRAZO ESTIMADO	CUSTO ESTIMADO
4.2.1	Ana Sílvia Bragança - Membro do Time	19 dias	$45.000,00

Principais tarefas a serem realizadas

- Agendar o treinamento básico de GP
- Realizar o treinamento básico de GP
- Avaliar os resultados do treinamento básico de GP

Recursos previstos

- Alan Carlos Poderino – Consultor
- Ana Sílvia Bragança – Membro
- Mara Lúcia Menezes – Membro
- Rodrigo Mendes Lemos – GP

Pacotes de Trabalho Relacionados

- Predecessores
  - 4.1 –Treinamento – Palestra
- Sucessores
  - 4.2.2 – Treinamento Avançado GP
  - 4.3.1 – Treinamento Básico Software

Riscos associados ao pacote

- Falta de experiência da empresa contratada para o tipo de treinamento solicitado e para o tipo de negócio da divisão
- Falta de nivelamento do conhecimento da turma, causando perda de produtividade durante o curso
- Indisponibilidade dos usuários para treinamento, causando baixo volume de participantes na turma e gerando necessidade de turmas adicionais

Nota: Quaisquer alterações neste documento deverão ser submetidas ao processo de controle do projeto para aprovação antes de serem incorporadas a este documento.

APROVADO POR	DATA
Rodrigo Mendes Lemos - Gerente do Projeto	08/11/2025

PROJETO NOVAS FRONTEIRAS

Dicionário da EAP *(WBS Dictionary)*

PREPARADO POR	APROVADO POR	VERSÃO	DATA
Ana Sílvia Bragança - Membro do Time	Rodrigo Mendes Lemos - Gerente do Projeto	03	05/11/2025

PACOTE 4.2.2	TREINAMENTO AVANÇADO GP		
CÓDIGO NA EAP	**RESPONSÁVEL**	**PRAZO ESTIMADO**	**CUSTO ESTIMADO**
4.2.2	Ana Sílvia Bragança - Membro do Time	5 dias	$15.000,00

Principais tarefas a serem realizadas

- Agendar o treinamento avançado de GP
- Realizar o treinamento avançado de GP
- Avaliar os resultados do treinamento avançado de GP

Recursos previstos

- Alan Carlos Poderino – Consultor
- Ana Sílvia Bragança – Membro
- Mara Lúcia Menezes – Membro
- Rodrigo Mendes Lemos – GP

Pacotes de Trabalho Relacionados

- Predecessores
  - 4.2.1 – Treinamento Básico GP
- Sucessores
  - 4.3.1 – Treinamento Básico do Software

Riscos associados ao pacote

- Falta de experiência da empresa contratada para o tipo de treinamento solicitado e para o tipo de negócio da divisão
- Falta de nivelamento do conhecimento da turma, causando perda de produtividade durante o curso
- Indisponibilidade dos usuários para treinamento, causando baixo volume de participantes na turma e gerando necessidade de turmas adicionais

Nota: Quaisquer alterações neste documento deverão ser submetidas ao processo de controle do projeto para aprovação antes de serem incorporadas a este documento.

APROVADO POR	DATA
Rodrigo Mendes Lemos - Gerente do Projeto	08/11/2025

PROJETO NOVAS FRONTEIRAS

Dicionário da EAP *(WBS Dictionary)*

PREPARADO POR	APROVADO POR	VERSÃO	DATA
Ana Sílvia Bragança - Membro do Time	Rodrigo Mendes Lemos - Gerente do Projeto	03	05/11/2025

PACOTE 4.3.1	TREINAMENTO BÁSICO DO SOFTWARE		
CÓDIGO NA EAP	**RESPONSÁVEL**	**PRAZO ESTIMADO**	**CUSTO ESTIMADO**
4.3.1	Ana Sílvia Bragança - Membro do Time	13 dias	$45.000,00

Principais tarefas a serem realizadas

- Agendar o treinamento básico do software
- Realizar o treinamento básico do software
- Avaliar os resultados do treinamento básico do software

Recursos previstos

- Alan Carlos Poderino – Consultor
- Ana Sílvia Bragança – Membro
- Mara Lúcia Menezes – Membro
- Rodrigo Mendes Lemos – GP

Pacotes de Trabalho Relacionados

- Predecessores
  - 2.5 – Software – Teste Integrado
  - 4.2.1 – Treinamento Básico GP
- Sucessores
  - 4.3.2 – Treinamento Avançado do Software

Riscos associados ao pacote

- Falta de experiência da empresa contratada para o tipo de treinamento solicitado e para o tipo de negócio da divisão
- Falta de nivelamento do conhecimento da turma, causando perda de produtividade durante o curso
- Indisponibilidade dos usuários para treinamento, causando baixo volume de participantes na turma e gerando necessidade de turmas adicionais

Nota: Quaisquer alterações neste documento deverão ser submetidas ao processo de controle do projeto para aprovação antes de serem incorporadas a este documento.

APROVADO POR	DATA
Rodrigo Mendes Lemos - Gerente do Projeto	08/11/2025

PROJETO NOVAS FRONTEIRAS

Dicionário da EAP *(WBS Dictionary)*

PREPARADO POR	APROVADO POR	VERSÃO	DATA
Ana Sílvia Bragança - Membro do Time	Rodrigo Mendes Lemos - Gerente do Projeto	03	05/11/2025

PACOTE 4.3.2	**TREINAMENTO AVANÇADO DO SOFTWARE**		
CÓDIGO NA EAP	**RESPONSÁVEL**	**PRAZO ESTIMADO**	**CUSTO ESTIMADO**
4.3.2	Ana Sílvia Bragança - Membro do Time	4 dias	$15.000,00

Principais tarefas a serem realizadas

- Agendar o treinamento avançado do software
- Realizar o treinamento avançado do software
- Avaliar os resultados do treinamento avançado do software

Recursos previstos

- Alan Carlos Poderino – Consultor
- Ana Sílvia Bragança – Membro
- Mara Lúcia Menezes – Membro
- Rodrigo Mendes Lemos – GP

Pacotes de Trabalho Relacionados

- Predecessores
  - 4.2.2 – Treinamento Avançado GP
  - 4.3.1 – Treinamento Básico do Software
- Sucessores
  - 4.3.3 – Treinamento Equipe de Suporte Software

Riscos associados ao pacote

- Falta de experiência da empresa contratada para o tipo de treinamento solicitado e para o tipo de negócio da divisão
- Falta de nivelamento do conhecimento da turma, causando perda de produtividade durante o curso
- Indisponibilidade dos usuários para treinamento, causando baixo volume de participantes na turma e gerando necessidade de turmas adicionais

Nota: Quaisquer alterações neste documento deverão ser submetidas ao processo de controle do projeto para aprovação antes de serem incorporadas a este documento.

APROVADO POR	DATA
Rodrigo Mendes Lemos - Gerente do Projeto	08/11/2025

PROJETO NOVAS FRONTEIRAS

Dicionário da EAP *(WBS Dictionary)*

PREPARADO POR	APROVADO POR	VERSÃO	DATA
Ana Sílvia Bragança - Membro do Time	Rodrigo Mendes Lemos - Gerente do Projeto	03	05/11/2025

PACOTE 4.3.3	TREINAMENTO EQUIPE DE SUPORTE SOFTWARE		
CÓDIGO NA EAP	**RESPONSÁVEL**	**PRAZO ESTIMADO**	**CUSTO ESTIMADO**
4.3.3	Ana Sílvia Bragança - Membro do Time	12 dias	$20.000,00

Principais tarefas a serem realizadas

- Agendar o treinamento da equipe de suporte
- Realizar o treinamento da equipe de suporte
- Avaliar os resultados do treinamento da equipe de suporte

Recursos previstos

- Alan Carlos Poderino – Consultor
- Ana Sílvia Bragança – Membro
- João Rosa da Motta – TI
- Rodrigo Mendes Lemos – GP

Pacotes de Trabalho Relacionados

- Predecessores
  - 4.3.2 – Treinamento Avançado Software
- Sucessores
  - 5.1 – Padronização Templates
  - 5.2 – Padronização GED
  - 5.3 – Padronização Relatórios
  - 5.4 – Padronização Modos de Exibição

Riscos associados ao pacote

- Falta de experiência da empresa contratada para o tipo de treinamento solicitado e para o tipo de negócio da divisão
- Falta de nivelamento do conhecimento da turma, causando perda de produtividade durante o curso
- Indisponibilidade dos usuários para treinamento, causando baixo volume de participantes na turma e gerando necessidade de turmas adicionais

Nota: Quaisquer alterações neste documento deverão ser submetidas ao processo de controle do projeto para aprovação antes de serem incorporadas a este documento.

APROVADO POR	DATA
Rodrigo Mendes Lemos - Gerente do Projeto	08/11/2025

PROJETO NOVAS FRONTEIRAS

Dicionário da EAP *(WBS Dictionary)*

PREPARADO POR	APROVADO POR	VERSÃO	DATA
Maria Sônia Silveira - Membro do Time	Rodrigo Mendes Lemos - Gerente do Projeto	03	05/11/2025

PACOTE 5.1	PADRONIZAÇÃO TEMPLATES (MODELOS)		
CÓDIGO NA EAP	**RESPONSÁVEL**	**PRAZO ESTIMADO**	**CUSTO ESTIMADO**
5.1	Maria Sônia Silveira - Membro do Time	15 dias	$3.000,00

Principais tarefas a serem realizadas

- Definir os padrões de templates
- Confeccionar os templates
- Testar o funcionamento dos templates
- Aprovar os templates

Recursos previstos

- Gian Franco Sabino – Consultor
- João Rosa da Motta – TI
- Luiz Carlos Paula Pena – TI
- Mara Lúcia Menezes – Membro
- Rodrigo Mendes Lemos – GP

Pacotes de Trabalho Relacionados

- Predecessores
  - 4.3.3 – Treinamento Equipe Suporte Software
- Sucessores
  - 6.1 – Definição do Projeto-Piloto
  - 7 – Resultados

Riscos associados ao pacote

- Falta de cultura da empresa na utilização de programas de gestão eletrônica de documentos, ocasionando uma dispersão de esforços na definição dos padrões de fluxo de documentos
- Falta de domínio técnico sobre o software pela equipe de padronização, podendo causar atrasos e problemas de qualidade nos padrões criados
- Pequeno domínio metodológico da equipe em gerenciamento de projetos, podendo causar a criação de padrões incompatíveis com as necessidades

Nota: Quaisquer alterações neste documento deverão ser submetidas ao processo de controle do projeto para aprovação antes de serem incorporadas a este documento.

APROVADO POR	DATA
Rodrigo Mendes Lemos - Gerente do Projeto	08/11/2025

PROJETO NOVAS FRONTEIRAS

Dicionário da EAP *(WBS Dictionary)*

PREPARADO POR	APROVADO POR	VERSÃO	DATA
Maria Sônia Silveira - Membro do Time	Rodrigo Mendes Lemos - Gerente do Projeto	03	05/11/2025

PACOTE 5.2	PADRONIZAÇÃO GED		
CÓDIGO NA EAP	**RESPONSÁVEL**	**PRAZO ESTIMADO**	**CUSTO ESTIMADO**
5.2	Maria Sônia Silveira - Membro do Time	15 dias	$3.000,00

Principais tarefas a serem realizadas

- Definir padrões para o GED
- Confeccionar os parâmetros do GED
- Testar o funcionamento do GED
- Aprovar o GED

Recursos previstos

- Alan Carlos Poderino – Consultor
- João Rosa da Motta – TI
- Magali Pedrosa – TI
- Maria Sônia Silveira – Membro
- Rodrigo Mendes Lemos – GP

Pacotes de Trabalho Relacionados

- Predecessores
  - 4.3.3 – Treinamento Equipe Suporte Software
- Sucessores
  - 6.1 – Definição do Projeto-Piloto
  - 7 – Resultados

Riscos associados ao pacote

- Falta de cultura da empresa na utilização de programas de gestão eletrônica de documentos, ocasionando uma dispersão de esforços na definição dos padrões de fluxo de documentos
- Falta de domínio técnico sobre o software pela equipe de padronização, podendo causar atrasos e problemas de qualidade nos padrões criados
- Pequeno domínio metodológico da equipe em gerenciamento de projetos, podendo causar a criação de padrões incompatíveis com as necessidades

Nota: Quaisquer alterações neste documento deverão ser submetidas ao processo de controle do projeto para aprovação antes de serem incorporadas a este documento.

APROVADO POR	DATA
Rodrigo Mendes Lemos - Gerente do Projeto	08/11/2025

PROJETO NOVAS FRONTEIRAS

Dicionário da EAP *(WBS Dictionary)*

PREPARADO POR	APROVADO POR	VERSÃO	DATA
Maria Sônia Silveira - Membro do Time	Rodrigo Mendes Lemos - Gerente do Projeto	03	05/11/2025

PACOTE 5.3	PADRONIZAÇÃO RELATÓRIOS		
CÓDIGO NA EAP	**RESPONSÁVEL**	**PRAZO ESTIMADO**	**CUSTO ESTIMADO**
5.3	Maria Sônia Silveira - Membro do Time	7 dias	$2.000,00

Principais tarefas a serem realizadas

- Definir os padrões de relatórios
- Confeccionar os relatórios
- Testar o funcionamento dos relatórios
- Aprovar os relatórios

Recursos previstos

- Gian Franco Sabino – Consultor
- João Rosa da Motta – TI
- Ronaldo Gomes Severo – Membro
- Tarcísio Viana Tavares – Membro

Pacotes de Trabalho Relacionados

- Predecessores
  - 4.3.3 – Treinamento Equipe Suporte Software
- Sucessores
  - 6.1 – Definição do Projeto-Piloto
  - 7 – Resultados

Riscos associados ao pacote

- Falta de cultura da empresa na utilização de programas de gestão eletrônica de documentos, ocasionando uma dispersão de esforços na definição dos padrões de fluxo de documentos
- Falta de domínio técnico sobre o software pela equipe de padronização, podendo causar atrasos e problemas de qualidade nos padrões criados
- Pequeno domínio metodológico da equipe em gerenciamento de projetos, podendo causar a criação de padrões incompatíveis com as necessidades

Nota: Quaisquer alterações neste documento deverão ser submetidas ao processo de controle do projeto para aprovação antes de serem incorporadas a este documento.

APROVADO POR	DATA
Rodrigo Mendes Lemos - Gerente do Projeto	08/11/2025

PROJETO NOVAS FRONTEIRAS

Dicionário da EAP *(WBS Dictionary)*

PREPARADO POR	APROVADO POR	VERSÃO	DATA
Maria Sônia Silveira - Membro do Time	Rodrigo Mendes Lemos - Gerente do Projeto	03	05/11/2025

PACOTE 5.4 | PADRONIZAÇÃO MODOS DE EXIBIÇÃO

CÓDIGO NA EAP	RESPONSÁVEL	PRAZO ESTIMADO	CUSTO ESTIMADO
5.4	Maria Sônia Silveira - Membro do Time	7 dias	$2.000,00

Principais tarefas a serem realizadas

- Definir os padrões dos modos de exibição
- Confeccionar os modos de exibição
- Testar o funcionamento dos modos de exibição
- Aprovar os modos de exibição

Recursos previstos

- Alan Carlos Poderino – Consultor
- Ana Sílvia Bragança – Membro
- João Rosa da Motta – TI
- Juliano Palácios Medeiros – Membro
- Márcia Maria Silva – TI
- Nelson Azevedo – Membro
- Rodrigo Mendes Lemos – GP

Pacotes de Trabalho Relacionados

- Predecessores
  - 4.3.3 – Treinamento Equipe de Suporte Software
- Sucessores
  - 6.1 – Definição do Projeto-Piloto
  - 7 – Resultados

Riscos associados ao pacote

- Falta de cultura da empresa na utilização de programas de gestão eletrônica de documentos, ocasionando uma dispersão de esforços na definição dos padrões de fluxo de documentos
- Falta de domínio técnico sobre o software pela equipe de padronização, podendo causar atrasos e problemas de qualidade nos padrões criados
- Pequeno domínio metodológico da equipe em gerenciamento de projetos, podendo causar a criação de padrões incompatíveis com as necessidades

Nota: Quaisquer alterações neste documento deverão ser submetidas ao processo de controle do projeto para aprovação antes de serem incorporadas a este documento.

APROVADO POR	DATA
Rodrigo Mendes Lemos - Gerente do Projeto	08/11/2025

PROJETO NOVAS FRONTEIRAS

Dicionário da EAP *(WBS Dictionary)*

PREPARADO POR	APROVADO POR	VERSÃO	DATA
Ronaldo Gomes Severo - Membro do Time	Rodrigo Mendes Lemos - Gerente do Projeto	03	05/11/2025

PACOTE 6.1	DEFINIÇÃO DO PROJETO-PILOTO		
CÓDIGO NA EAP	**RESPONSÁVEL**	**PRAZO ESTIMADO**	**CUSTO ESTIMADO**
6.1	Ronaldo Gomes Severo - Membro do Time	2 dias	$2.000,00

Principais tarefas a serem realizadas

- Definir o tema do Projeto-Piloto
- Aprovar o tema do Projeto-Piloto

Recursos previstos

- Alan Carlos Poderino – Consultor
- João Rosa da Motta – TI
- Ricardo Viana Vargas – Patrocinador
- Rodrigo Mendes Lemos – GP

Pacotes de Trabalho Relacionados

- Predecessores
  - 5.1 – Padronização Templates
  - 5.2 – Padronização GED
  - 5.3 – Padronização Relatórios
  - 5.4 – Padronização Modos de Exibição
- Sucessores
  - 6.2 – Planejamento Projeto-Piloto

Riscos associados ao pacote

- Piloto não retratar o todo organizacional, podendo emitir uma percepção falsa dos resultados obtidos

Nota: Quaisquer alterações neste documento deverão ser submetidas ao processo de controle do projeto para aprovação antes de serem incorporadas a este documento.

APROVADO POR	DATA
Rodrigo Mendes Lemos - Gerente do Projeto	08/11/2025

PROJETO NOVAS FRONTEIRAS

Dicionário da EAP *(WBS Dictionary)*

PREPARADO POR	APROVADO POR	VERSÃO	DATA
Ronaldo Gomes Severo - Membro do Time	Rodrigo Mendes Lemos - Gerente do Projeto	03	05/11/2025

PACOTE 6.2 | PLANEJAMENTO PROJETO-PILOTO

CÓDIGO NA EAP	RESPONSÁVEL	PRAZO ESTIMADO	CUSTO ESTIMADO
6.2	Ronaldo Gomes Severo - Membro do Time	6 dias	$8.000,00

Principais tarefas a serem realizadas

- Elaborar o plano global do Projeto-Piloto
- Aprovar o plano global do Projeto-Piloto

Recursos previstos

- Alan Carlos Poderino – Consultor
- Mara Lúcia Menezes – Membro
- Ricardo Viana Vargas – Patrocinador
- Rodrigo Mendes Lemos – GP
- Ronaldo Gomes Severo – Membro

Pacotes de Trabalho Relacionados

- Predecessores
  - 6.1 – Definição do Projeto-Piloto
- Sucessores
  - 6.3 – Execução e Avaliação Projeto-Piloto

Riscos associados ao pacote

- Piloto não retratar o todo organizacional, podendo emitir uma percepção falsa dos resultados obtidos

Nota: Quaisquer alterações neste documento deverão ser submetidas ao processo de controle do projeto para aprovação antes de serem incorporadas a este documento.

APROVADO POR	DATA
Rodrigo Mendes Lemos - Gerente do Projeto	08/11/2025

PROJETO NOVAS FRONTEIRAS

Dicionário da EAP *(WBS Dictionary)*

PREPARADO POR	APROVADO POR	VERSÃO	DATA
Ronaldo Gomes Severo - Membro do Time	Rodrigo Mendes Lemos - Gerente do Projeto	03	05/11/2025

PACOTE 6.3	EXECUÇÃO E AVALIAÇÃO PROJETO-PILOTO		
CÓDIGO NA EAP	**RESPONSÁVEL**	**PRAZO ESTIMADO**	**CUSTO ESTIMADO**
6.3	Ronaldo Gomes Severo - Membro do Time	18 dias	$5.000,00

Principais tarefas a serem realizadas

- Executar o Projeto-Piloto
- Avaliar os resultados do Projeto-Piloto

Recursos previstos

- Alan Carlos Poderino – Consultor
- João Rosa da Motta – TI
- Mara Lúcia Menezes – Membro
- Ricardo Viana Vargas – Patrocinador
- Rodrigo Mendes Lemos – GP

Pacotes de Trabalho Relacionados

- Predecessores
  - 6.2 – Planejamento Projeto-Piloto
- Sucessores
  - 6.4 – Piloto – Ações Corretivas

Riscos associados ao pacote

- Piloto não retratar o todo organizacional, podendo emitir uma percepção falsa dos resultados obtidos

Nota: Quaisquer alterações neste documento deverão ser submetidas ao processo de controle do projeto para aprovação antes de serem incorporadas a este documento.

APROVADO POR	DATA
Rodrigo Mendes Lemos - Gerente do Projeto	08/11/2025

PROJETO NOVAS FRONTEIRAS

Dicionário da EAP *(WBS Dictionary)*

PREPARADO POR	APROVADO POR	VERSÃO	DATA
Ronaldo Gomes Severo - Membro do Time	Rodrigo Mendes Lemos - Gerente do Projeto	03	05/11/2025

PACOTE 6.4	PILOTO - AÇÕES CORRETIVAS		
CÓDIGO NA EAP	**RESPONSÁVEL**	**PRAZO ESTIMADO**	**CUSTO ESTIMADO**
6.4	Ronaldo Gomes Severo - Membro do Time	5 dias	$8.000,00

Principais tarefas a serem realizadas

- Realizar as ações corretivas a partir dos resultados do Projeto-Piloto

Recursos previstos

- Alan Carlos Poderino – Consultor
- Ana Sílvia Bragança – Membro
- Juliano Palácios Medeiros – Membro
- Rodrigo Mendes Lemos – GP

Pacotes de Trabalho Relacionados

- Predecessores
  - 6.3 – Execução e Avaliação Projeto-Piloto
- Sucessores
  - 7 – Resultados

Riscos associados ao pacote

- Piloto não retratar o todo organizacional, podendo emitir uma percepção falsa dos resultados obtidos

Nota: Quaisquer alterações neste documento deverão ser submetidas ao processo de controle do projeto para aprovação antes de serem incorporadas a este documento.

APROVADO POR	DATA
Rodrigo Mendes Lemos - Gerente do Projeto	08/11/2025

PROJETO NOVAS FRONTEIRAS

Dicionário da EAP *(WBS Dictionary)*

PREPARADO POR	APROVADO POR	VERSÃO	DATA
Rodrigo Mendes Lemos - Gerente do Projeto	Rodrigo Mendes Lemos - Gerente do Projeto	03	05/11/2025

PACOTE 7	**SOFTWARE - GERENCIAMENTO DE PROJETOS**		
CÓDIGO NA EAP	**RESPONSÁVEL**	**PRAZO ESTIMADO**	**CUSTO ESTIMADO**
7	Rodrigo Mendes Lemos - Gerente do Projeto	3 dias	$7.000,00

Principais tarefas a serem realizadas

- Apresentar os resultados, padronização e piloto
- *Project Close-out*

Recursos previstos

- Alan Carlos Poderino – Consultor
- Gian Franco Sabino – Consultor
- João Rosa da Motta – TI
- Ricardo Viana Vargas – Patrocinador
- Rodrigo Mendes Lemos – GP
- Ronaldo Gomes Severo – Membro

Pacotes de Trabalho Relacionados

- Predecessores
    - 6.4 – Piloto – Ações Corretivas
- Sucessores
    - Nenhum

Riscos associados ao pacote

- Nenhum risco identificado no plano de gerenciamento dos riscos

Nota: Quaisquer alterações neste documento deverão ser submetidas ao processo de controle do projeto para aprovação antes de serem incorporadas a este documento.

APROVADO POR	DATA
Rodrigo Mendes Lemos - Gerente do Projeto	08/11/2025

PROJETO NOVAS FRONTEIRAS

Plano de Gerenciamento do Escopo *(Scope Management Plan)*

PREPARADO POR	APROVADO POR	VERSÃO	DATA
Juliano Palácios Medeiros - Membro do Time	Rodrigo Mendes Lemos - Gerente do Projeto	03	05/11/2025

Descrição dos processos de gerenciamento do escopo

- O gerenciamento do escopo do projeto será realizado com base em dois documentos específicos: Especificação do escopo para o escopo funcional do projeto e EAP para o escopo das atividades a serem realizadas pelo projeto, com suas devidas entregas.
- Todas as mudanças no escopo inicialmente previsto para o projeto devem ser avaliadas e classificadas dentro do sistema de controle de mudanças de escopo (*Scope Change Control System)*.
- Serão consideradas mudanças de escopo apenas as medidas corretivas. Inovações e novas características do produto/projeto não serão consideradas pelo gerenciamento do escopo.
- Todas as solicitações de mudança no escopo devem ser feitas por escrito ou através de e-mail, conforme descrito no plano de gerenciamento das comunicações do projeto.

Priorização das mudanças de escopo e respostas

As mudanças de escopo são classificadas em quatro níveis de prioridades:

Prioridade 0 (zero) – Mudanças de prioridade zero requerem uma ação imediata por parte do gerente do projeto, que deve acionar imediatamente o patrocinador, uma vez que se trata de mudança urgente, de alto impacto no projeto e em outras áreas sobre as quais o gerente do projeto não tem autonomia.

Prioridade 1 (um) – Mudanças de prioridade um requerem uma ação imediata por parte do gerente do projeto, independentemente das reuniões de controle previstas devido à urgência, acionando imediatamente o patrocinador no caso de necessidade de autorizações financeiras fora da alçada do gerente do projetos.

Prioridade 2 (dois) – Mudanças de prioridade dois requerem um planejamento da ação através de terceiros ou de equipes que, a princípio, tenham disponibilidade, uma vez que agregam valor ao sucesso do projeto e são urgentes, porém não têm impacto significativo nos custos e nos prazos do projeto.

Prioridade 3 (três) – Mudanças de prioridade três podem ser implementadas por ter influência no sucesso do projeto, porém não requerem uma ação imediata por não serem impactantes ou urgentes.

Gerenciamento das configurações *(Configuration management)*

O sistema de controle de mudanças de escopo *(Scope Change Control System)* deve proporcionar que todas as mudanças no escopo do projeto sejam tratadas segundo o fluxo apresentado a seguir com seus resultados apresentados na reunião semanal do Comitê Executivo com suas conclusões, prioridades e ações relacionadas. O processo de gerenciamento das configurações está relacionado diretamente com o sistema de controle de mudanças do projeto.

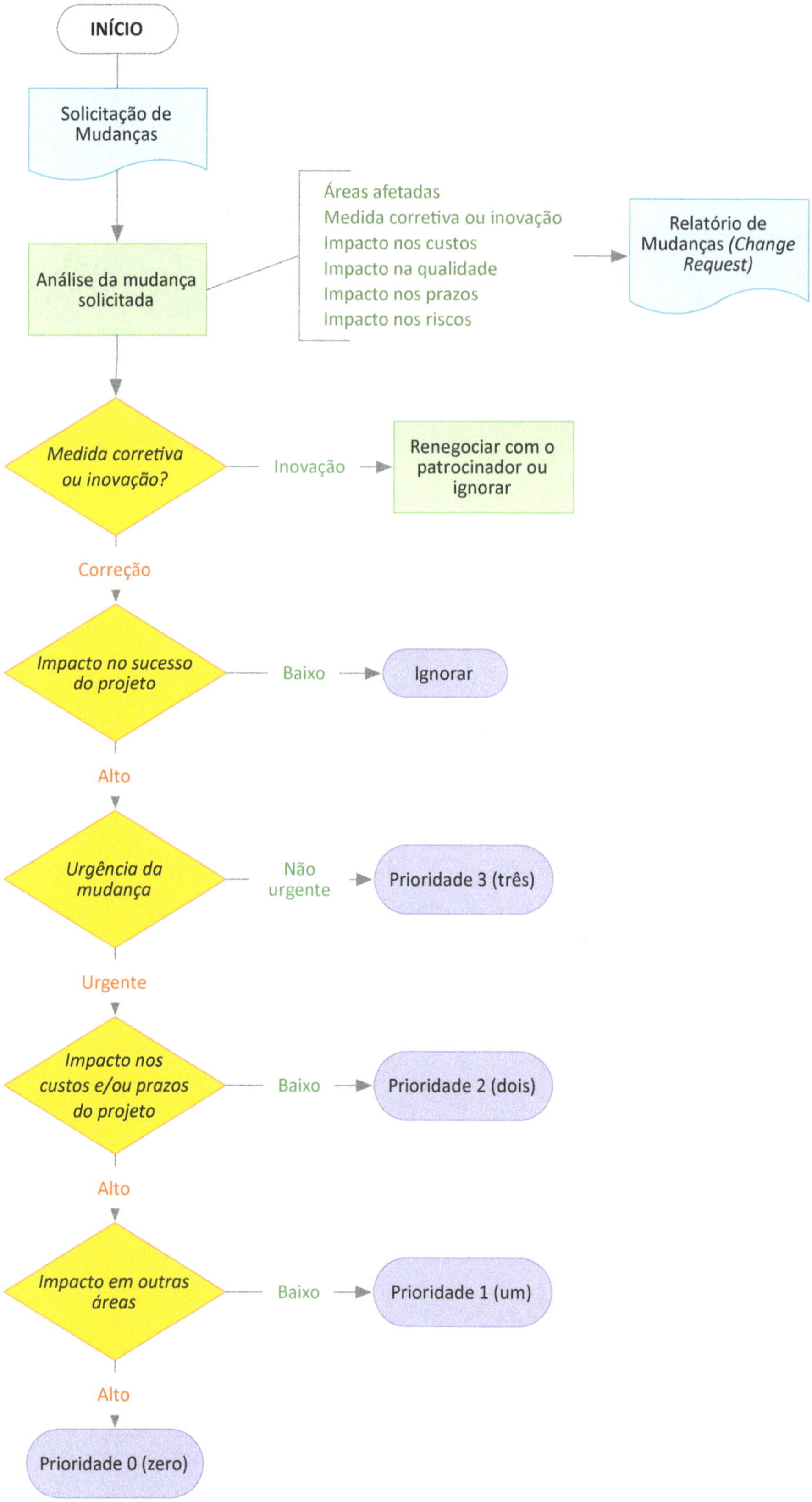
INÍCIO
Solicitação de Mudanças
Análise da mudança solicitada
Áreas afetadas
Medida corretiva ou inovação
Impacto nos custos
Impacto na qualidade
Impacto nos prazos
Impacto nos riscos
Relatório de Mudanças (Change Request)
Medida corretiva ou inovação?
Inovação
Renegociar com o patrocinador ou ignorar
Correção
Impacto no sucesso do projeto
Baixo
Ignorar
Alto
Urgência da mudança
Não urgente
Prioridade 3 (três)
Urgente
Impacto nos custos e/ou prazos do projeto
Baixo
Prioridade 2 (dois)
Alto
Impacto em outras áreas
Baixo
Prioridade 1 (um)
Alto
Prioridade 0 (zero)

Frequência de avaliação do escopo do projeto

O escopo do projeto deve ser avaliado semanalmente dentro da reunião do Comitê Executivo *(Change Control Board)*, prevista no plano de gerenciamento das comunicações.

Alocação financeira das mudanças de escopo

As mudanças de escopo corretivas podem ser alocadas dentro das reservas gerenciais do projeto, na categoria Outras reservas, desde que dentro da alçada do gerente do projeto.

Para mudanças de escopo corretivas prioritárias que estejam fora da alçada do gerente do projeto, ou quando não existe mais reserva gerencial disponível, deverá ser acionado o patrocinador, já que o gerente do projeto não tem autonomia necessária para decidir utilizar a reserva de contingência para mudanças de escopo. Outra opção é solicitar à diretoria da empresa um aumento nas reservas gerenciais.

Administração do plano de gerenciamento do escopo

1. Responsável pelo plano

- Juliano Palácios Medeiros, membro do time do projeto, será o responsável direto pelo plano de gerenciamento do escopo.
- Maria Sônia Silveira, membro do time do projeto, será suplente do responsável direto pelo plano de gerenciamento do escopo.

2. Frequência de atualização do plano de gerenciamento do escopo

O plano de gerenciamento do escopo será reavaliado mensalmente na primeira reunião mensal do Comitê Executivo, juntamente com os outros planos de gerenciamento do projeto.

As necessidades de atualização do plano antes da primeira reunião de Comitê Executivo do projeto deverão ser tratadas segundo os procedimentos descritos no item Outros assuntos relacionados ao gerenciamento do escopo do projeto não previstos neste plano.

Outros assuntos relacionados ao gerenciamento do escopo do projeto não previstos neste plano

Todas as solicitações não previstas neste plano deverão ser submetidas para aprovação na reunião do Comitê Executivo. Imediatamente após sua aprovação, deverá ser atualizado o plano de gerenciamento do escopo com o devido registro das alterações efetivadas.

DESCRIÇÃO DA ALTERAÇÃO
Inserção do item formalização da solicitação de mudanças no escopo

ALTERADO POR	DATA
Rodrigo Mendes Lemos	05/11/2025

APROVADO POR	DATA
Rodrigo Mendes Lemos - Gerente do Projeto	05/11/2025

Nota: Quaisquer alterações neste documento deverão ser submetidas ao processo de controle do projeto para aprovação antes de serem incorporadas a este documento.

Projeto Novas Fronteiras

Gerenciamento do Cronograma

PROJETO NOVAS FRONTEIRAS

Lista das Atividades *(Activity List)*

PREPARADO POR	APROVADO POR	VERSÃO	DATA
Tarcísio Viana Tavares - Membro do Time	Rodrigo Mendes Lemos - Gerente do Projeto	03	15/11/2025

Nome da Tarefa
PROJETO NOVAS FRONTEIRAS
1 DIAGNÓSTICO
1.1 Realizar o Kick-off Meeting do projeto
1.2 Reunir a equipe do projeto e definir o comitê
1.3 Criar o escopo dos trabalhos
1.4 Criar o comitê responsável
1.5 Aprovar o comitê
1.6 Aprovar o escopo dos trabalhos
1.7 Diagnóstico concluído
2 SOFTWARE
2.1 SISTEMA OPERACIONAL
2.1.1 Cotar o sistema operacional (Windows)
2.1.2 Comprar o software (sistema operacional)
2.1.3 Instalar o sistema operacional
2.1.4 Testar o sistema operacional
2.2 BANCO DE DADOS
2.2.1 Cotar o Microsoft SQL Server
2.2.2 Comprar o software (banco de dados)
2.2.3 Instalar o banco de dados
2.2.4 Preparar a tabela de dados de projetos
2.2.5 Testar o banco de dados
2.3 GERENCIAMENTO DE PROJETOS
2.3.1 Cotar o Microsoft Office Project
2.3.2 Comprar o software (ger. projetos)
2.3.3 Instalar o Microsoft Office Project no servidor e nos usuários
2.3.4 Testar o software (ger. projetos)
2.4 GERENCIAMENTO ELETRÔNICO DE DOCUMENTOS (GED)
2.4.1 Identificar os potenciais fornecedores dos programas GED
2.4.2 Solicitar as apresentações sobre os produtos
2.4.3 Definir o fornecedor do GED
2.4.4 Comprar o software (GED)
2.4.5 Instalar o software (GED)
2.4.6 Testar o software (GED)
2.5 TESTE INTEGRADO
2.5.1 Realizar o teste integrado
2.5.2 Avaliar o teste integrado
2.5.3 Realizar as correções necessárias
2.5.4 Software instalado
3 HARDWARE
3.1 SERVIDOR
3.1.1 Comprar os servidores
3.1.2 Instalar os servidores
3.1.3 Testar física e logicamente os servidores
3.2 CLIENTES/USUÁRIOS
3.2.1 Comprar os computadores dos usuários
3.2.2 Instalar os computadores dos usuários
3.2.3 Testar física e logicamente os computadores dos usuários
3.3 Hardware instalado
4 TREINAMENTO
4.1 PALESTRA
4.1.1 Agendar a palestra de conscientização
4.1.2 Realizar a palestra de conscientização
4.1.3 Avaliar os resultados da palestra
4.2 TREINAMENTO GP
4.2.1 TREINAMENTO BÁSICO GP
4.2.1.1 Agendar o treinamento básico de GP
4.2.1.2 Realizar o treinamento básico de GP
4.2.1.3 Avaliar os resultados do treinamento básico de GP
4.2.2 TREINAMENTO AVANÇADO GP
4.2.2.1 Agendar o treinamento avançado de GP
4.2.2.2 Realizar o treinamento avançado de GP
4.2.2.3 Avaliar os resultados do treinamento avançado de GP
4.3 TREINAMENTO SOFTWARE
4.3.1 TREINAMENTO BÁSICO SOFTWARE
4.3.1.1 Agendar o treinamento básico do software
4.3.1.2 Realizar o treinamento básico do software
4.3.1.3 Avaliar os resultados do treinamento básico do software
4.3.2 TREINAMENTO AVANÇADO SOFTWARE
4.3.2.1 Agendar o treinamento avançado do software
4.3.2.2 Realizar o treinamento avançado do software
4.3.2.3 Avaliar os resultados do treinamento avançado do software

4.3.3 TREINAMENTO EQUIPE DE SUPORTE SOFTWARE
4.3.3.1 Agendar o treinamento da equipe de suporte
4.3.3.2 Realizar o treinamento da equipe de suporte
4.3.3.3 Avaliar os resultados do treinamento da equipe de suporte
4.4 Treinamento concluído
5 PADRONIZAÇÃO
5.1 PADRONIZAÇÃO TEMPLATES (MODELOS)
5.1.1 Definir os padrões de templates
5.1.2 Confeccionar os templates
5.1.3 Testar o funcionamento dos templates
5.1.4 Aprovar os templates
5.2 PADRONIZAÇÃO GED
5.2.1 Definir padrões para o GED
5.2.2 Confeccionar os parâmetros do GED
5.2.3 Testar o funcionamento do GED
5.2.4 Aprovar o GED
5.3 PADRONIZAÇÃO RELATÓRIOS
5.3.1 Definir os padrões de relatórios
5.3.2 Confeccionar os relatórios
5.3.3 Testar o funcionamento dos relatórios
5.3.4 Aprovar os relatórios
5.4 PADRONIZAÇÃO MODOS DE EXIBIÇÃO
5.4.1 Definir os padrões dos modos de exibição
5.4.2 Confeccionar os modos de exibição
5.4.3 Testar o funcionamento dos modos de exibição
5.4.4 Aprovar os modos de exibição
5.5 Padrões estabelecidos
6 PILOTO
6.1 DEFINIÇÃO PROJETO-PILOTO
6.1.1 Definir o tema do projeto-piloto
6.1.2 Aprovar o tema do projeto-piloto
6.2 PLANEJAMENTO PROJETO-PILOTO
6.2.1 Elaborar o plano global do projeto-piloto
6.2.2 Aprovar o plano global do projeto-piloto
6.3 EXECUÇÃO E AVALIAÇÃO PROJETO-PILOTO
6.3.1 Executar o projeto-piloto
6.3.2 Avaliar os resultados do projeto-piloto
6.4 AÇÕES CORRETIVAS
6.4.1 Realizar as ações corretivas a partir dos resultados do projeto-piloto
6.5 Piloto realizado e avaliado
7 RESULTADOS
7.1 Apresentar os resultados, padronização e piloto
7.2 Projeto Implementação aprovado
7.3 Project Close-out

Nota: *Imagem extraída do Microsoft Project*

PROJETO NOVAS FRONTEIRAS

Lista das Atividades com Duração *(Activity Duration List)*

PREPARADO POR	APROVADO POR	VERSÃO	DATA
Tarcísio Viana Tavares - Membro do Time	Rodrigo Mendes Lemos - Gerente do Projeto	03	15/11/2025

ID	Nome da Tarefa	Duração
0	**PROJETO NOVAS FRONTEIRAS**	
1	**1 DIAGNÓSTICO**	
2	1.1 Realizar o Kick-off Meeting do projeto	1 dia
3	1.2 Reunir a equipe do projeto e definir o comitê	2 dias
4	1.3 Criar o escopo dos trabalhos	3 dias
5	1.4 Criar o comitê responsável	2 dias
6	1.5 Aprovar o comitê	1 dia
7	1.6 Aprovar o escopo dos trabalhos	1 dia
8	1.7 Diagnóstico concluído	0 dias
9	**2 SOFTWARE**	
10	**2.1 SISTEMA OPERACIONAL**	
11	2.1.1 Cotar o sistema operacional (Windows)	2 dias
12	2.1.2 Comprar o software (sistema operacional)	2 dias
13	2.1.3 Instalar o sistema operacional	4 dias
14	2.1.4 Testar o sistema operacional	2 dias
15	**2.2 BANCO DE DADOS**	
16	2.2.1 Cotar o Microsoft SQL Server	2 dias
17	2.2.2 Comprar o software (banco de dados)	2 dias
18	2.2.3 Instalar o banco de dados	4 dias
19	2.2.4 Preparar a tabela de dados de projetos	2 dias
20	2.2.5 Testar o banco de dados	2 dias
21	**2.3 GERENCIAMENTO DE PROJETOS**	
22	2.3.1 Cotar o Microsoft Office Project	2 dias
23	2.3.2 Comprar o software (ger. projetos)	2 dias
24	2.3.3 Instalar o Microsoft Office Project no servidor e nos usuários	4 dias
25	2.3.4 Testar o software (ger. projetos)	1 dia
26	**2.4 GERENCIAMENTO ELETRÔNICO DE DOCUMENTOS (GED)**	
27	2.4.1 Identificar os potenciais fornecedores dos programas GED	5 dias
28	2.4.2 Solicitar as apresentações sobre os produtos	2 dias
29	2.4.3 Definir o fornecedor do GED	5 dias
30	2.4.4 Comprar o software (GED)	2 dias
31	2.4.5 Instalar o software (GED)	2 dias
32	2.4.6 Testar o software (GED)	3 dias
33	**2.5 TESTE INTEGRADO**	
34	2.5.1 Realizar o teste integrado	2 dias
35	2.5.2 Avaliar o teste integrado	2 dias
36	2.5.3 Realizar as correções necessárias	4 dias
37	2.5.4 Software instalado	0 dias
38	**3 HARDWARE**	
39	**3.1 SERVIDOR**	
40	3.1.1 Comprar os servidores	2 dias
41	3.1.2 Instalar os servidores	2 dias
42	3.1.3 Testar física e logicamente os servidores	1 dia
43	**3.2 CLIENTES/USUÁRIOS**	
44	3.2.1 Comprar os computadores dos usuários	2 dias
45	3.2.2 Instalar os computadores dos usuários	5 dias
46	3.2.3 Testar física e logicamente os computadores dos usuários	1 dia
47	3.3 Hardware instalado	0 dias
48	**4 TREINAMENTO**	
49	**4.1 PALESTRA**	
50	4.1.1 Agendar a palestra de conscientização	1 dia
51	4.1.2 Realizar a palestra de conscientização	2 hrs
52	4.1.3 Avaliar os resultados da palestra	14 hrs
53	**4.2 TREINAMENTO GP**	
54	**4.2.1 TREINAMENTO BÁSICO GP**	
55	4.2.1.1 Agendar o treinamento básico de GP	1 dia
56	4.2.1.2 Realizar o treinamento básico de GP	15 dias
57	4.2.1.3 Avaliar os resultados do treinamento básico de GP	3 dias
58	**4.2.2 TREINAMENTO AVANÇADO GP**	
59	4.2.2.1 Agendar o treinamento avançado de GP	1 dia
60	4.2.2.2 Realizar o treinamento avançado de GP	3 dias
61	4.2.2.3 Avaliar os resultados do treinamento avançado de GP	1 dia
62	**4.3 TREINAMENTO SOFTWARE**	
63	**4.3.1 TREINAMENTO BÁSICO SOFTWARE**	
64	4.3.1.1 Agendar o treinamento básico do software	1 dia
65	4.3.1.2 Realizar o treinamento básico do software	10 dias
66	4.3.1.3 Avaliar os resultados do treinamento básico do software	2 dias
67	**4.3.2 TREINAMENTO AVANÇADO SOFTWARE**	
68	4.3.2.1 Agendar o treinamento avançado do software	1 dia
69	4.3.2.2 Realizar o treinamento avançado do software	2 dias
70	4.3.2.3 Avaliar os resultados do treinamento avançado do software	1 dia

71	**4.3.3 TREINAMENTO EQUIPE DE SUPORTE SOFTWARE**	
72	4.3.3.1 Agendar o treinamento da equipe de suporte	1 dia
73	4.3.3.2 Realizar o treinamento da equipe de suporte	10 dias
74	4.3.3.3 Avaliar os resultados do treinamento da equipe de suporte	1 dia
75	4.4 Treinamento concluído	0 dias
76	**5 PADRONIZAÇÃO**	
77	**5.1 PADRONIZAÇÃO TEMPLATES (MODELOS)**	
78	5.1.1 Definir os padrões de templates	2 dias
79	5.1.2 Confeccionar os templates	10 dias
80	5.1.3 Testar o funcionamento dos templates	2 dias
81	5.1.4 Aprovar os templates	1 dia
82	**5.2 PADRONIZAÇÃO GED**	
83	5.2.1 Definir padrões para o GED	16 hrs
84	5.2.2 Confeccionar os parâmetros do GED	10 dias
85	5.2.3 Testar o funcionamento do GED	2 dias
86	5.2.4 Aprovar o GED	1 dia
87	**5.3 PADRONIZAÇÃO RELATÓRIOS**	
88	5.3.1 Definir os padrões de relatórios	1 dia
89	5.3.2 Confeccionar os relatórios	4 dias
90	5.3.3 Testar o funcionamento dos relatórios	1 dia
91	5.3.4 Aprovar os relatórios	1 dia
92	**5.4 PADRONIZAÇÃO MODOS DE EXIBIÇÃO**	
93	5.4.1 Definir os padrões dos modos de exibição	1 dia
94	5.4.2 Confeccionar os modos de exibição	4 dias
95	5.4.3 Testar o funcionamento dos modos de exibição	1 dia
96	5.4.4 Aprovar os modos de exibição	1 dia
97	5.5 Padrões estabelecidos	0 dias
98	**6 PILOTO**	
99	**6.1 DEFINIÇÃO PROJETO-PILOTO**	
100	6.1.1 Definir o tema do projeto-piloto	1 dia
101	6.1.2 Aprovar o tema do projeto-piloto	1 dia
102	**6.2 PLANEJAMENTO PROJETO-PILOTO**	
103	6.2.1 Elaborar o plano global do projeto-piloto	5 dias
104	6.2.2 Aprovar o plano global do projeto-piloto	1 dia
105	**6.3 EXECUÇÃO E AVALIAÇÃO PROJETO-PILOTO**	
106	6.3.1 Executar o projeto-piloto	15 dias
107	6.3.2 Avaliar os resultados do projeto-piloto	3 dias
108	**6.4 AÇÕES CORRETIVAS**	
109	6.4.1 Realizar as ações corretivas a partir dos resultados do projeto-piloto	5 dias
110	6.5 Piloto realizado e avaliado	0 dias
111	**7 RESULTADOS**	
112	7.1 Apresentar os resultados, padronização e piloto	2 dias
113	7.2 Projeto Implementação aprovado	0 hrs
114	7.3 Project Close-out	1 dia

Nota: *Imagem extraída do Microsoft Project*

Nota: *Quaisquer alterações neste documento deverão ser submetidas ao processo de controle do projeto para aprovação antes de serem incorporadas a este documento.*

APROVADO POR
Rodrigo Mendes Lemos - Gerente do Projeto

DATA
15/11/2025

PROJETO NOVAS FRONTEIRAS

Gráfico de *Gantt* do Projeto *(Project Gantt Chart)*

PREPARADO POR	APROVADO POR	VERSÃO	DATA
Tarcísio Viana Tavares - Membro do Time	Rodrigo Mendes Lemos - Gerente do Projeto	03	15/11/2025

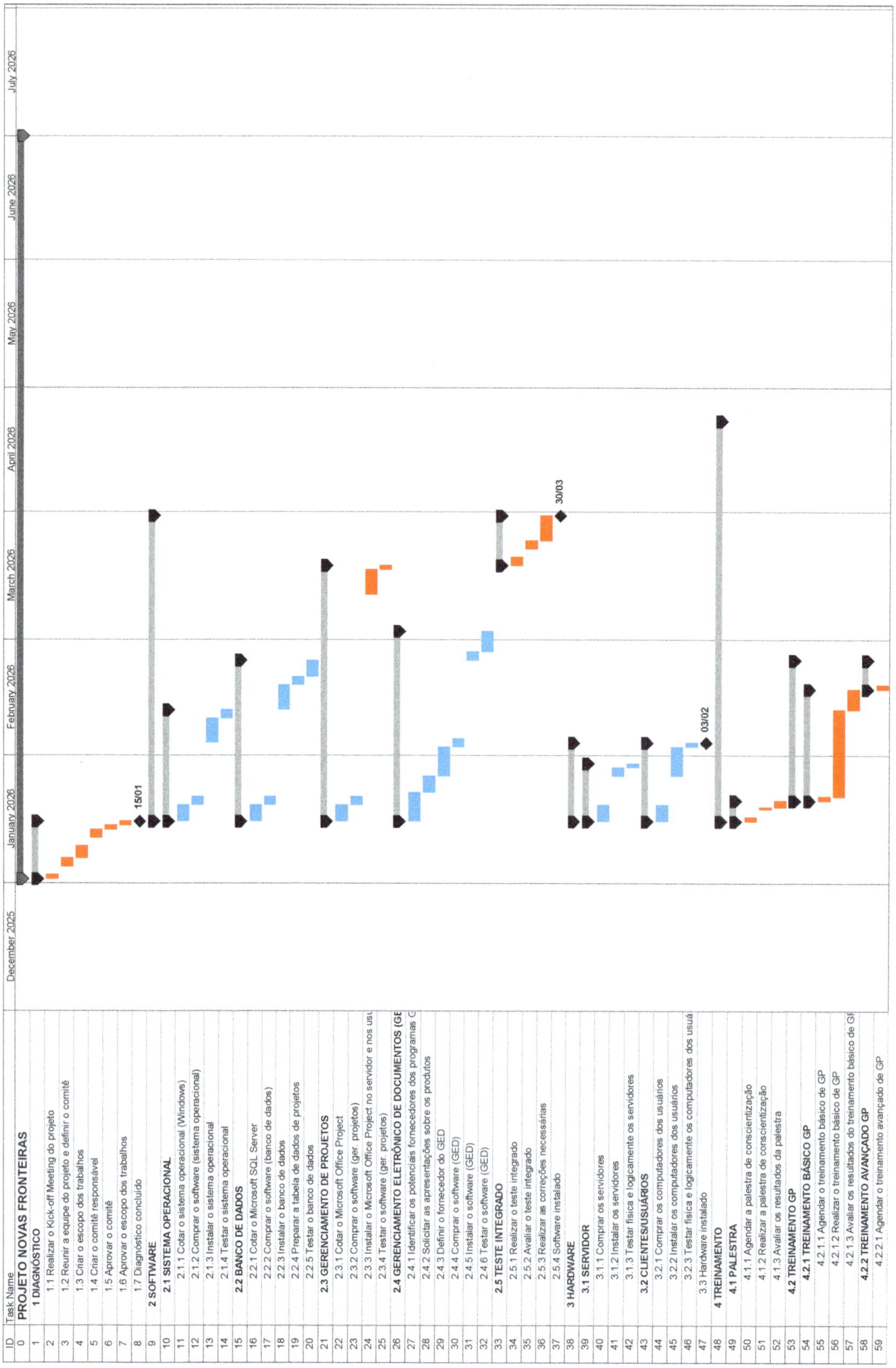

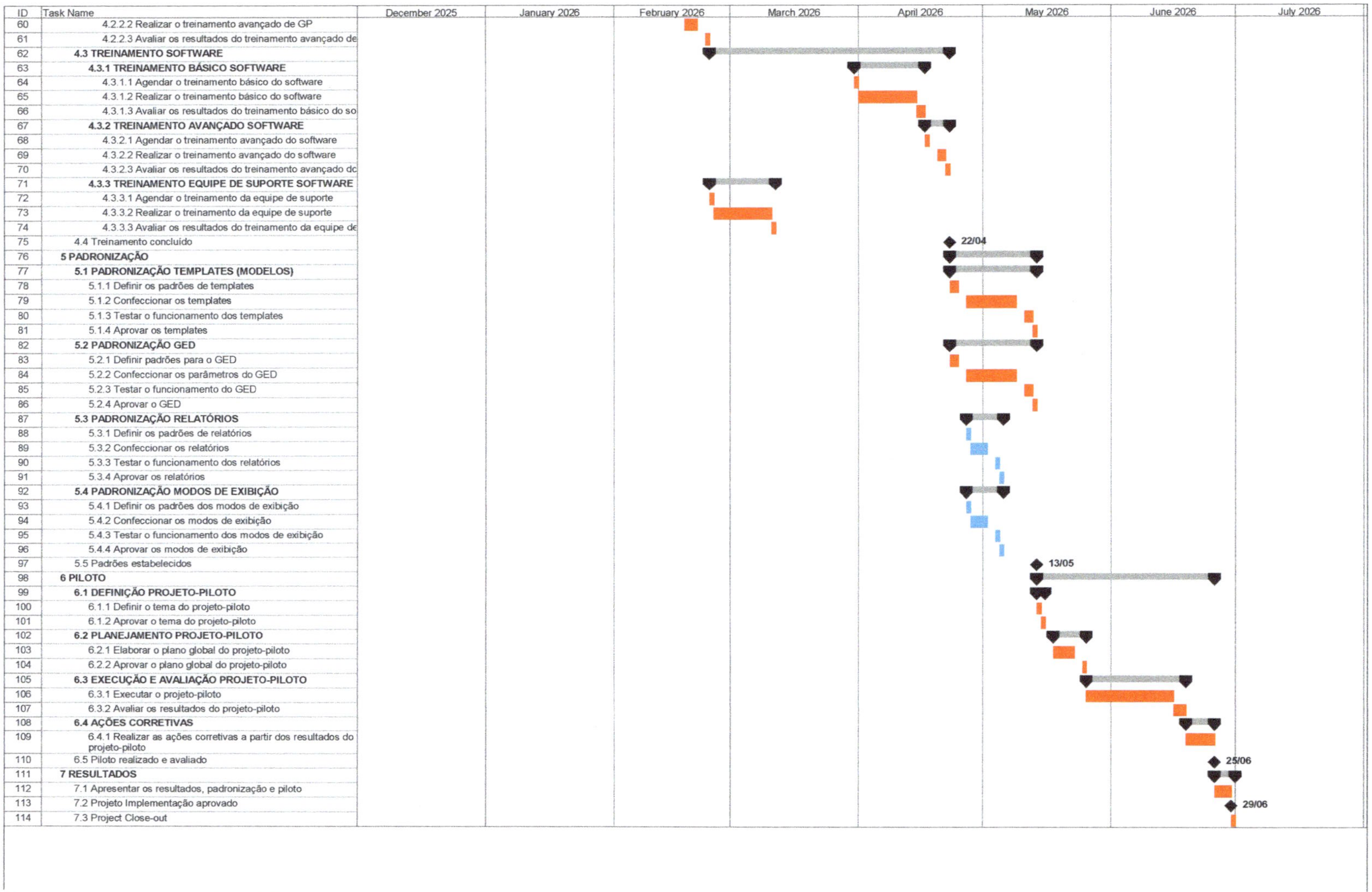

Nota: Imagem extraída do Microsoft Project

Nota: Quaisquer alterações neste documento deverão ser submetidas ao processo de controle do projeto para aprovação antes de serem incorporadas a este documento.

APROVADO POR
Rodrigo Mendes Lemos - Gerente do Projeto

DATA
15/11/2025

PROJETO NOVAS FRONTEIRAS

Diagrama de Rede Detalhado *(Detailed Network Diagram)*

PREPARADO POR	APROVADO POR	VERSÃO	DATA
Tarcísio Viana Tavares - Membro do Time	Rodrigo Mendes Lemos - Gerente do Projeto	03	30/11/2025

Nota do autor

O Diagrama de Rede detalhado está subdividido em múltiplas páginas e deve ser montado conforme esquema a seguir.

1	2	3	4	5	6

No diagrama, as atividades críticas estão na cor vermelha e as atividades não críticas estão na cor azul. As setas de dependências são contínuas para as relações críticas e pontilhadas para as relações não críticas. O diagrama foi extraído do Microsoft Project.

Nota: Quaisquer alterações neste documento deverão ser submetidas ao processo de controle do projeto para aprovação antes de serem incorporadas a este documento.

APROVADO POR	DATA
Rodrigo Mendes Lemos - Gerente do Projeto	30/11/2025

1

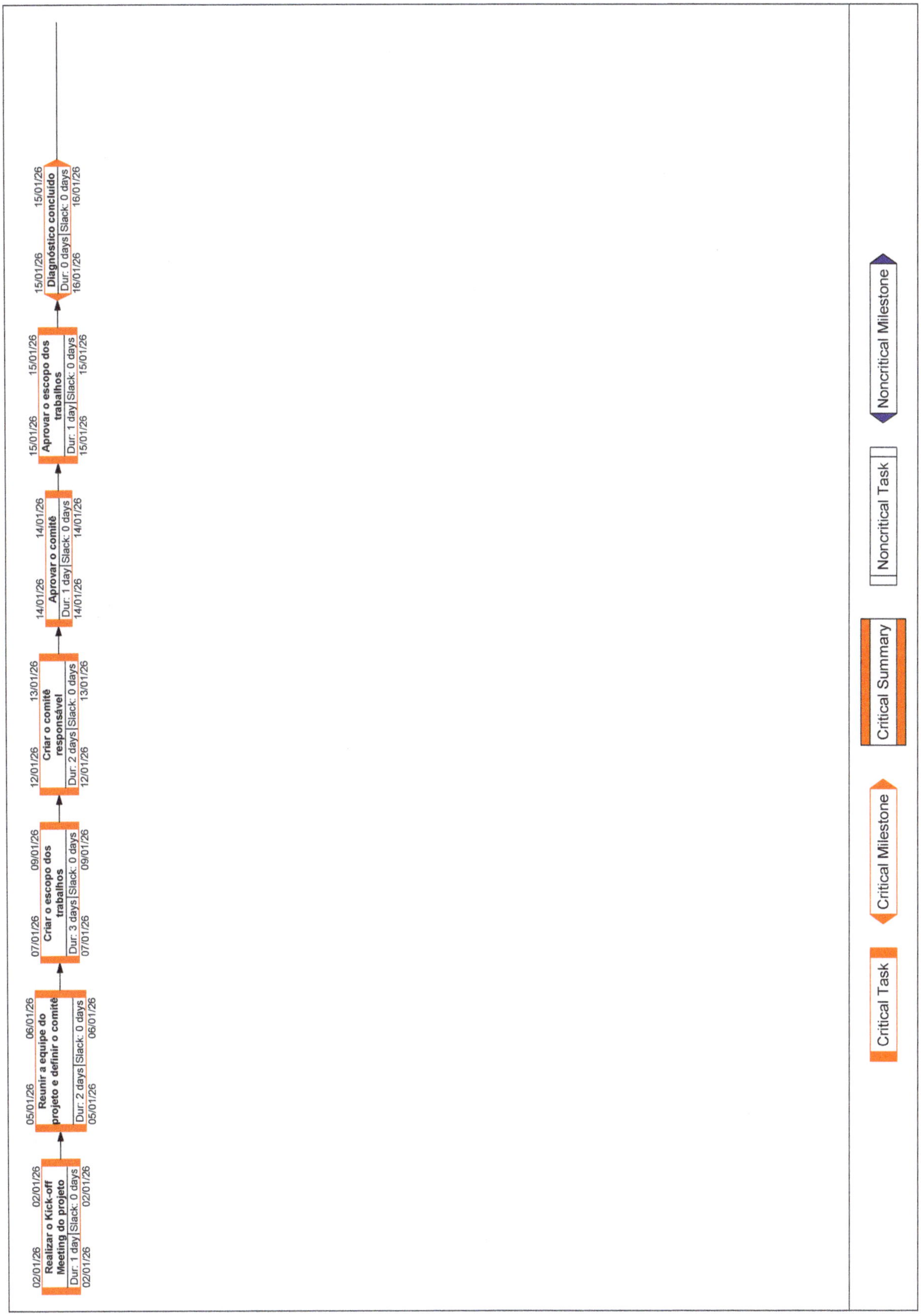
02/01/26
02/01/26
Realizar o Kick-off Meeting do projeto
Dur: 1 day
Slack: 0 days
02/01/26
02/01/26
05/01/26
06/01/26
Reunir a equipe do projeto e definir o comitê
Dur: 2 days
Slack: 0 days
05/01/26
06/01/26
07/01/26
09/01/26
Criar o escopo dos trabalhos
Dur: 3 days
Slack: 0 days
07/01/26
09/01/26
12/01/26
13/01/26
Criar o comitê responsável
Dur: 2 days
Slack: 0 days
12/01/26
13/01/26
14/01/26
14/01/26
Aprovar o comitê
Dur: 1 day
Slack: 0 days
14/01/26
14/01/26
15/01/26
15/01/26
Aprovar o escopo dos trabalhos
Dur: 1 day
Slack: 0 days
15/01/26
15/01/26
15/01/26
15/01/26
Diagnóstico concluído
Dur: 0 days
Slack: 0 days
16/01/26
16/01/26
Critical Task
Critical Milestone
Critical Summary
Noncritical Task
Noncritical Milestone

(2)

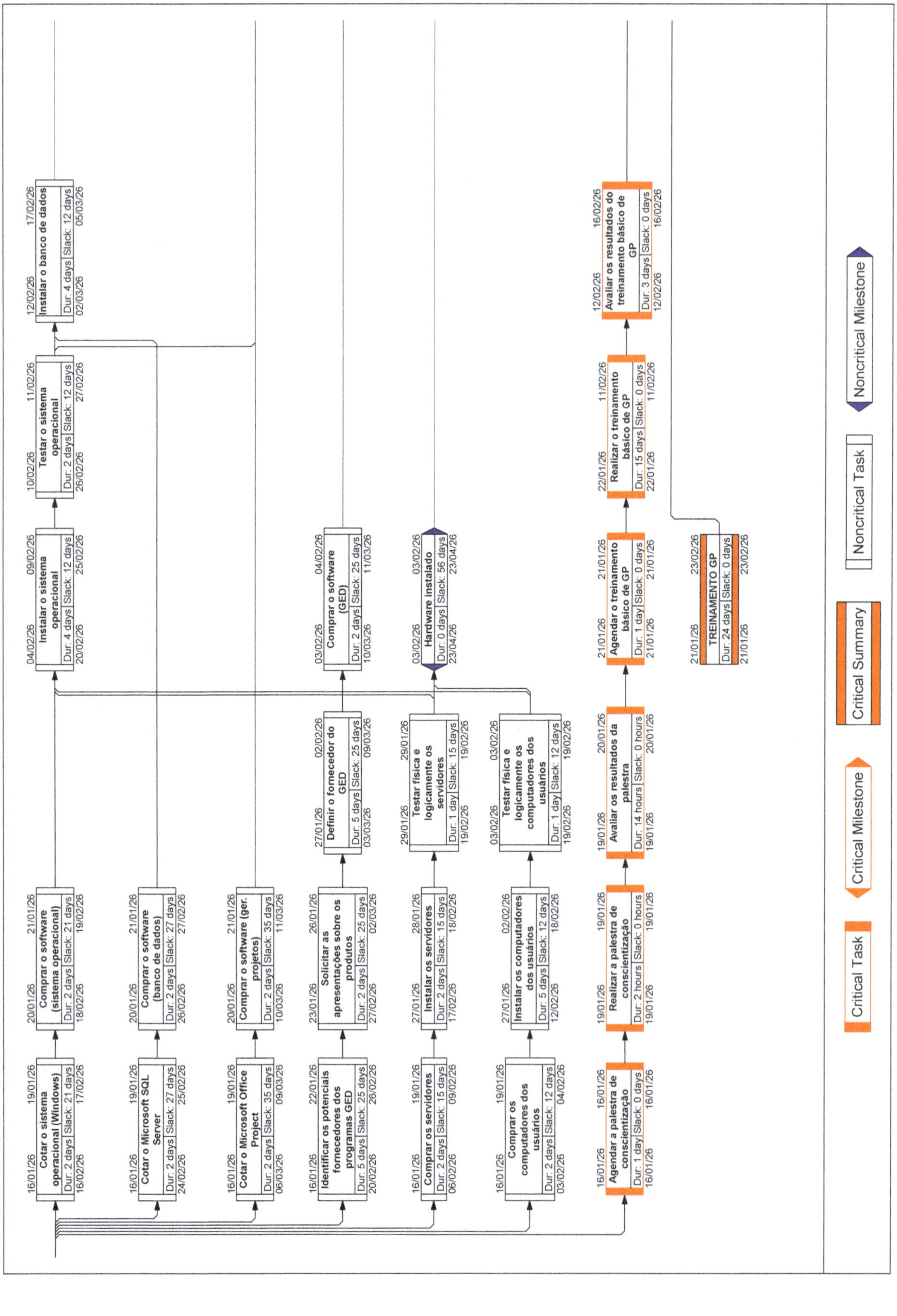

Cotar o sistema operacional (Windows)
Comprar o software (sistema operacional)
Instalar o sistema operacional
Testar o sistema operacional
Instalar o banco de dados
Cotar o Microsoft SQL Server
Comprar o software (banco de dados)
Cotar o Microsoft Office Project
Comprar o software (ger. projetos)
Identificar os potenciais fornecedores dos programas GED
Solicitar as apresentações sobre os produtos
Definir o fornecedor do GED
Comprar o software (GED)
Comprar os servidores
Instalar os servidores
Testar física e logicamente os servidores
Hardware instalado
Comprar os computadores dos usuários
Instalar os computadores dos usuários
Testar física e logicamente os computadores dos usuários
Agendar a palestra de conscientização
Realizar a palestra de conscientização
Avaliar os resultados da palestra
Agendar o treinamento básico de GP
Realizar o treinamento básico de GP
Avaliar os resultados do treinamento básico de GP
TREINAMENTO GP
Critical Task
Critical Milestone
Critical Summary
Noncritical Task
Noncritical Milestone

3

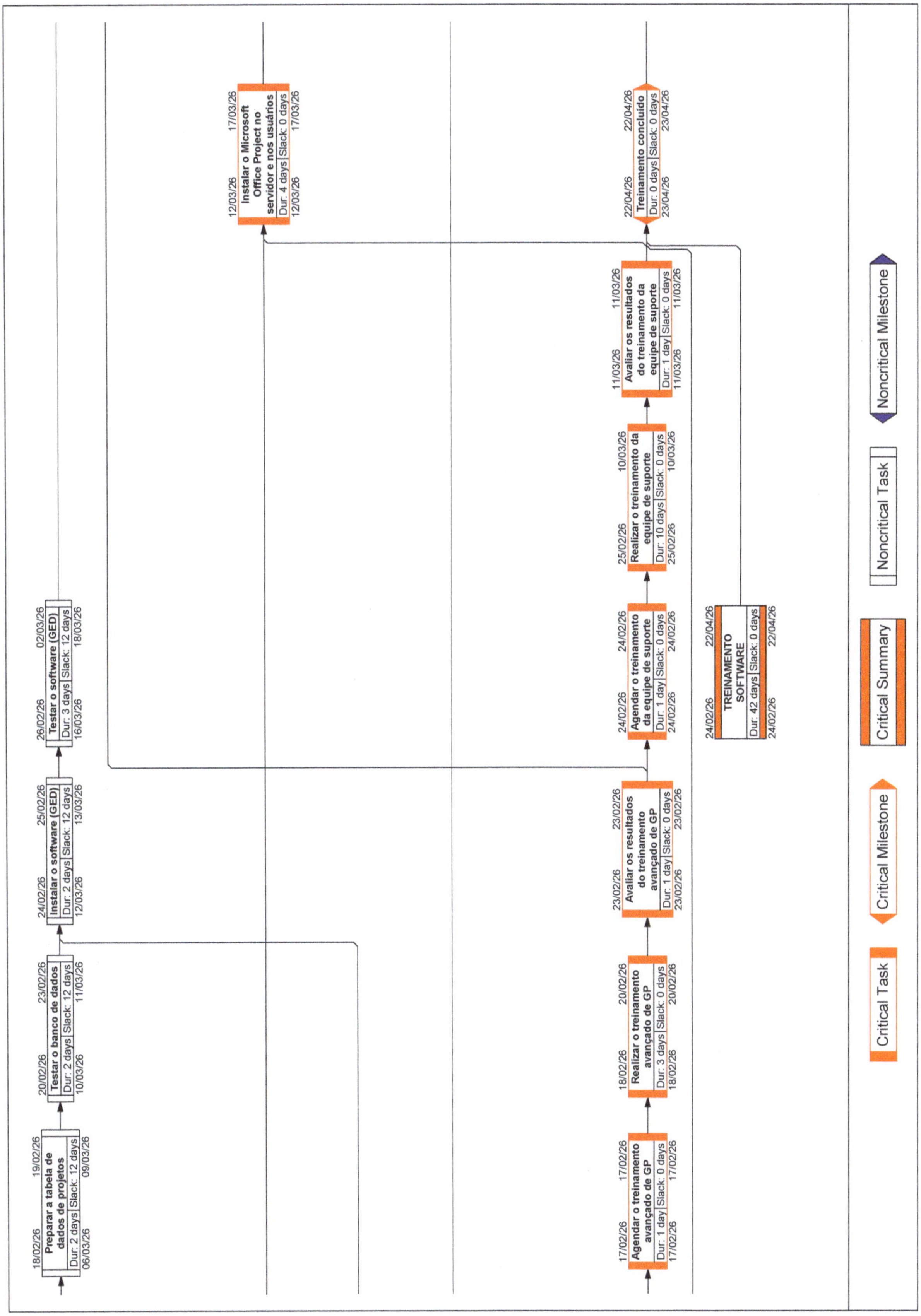
18/02/26 19/02/26
Preparar a tabela de dados de projetos
Dur: 2 days Slack: 12 days
06/03/26 09/03/26
20/02/26 23/02/26
Testar o banco de dados
Dur: 2 days Slack: 12 days
10/03/26 11/03/26
24/02/26 25/02/26
Instalar o software (GED)
Dur: 2 days Slack: 12 days
12/03/26 13/03/26
26/02/26 02/03/26
Testar o software (GED)
Dur: 3 days Slack: 12 days
16/03/26 18/03/26
12/03/26 17/03/26
Instalar o Microsoft Office Project no servidor e nos usuários
Dur: 4 days Slack: 0 days
12/03/26 17/03/26
17/02/26 17/02/26
Agendar o treinamento avançado de GP
Dur: 1 day Slack: 0 days
17/02/26 17/02/26
18/02/26 20/02/26
Realizar o treinamento avançado de GP
Dur: 3 days Slack: 0 days
18/02/26 20/02/26
23/02/26 23/02/26
Avaliar os resultados do treinamento avançado de GP
Dur: 1 day Slack: 0 days
23/02/26 23/02/26
24/02/26 24/02/26
Agendar o treinamento da equipe de suporte
Dur: 1 day Slack: 0 days
24/02/26 24/02/26
25/02/26 10/03/26
Realizar o treinamento da equipe de suporte
Dur: 10 days Slack: 0 days
25/02/26 10/03/26
11/03/26 11/03/26
Avaliar os resultados do treinamento da equipe de suporte
Dur: 1 day Slack: 0 days
11/03/26 11/03/26
22/04/26 22/04/26
Treinamento concluído
Dur: 0 days Slack: 0 days
23/04/26 23/04/26
24/02/26 22/04/26
TREINAMENTO SOFTWARE
Dur: 42 days Slack: 0 days
24/02/26 22/04/26
Critical Task
Critical Milestone
Critical Summary
Noncritical Task
Noncritical Milestone

4

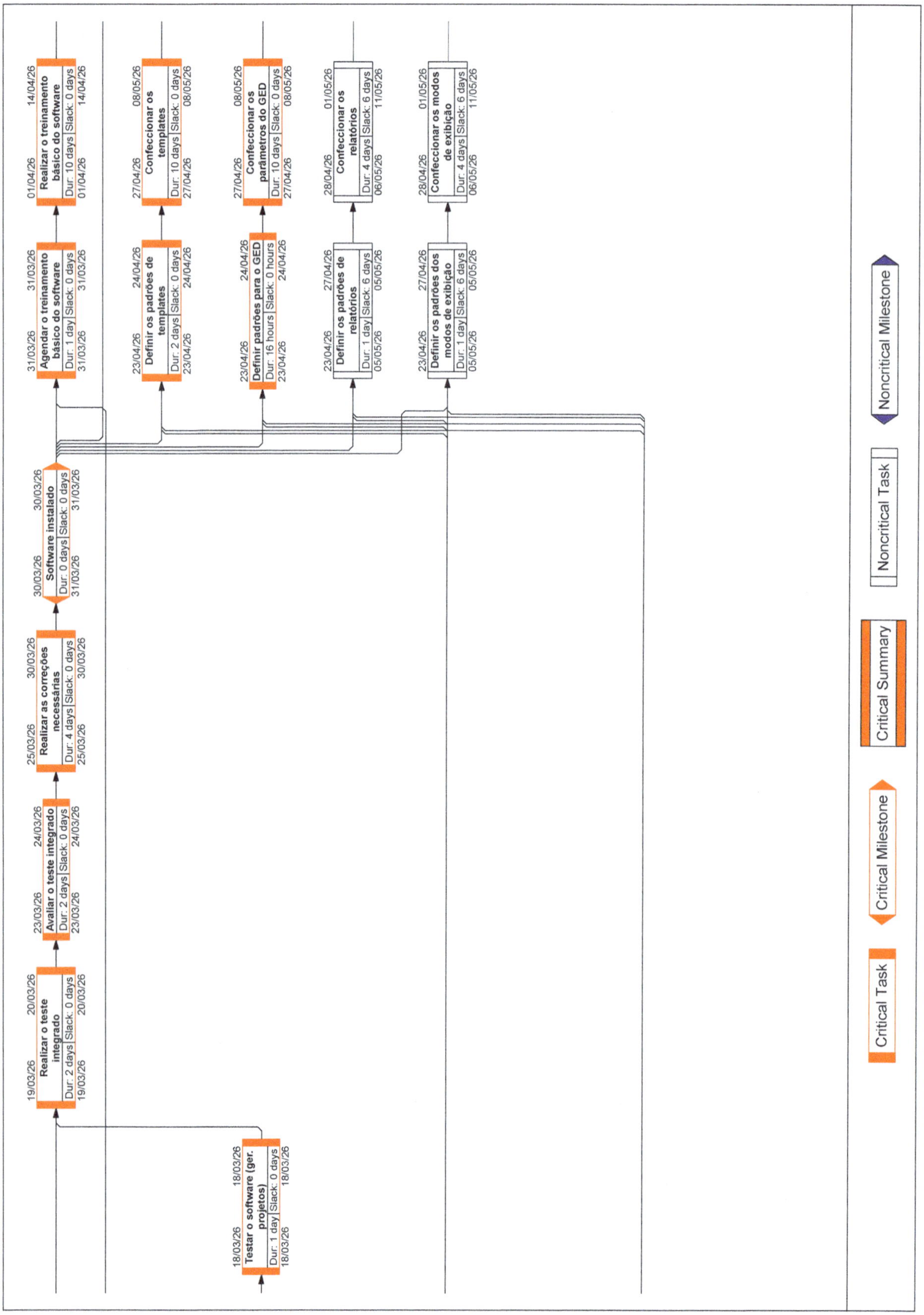

18/03/26 Testar o software (ger. projetos) 18/03/26
Dur: 1 day Slack: 0 days
18/03/26 18/03/26
19/03/26 Realizar o teste integrado 20/03/26
Dur: 2 days Slack: 0 days
19/03/26 20/03/26
23/03/26 Avaliar o teste integrado 24/03/26
Dur: 2 days Slack: 0 days
23/03/26 24/03/26
25/03/26 Realizar as correções necessárias 30/03/26
Dur: 4 days Slack: 0 days
25/03/26 30/03/26
30/03/26 Software instalado 30/03/26
Dur: 0 days Slack: 0 days
31/03/26 31/03/26
31/03/26 Agendar o treinamento básico do software 31/03/26
Dur: 1 day Slack: 0 days
31/03/26 31/03/26
01/04/26 Realizar o treinamento básico do software 14/04/26
Dur: 10 days Slack: 0 days
01/04/26 14/04/26
23/04/26 Definir os padrões de templates 24/04/26
Dur: 2 days Slack: 0 days
23/04/26 24/04/26
27/04/26 Confeccionar os templates 08/05/26
Dur: 10 days Slack: 0 days
27/04/26 08/05/26
23/04/26 Definir padrões para o GED 24/04/26
Dur: 16 hours Slack: 0 hours
23/04/26 24/04/26
27/04/26 Confeccionar os parâmetros do GED 08/05/26
Dur: 10 days Slack: 0 days
27/04/26 08/05/26
23/04/26 Definir os padrões de relatórios 27/04/26
Dur: 1 day Slack: 6 days
05/05/26 05/05/26
28/04/26 Confeccionar os relatórios 01/05/26
Dur: 4 days Slack: 6 days
06/05/26 11/05/26
23/04/26 Definir os padrões dos modos de exibição 27/04/26
Dur: 1 day Slack: 6 days
05/05/26 05/05/26
28/04/26 Confeccionar os modos de exibição 01/05/26
Dur: 4 days Slack: 6 days
06/05/26 11/05/26
Critical Task
Critical Milestone
Critical Summary
Noncritical Task
Noncritical Milestone

5

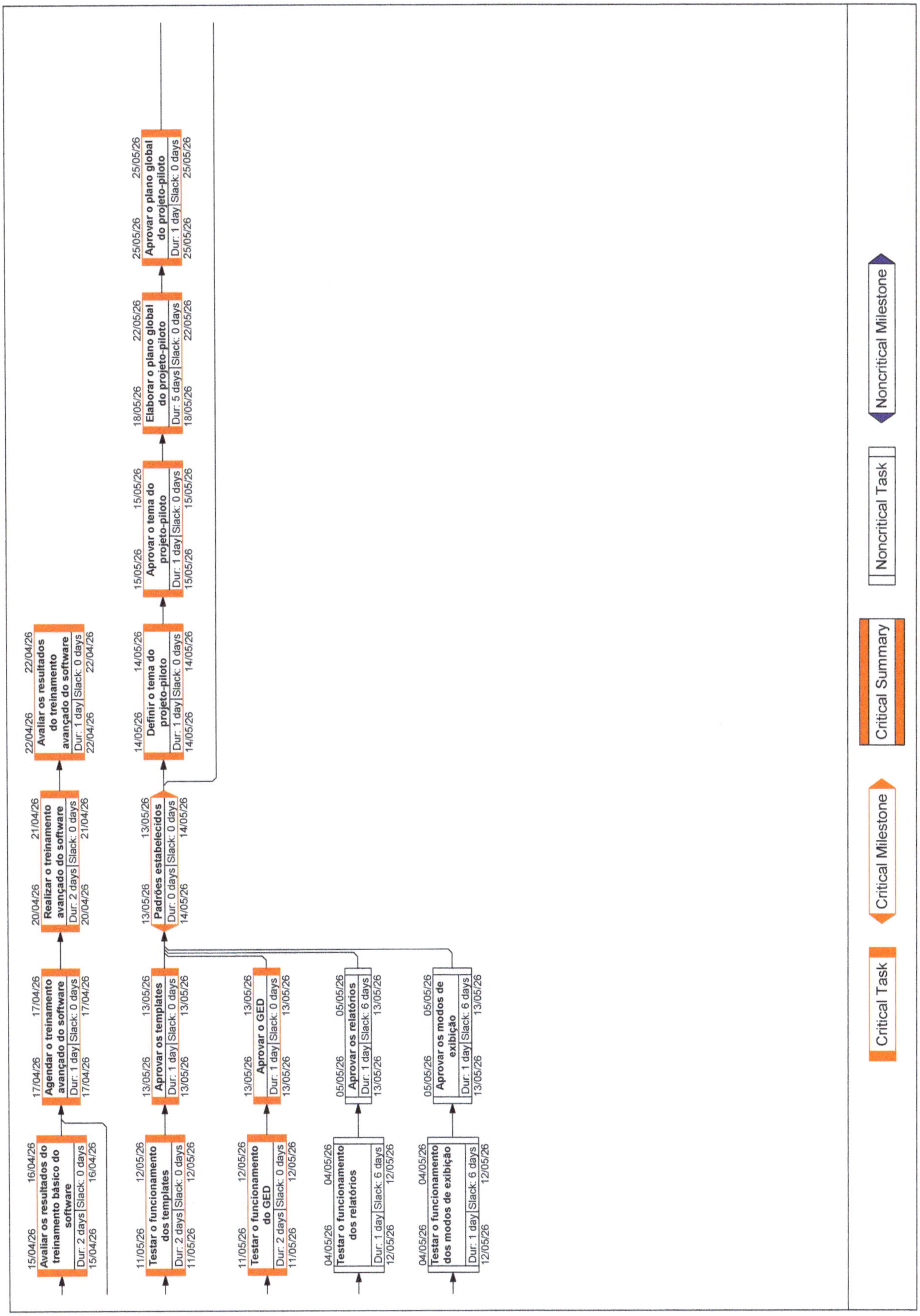
Avaliar os resultados do treinamento básico do software
Agendar o treinamento avançado do software
Realizar o treinamento avançado do software
Avaliar os resultados do treinamento avançado do software
Testar o funcionamento dos templates
Aprovar os templates
Padrões estabelecidos
Definir o tema do projeto-piloto
Aprovar o tema do projeto-piloto
Elaborar o plano global do projeto-piloto
Aprovar o plano global do projeto-piloto
Testar o funcionamento do GED
Aprovar o GED
Testar o funcionamento dos relatórios
Aprovar os relatórios
Testar o funcionamento dos modos de exibição
Aprovar os modos de exibição
Critical Task
Critical Milestone
Critical Summary
Noncritical Task
Noncritical Milestone

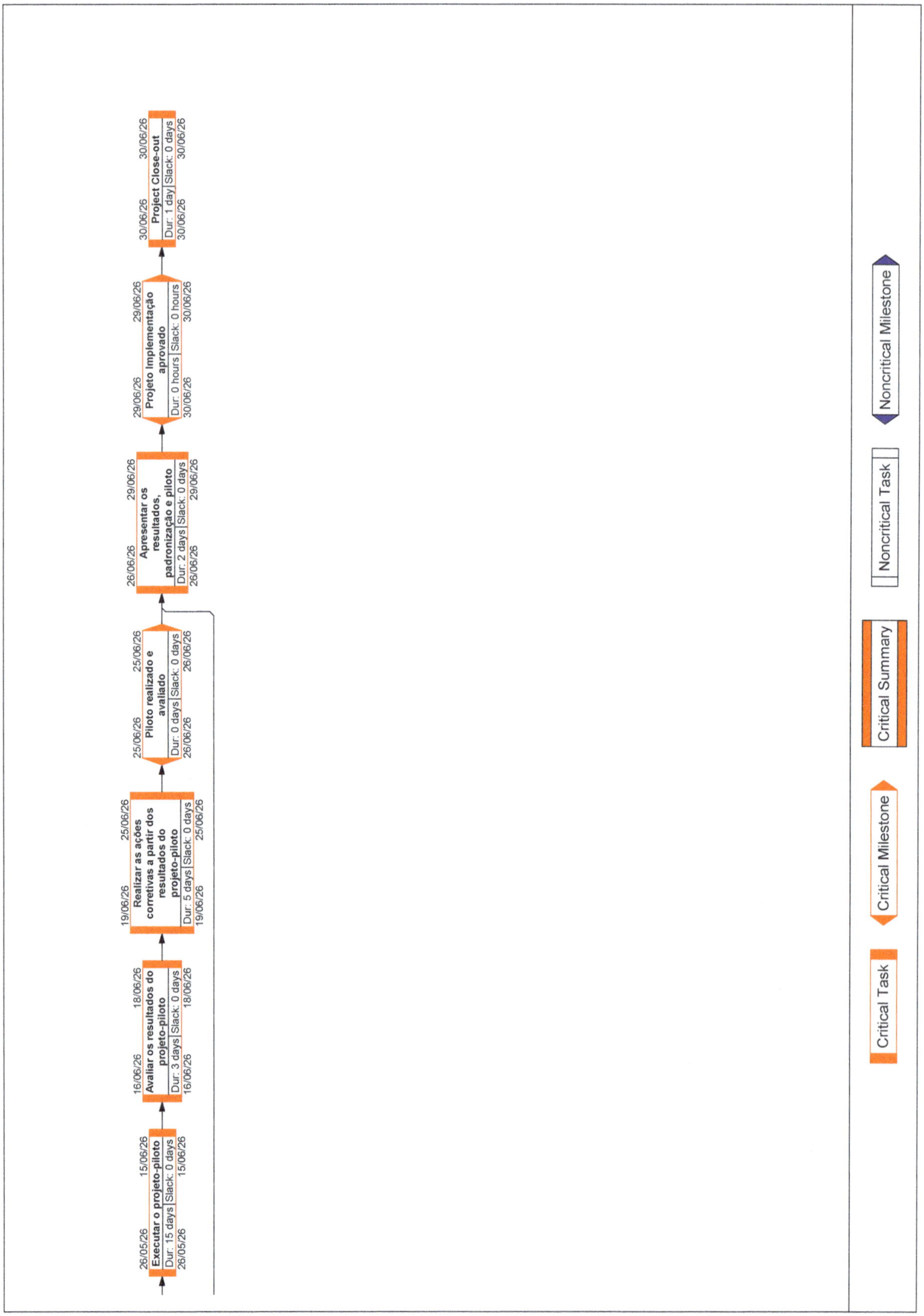
26/05/26 15/06/26
Executar o projeto-piloto
Dur: 15 days Slack: 0 days
26/05/26 15/06/26
16/06/26 18/06/26
Avaliar os resultados do projeto-piloto
Dur: 3 days Slack: 0 days
16/06/26 18/06/26
19/06/26 25/06/26
Realizar as ações corretivas a partir dos resultados do projeto-piloto
Dur: 5 days Slack: 0 days
19/06/26 25/06/26
25/06/26 25/06/26
Piloto realizado e avaliado
Dur: 0 days Slack: 0 days
26/06/26 26/06/26
26/06/26 29/06/26
Apresentar os resultados, padronização e piloto
Dur: 2 days Slack: 0 days
26/06/26 29/06/26
29/06/26 29/06/26
Projeto Implementação aprovado
Dur: 0 hours Slack: 0 hours
30/06/26 30/06/26
30/06/26 30/06/26
Project Close-out
Dur: 1 day Slack: 0 days
30/06/26 30/06/26
Critical Task
Critical Milestone
Critical Summary
Noncritical Task
Noncritical Milestone

PROJETO NOVAS FRONTEIRAS

Gráfico de Marcos do Projeto *(Project Milestones Chart)*

PREPARADO POR	APROVADO POR	VERSÃO	DATA
Tarcísio Viana Tavares - Membro do Time	Rodrigo Mendes Lemos - Gerente do Projeto	03	15/11/2025

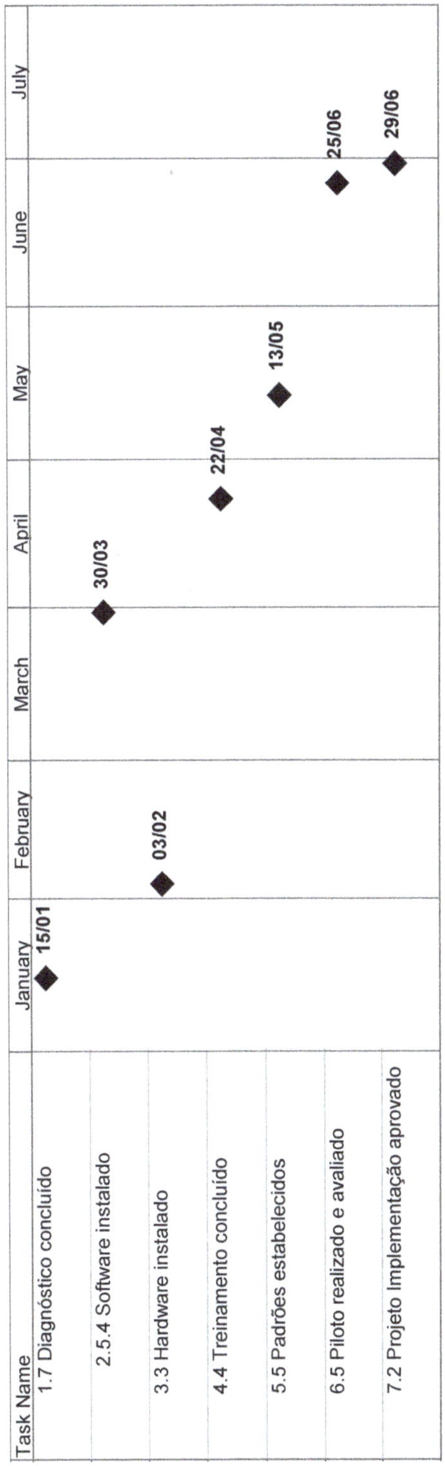

Nota: Imagem extraída do Microsoft Project

Nota: Quaisquer alterações neste documento deverão ser submetidas ao processo de controle do projeto para aprovação antes de serem incorporadas a este documento.

APROVADO POR	DATA
Rodrigo Mendes Lemos - Gerente do Projeto	15/11/2025

PROJETO NOVAS FRONTEIRAS

Plano de Gerenciamento do Cronograma *(Schedule Management Plan)*

PREPARADO POR	APROVADO POR	VERSÃO	DATA
Tarcísio Viana Tavares - Membro do Time	Rodrigo Mendes Lemos - Gerente do Projeto	03	15/11/2025

Descrição dos processos de gerenciamento do cronograma

- O gerenciamento do cronograma será realizado a partir da alocação de percentual completo nas atividades do projeto através da utilização do Microsoft Project.
- A atualização dos prazos do projeto será realizada no Microsoft Project através da publicação no site do projeto dos seguintes relatórios:
  - Gráfico de *Gantt*.
  - Diagrama de rede.
  - Percentual completo.
  - Gráfico de marcos.
- A avaliação de desempenho do projeto será realizada através da Análise de Valor Agregado *(Earned Value)*, onde o custo e o prazo do projeto são acompanhados em um único processo de controle (relatório Análise de Valor Agregado).
- Serão consideradas críticas todas as atividades com folga menor ou igual a três dias. Uma folga de três dias ou menos não será considerada como disponibilidade, devido a remanejamento de horas de trabalho no projeto.
- Todas as mudanças no prazo inicialmente previsto para o projeto devem ser avaliadas e classificadas dentro do sistema de controle de mudanças de tempo.
- Serão considerados atrasos os decorrentes de medidas corretivas, que, se influenciadoras do sucesso do projeto, deverão ser integradas ao plano. Inovações e novos recursos não serão abordados pelo gerenciamento do cronograma e serão passíveis de negociação de prazos ou serão ignorados.
- A atualização da linha de base do projeto somente será permitida com autorização expressa do gerente do projeto e do patrocinador, sendo a linha de base anterior arquivada, documentada e publicada para fins de lições aprendidas.
- Todas as solicitações de mudança nos prazos previamente definidos deverão ser feitas por escrito ou através de e-mail, conforme descrito no plano de comunicações do projeto.

Priorização das mudanças nos prazos

As mudanças nos prazos são classificadas em quatro níveis de prioridade:

Prioridade 0 (zero) – Atrasos de prioridade zero requerem uma ação imediata por parte do gerente do projeto, que deve acionar imediatamente o patrocinador para discussão e análise, uma vez que é um problema urgente, de alto impacto no projeto e com soluções inicialmente não identificadas.

Prioridade 1 (um) - Atrasos de prioridade um requerem uma ação imediata por parte do gerente do projeto, independentemente das reuniões de controle previstas devido à urgência, acionando as medidas de recuperação de prazos disponíveis, tais como o *Fast Tracking*, o *Crashing*, o trabalho em horas extras, banco de horas e mutirão. Os custos que decorrerem dessas ações deverão ser alocados nas reservas gerenciais, conforme descrito a seguir.

Prioridade 2 (dois) – Atrasos de prioridade dois requerem um replanejamento das atividades futuras, uma vez que o projeto ainda não completou 25% de conclusão.

Prioridade 3 (três) – Atrasos de prioridade três são atrasos pequenos se comparados com a duração do projeto e podem ser remanejados sem necessariamente ser preciso replanejar ou acionar algum tipo de mecanismo de recuperação.

Sistema de controle de mudanças de prazos *(Schedule Change Control System)*

Todas as mudanças nos prazos e atrasos/adiantamentos do projeto devem ser tratadas segundo o fluxo a seguir, com suas conclusões, prioridades e ações relacionadas apresentadas na reunião semanal do Comitê Executivo do Projeto.

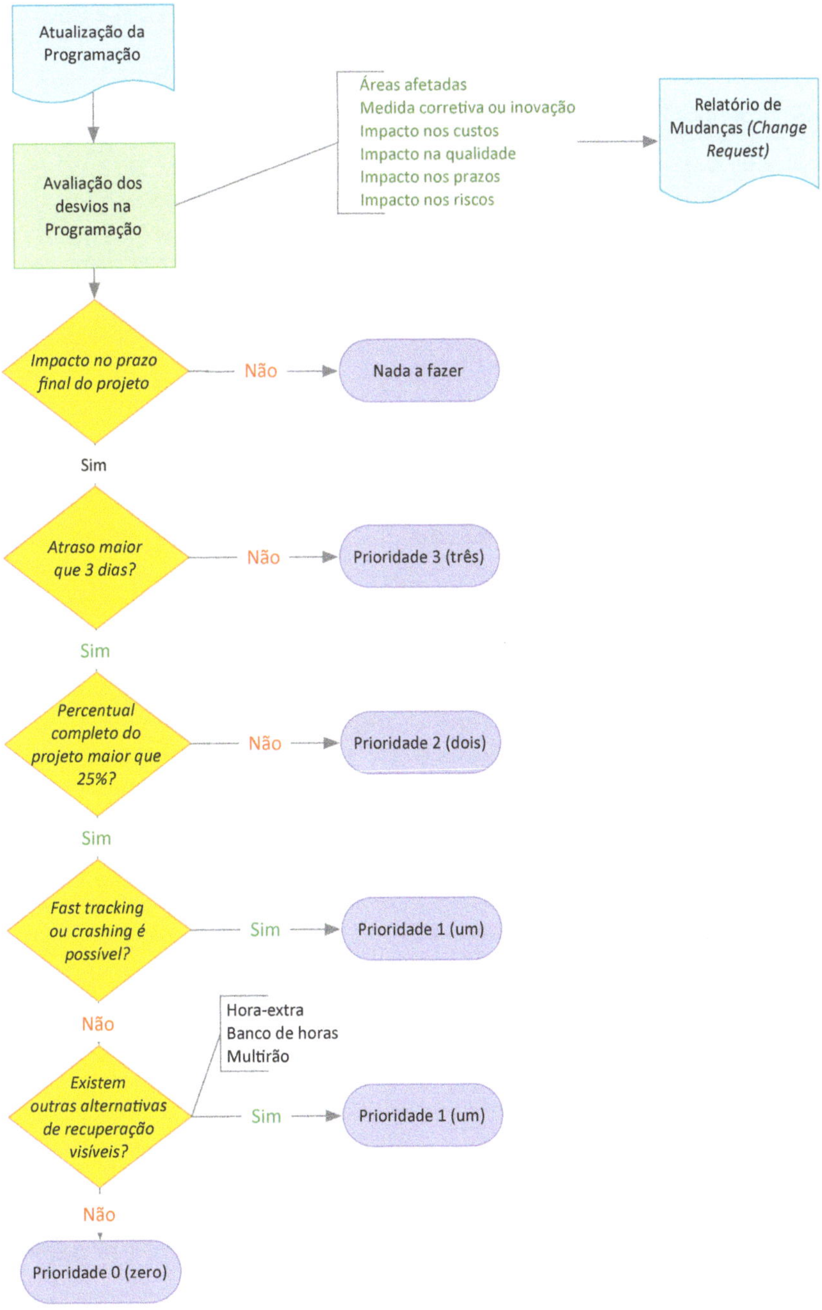

Mecanismo adotado para conflitos de recursos

A verificação da utilização do recurso será realizada após terem sido concluídos o cálculo da duração das atividades, a alocação de recursos e os inter-relacionamentos entre as atividades. O processo irá verificar se nenhum recurso está alocado em quantidade superior ao limite máximo disponível para aquele período.

A verificação será realizada através do Microsoft Project no modo de exibição *Gantt* de Redistribuição diariamente como parte do gerenciamento dos prazos do projeto.

No caso de conflitos de recurso, o fluxo a seguir evidenciará o processo de escolha da técnica de conciliamento a ser utilizada.

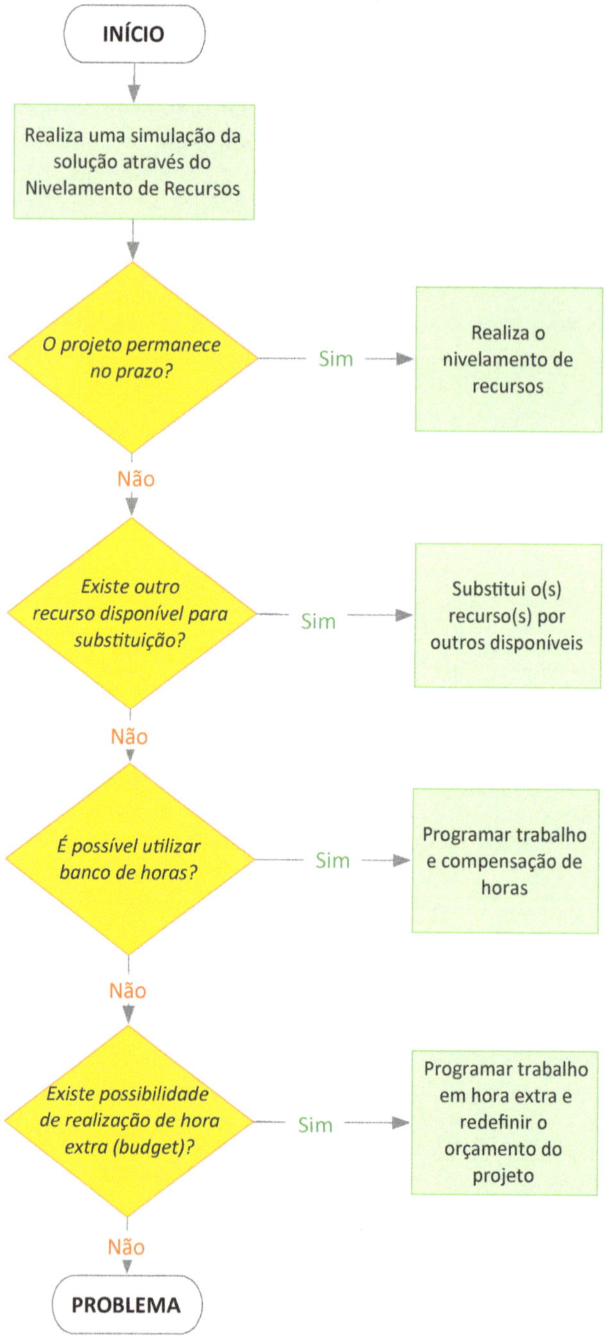

Buffer de tempo do projeto

O projeto não prevê a criação ou a determinação de uma folga ou margem de atraso no término do projeto baseado nos conceitos de corrente crítica, uma vez que a metodologia adotada na construção de cronogramas foi baseada no conceito de caminho crítico, e não no conceito de corrente crítica (Teoria das Restrições).

Frequência de avaliação dos prazos do projeto

Os prazos do projeto deverão ser atualizados e avaliados diariamente, sendo os resultados publicados no site do projeto e apresentados na reunião semanal do Comitê Executivo *(Change Control Board)*, prevista no plano de gerenciamento das comunicações.

Alocação financeira para o gerenciamento do cronograma

Todas as medidas de recuperação de atrasos no projeto que requererem gasto adicional deverão ser alocadas dentro das reservas gerenciais do projeto, na categoria Outras reservas, desde que dentro da alçada do gerente do projeto.

Para medidas prioritárias para a recuperação de prazos que estejam fora da alçada do gerente do projeto, ou quando não existir mais reserva gerencial disponível, deverá ser acionado o patrocinador, uma vez que o gerente do projeto não tem autonomia para decidir utilizar a reserva de contingência para a recuperação de atrasos. Outra opção é solicitar à diretoria da empresa um aumento nas reservas gerenciais.

Administração do plano de gerenciamento do cronograma

Responsável pelo plano

- **Tarcísio Viana Tavares**, membro do time do projeto, será o responsável direto pelo plano de gerenciamento do cronograma, suas atualizações e relatórios.
- **Nelson Azevedo**, membro do time do projeto, será suplente do responsável direto pelo plano de gerenciamento do cronograma.

Frequência de atualização do plano de gerenciamento do cronograma

O plano de gerenciamento do cronograma será reavaliado mensalmente na primeira reunião mensal do Comitê Executivo, juntamente com os outros planos do projeto.

As necessidades de atualização do plano antes da primeira reunião do Comitê Executivo do projeto deverão ser tratadas segundo os procedimentos descritos no item Outros assuntos relacionados ao gerenciamento do cronograma do projeto não previstos neste plano.

Outros assuntos relacionados ao gerenciamento do cronograma do projeto não previstos neste plano

Todas as solicitações não previstas neste plano deverão ser submetidas a uma reunião do Comitê Executivo para aprovação. Imediatamente após sua aprovação, deverá ser atualizado o plano de gerenciamento do cronograma com o devido registro das alterações efetivadas.

DESCRIÇÃO DA ALTERAÇÃO
Detalhamento da periodicidade das atualizações.

ALTERADO POR	DATA
Rodrigo Mendes Lemos	15/11/2025

APROVADO POR	DATA
Rodrigo Mendes Lemos - Gerente do Projeto	15/11/2025

Nota: Quaisquer alterações neste documento deverão ser submetidas ao processo de controle do projeto para aprovação antes de serem incorporadas a este documento.

PROJETO NOVAS FRONTEIRAS

Gerenciamento dos Custos

PROJETO NOVAS FRONTEIRAS

Decomposição do Orçamento na EAP *(Cost Breakdown Structure)*

PREPARADO POR	APROVADO POR	VERSÃO	DATA
Nelson Azevedo - Membro do Time	Rodrigo Mendes Lemos - Gerente do Projeto	02	30/11/2025

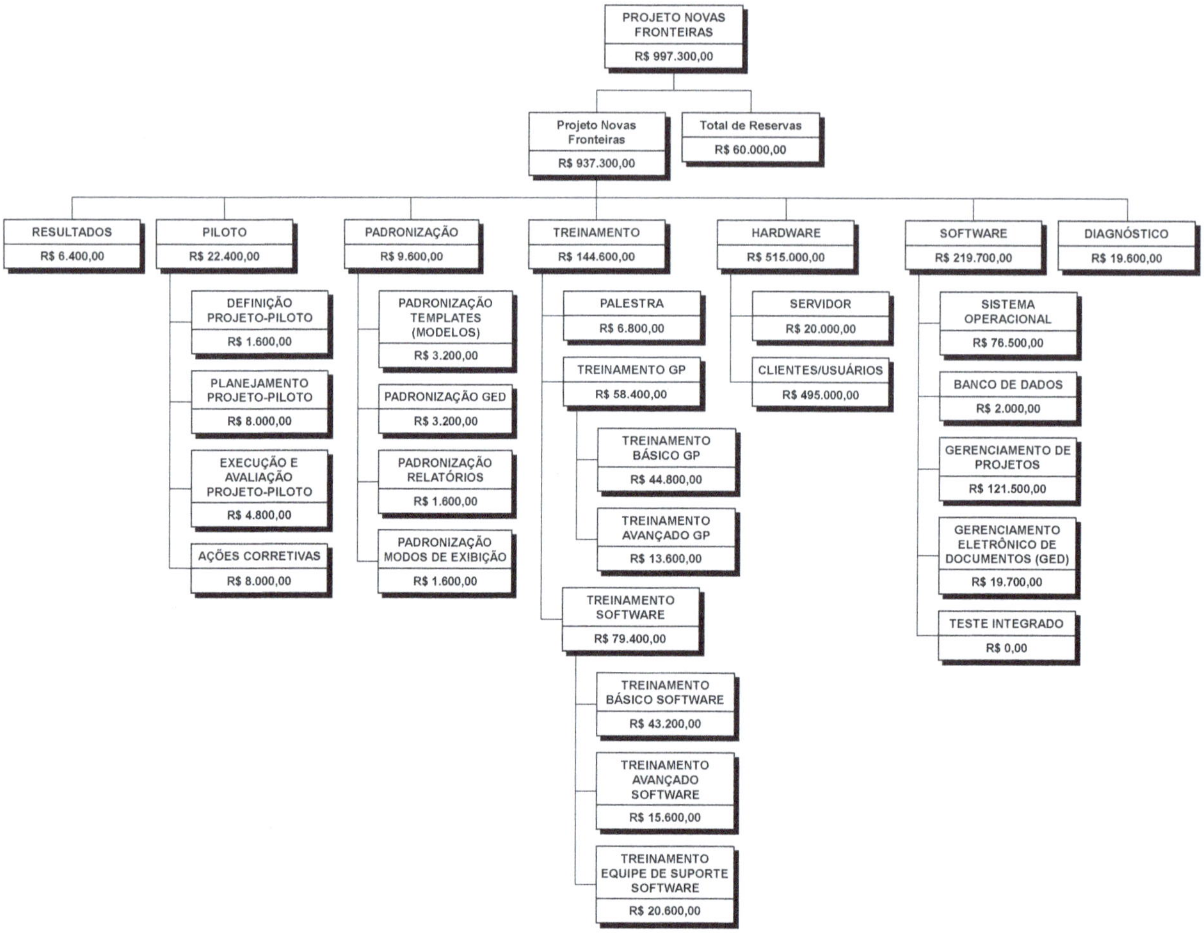

Nota: Imagem extraída do WBS Chart Pro

Nota: Quaisquer alterações neste documento deverão ser submetidas ao processo de controle do projeto para aprovação antes de serem incorporadas a este documento.

APROVADO POR	DATA
Rodrigo Mendes Lemos - Gerente do Projeto	03/12/2025

PROJETO NOVAS FRONTEIRAS

Orçamento do Projeto por Atividade *(Project Task Budget)*

PREPARADO POR	APROVADO POR	VERSÃO	DATA
Nelson Azevedo - Membro do Time	Rodrigo Mendes Lemos - Gerente do Projeto	02	30/11/2025

ID	Nome da tarefa	Custo total
0	**PROJETO NOVAS FRONTEIRAS**	**R$ 937.300,00**
1	**1 DIAGNÓSTICO**	**R$ 19.600,00**
2	1.1 Realizar o Kick-off Meeting do projeto	R$ 1.600,00
3	1.2 Reunir a equipe do projeto e definir o comitê	R$ 13.200,00
4	1.3 Criar o escopo dos trabalhos	R$ 4.800,00
5	1.4 Criar o comitê responsável	R$ 0,00
6	1.5 Aprovar o comitê	R$ 0,00
7	1.6 Aprovar o escopo dos trabalhos	R$ 0,00
8	1.7 Diagnóstico concluído	R$ 0,00
9	**2 SOFTWARE**	**R$ 219.700,00**
10	**2.1 SISTEMA OPERACIONAL**	**R$ 76.500,00**
11	2.1.1 Cotar o sistema operacional (Windows)	R$ 0,00
12	2.1.2 Comprar o software (sistema operacional)	R$ 76.500,00
13	2.1.3 Instalar o sistema operacional	R$ 0,00
14	2.1.4 Testar o sistema operacional	R$ 0,00
15	**2.2 BANCO DE DADOS**	**R$ 2.000,00**
16	2.2.1 Cotar o Microsoft SQL Server	R$ 0,00
17	2.2.2 Comprar o software (banco de dados)	R$ 2.000,00
18	2.2.3 Instalar o banco de dados	R$ 0,00
19	2.2.4 Preparar a tabela de dados de projetos	R$ 0,00
20	2.2.5 Testar o banco de dados	R$ 0,00
21	**2.3 GERENCIAMENTO DE PROJETOS**	**R$ 121.500,00**
22	2.3.1 Cotar o Microsoft Office Project	R$ 0,00
23	2.3.2 Comprar o software (ger. projetos)	R$ 121.500,00
24	2.3.3 Instalar o Microsoft Office Project no servidor e nos usuários	R$ 0,00
25	2.3.4 Testar o software (ger. projetos)	R$ 0,00
26	**2.4 GERENCIAMENTO ELETRÔNICO DE DOCUMENTOS (GED)**	**R$ 19.700,00**
27	2.4.1 Identificar os potenciais fornecedores dos programas GED	R$ 8.000,00
28	2.4.2 Solicitar as apresentações sobre os produtos	R$ 3.200,00
29	2.4.3 Definir o fornecedor do GED	R$ 0,00
30	2.4.4 Comprar o software (GED)	R$ 8.500,00
31	2.4.5 Instalar o software (GED)	R$ 0,00
32	2.4.6 Testar o software (GED)	R$ 0,00
33	**2.5 TESTE INTEGRADO**	**R$ 0,00**
34	2.5.1 Realizar o teste integrado	R$ 0,00
35	2.5.2 Avaliar o teste integrado	R$ 0,00
36	2.5.3 Realizar as correções necessárias	R$ 0,00
37	2.5.4 Software instalado	R$ 0,00
38	**3 HARDWARE**	**R$ 515.000,00**
39	**3.1 SERVIDOR**	**R$ 20.000,00**
40	3.1.1 Comprar os servidores	R$ 20.000,00
41	3.1.2 Instalar os servidores	R$ 0,00
42	3.1.3 Testar física e logicamente os servidores	R$ 0,00
43	**3.2 CLIENTES/USUÁRIOS**	**R$ 495.000,00**
44	3.2.1 Comprar os computadores dos usuários	R$ 495.000,00
45	3.2.2 Instalar os computadores dos usuários	R$ 0,00
46	3.2.3 Testar física e logicamente os computadores dos usuários	R$ 0,00
47	3.3 Hardware instalado	R$ 0,00
48	**4 TREINAMENTO**	**R$ 144.600,00**
49	**4.1 PALESTRA**	**R$ 6.800,00**
50	4.1.1 Agendar a palestra de conscientização	R$ 0,00
51	4.1.2 Realizar a palestra de conscientização	R$ 4.000,00
52	4.1.3 Avaliar os resultados da palestra	R$ 2.800,00
53	**4.2 TREINAMENTO GP**	**R$ 58.400,00**
54	**4.2.1 TREINAMENTO BÁSICO GP**	**R$ 44.800,00**
55	4.2.1.1 Agendar o treinamento básico de GP	R$ 0,00
56	4.2.1.2 Realizar o treinamento básico de GP	R$ 40.000,00
57	4.2.1.3 Avaliar os resultados do treinamento básico de GP	R$ 4.800,00
58	**4.2.2 TREINAMENTO AVANÇADO GP**	**R$ 13.600,00**
59	4.2.2.1 Agendar o treinamento avançado de GP	R$ 0,00
60	4.2.2.2 Realizar o treinamento avançado de GP	R$ 12.000,00
61	4.2.2.3 Avaliar os resultados do treinamento avançado de GP	R$ 1.600,00
62	**4.3 TREINAMENTO SOFTWARE**	**R$ 79.400,00**
63	**4.3.1 TREINAMENTO BÁSICO SOFTWARE**	**R$ 43.200,00**
64	4.3.1.1 Agendar o treinamento básico do software	R$ 0,00
65	4.3.1.2 Realizar o treinamento básico do software	R$ 40.000,00
66	4.3.1.3 Avaliar os resultados do treinamento básico do software	R$ 3.200,00
67	**4.3.2 TREINAMENTO AVANÇADO SOFTWARE**	**R$ 15.600,00**
68	4.3.2.1 Agendar o treinamento avançado do software	R$ 0,00
69	4.3.2.2 Realizar o treinamento avançado do software	R$ 14.000,00
70	4.3.2.3 Avaliar os resultados do treinamento avançado do software	R$ 1.600,00

71	**4.3.3 TREINAMENTO EQUIPE DE SUPORTE SOFTWARE**	**R$ 20.600,00**
72	4.3.3.1 Agendar o treinamento da equipe de suporte	R$ 0,00
73	4.3.3.2 Realizar o treinamento da equipe de suporte	R$ 19.000,00
74	4.3.3.3 Avaliar os resultados do treinamento da equipe de suporte	R$ 1.600,00
75	4.4 Treinamento concluído	R$ 0,00
76	**5 PADRONIZAÇÃO**	**R$ 9.600,00**
77	**5.1 PADRONIZAÇÃO TEMPLATES (MODELOS)**	**R$ 3.200,00**
78	5.1.1 Definir os padrões de templates	R$ 3.200,00
79	5.1.2 Confeccionar os templates	R$ 0,00
80	5.1.3 Testar o funcionamento dos templates	R$ 0,00
81	5.1.4 Aprovar os templates	R$ 0,00
82	**5.2 PADRONIZAÇÃO GED**	**R$ 3.200,00**
83	5.2.1 Definir padrões para o GED	R$ 3.200,00
84	5.2.2 Confeccionar os parâmetros do GED	R$ 0,00
85	5.2.3 Testar o funcionamento do GED	R$ 0,00
86	5.2.4 Aprovar o GED	R$ 0,00
87	**5.3 PADRONIZAÇÃO RELATÓRIOS**	**R$ 1.600,00**
88	5.3.1 Definir os padrões de relatórios	R$ 1.600,00
89	5.3.2 Confeccionar os relatórios	R$ 0,00
90	5.3.3 Testar o funcionamento dos relatórios	R$ 0,00
91	5.3.4 Aprovar os relatórios	R$ 0,00
92	**5.4 PADRONIZAÇÃO MODOS DE EXIBIÇÃO**	**R$ 1.600,00**
93	5.4.1 Definir os padrões dos modos de exibição	R$ 1.600,00
94	5.4.2 Confeccionar os modos de exibição	R$ 0,00
95	5.4.3 Testar o funcionamento dos modos de exibição	R$ 0,00
96	5.4.4 Aprovar os modos de exibição	R$ 0,00
97	5.5 Padrões estabelecidos	R$ 0,00
98	**6 PILOTO**	**R$ 22.400,00**
99	**6.1 DEFINIÇÃO PROJETO-PILOTO**	**R$ 1.600,00**
100	6.1.1 Definir o tema do projeto-piloto	R$ 1.600,00
101	6.1.2 Aprovar o tema do projeto-piloto	R$ 0,00
102	**6.2 PLANEJAMENTO PROJETO-PILOTO**	**R$ 8.000,00**
103	6.2.1 Elaborar o plano global do projeto-piloto	R$ 8.000,00
104	6.2.2 Aprovar o plano global do projeto-piloto	R$ 0,00
105	**6.3 EXECUÇÃO E AVALIAÇÃO PROJETO-PILOTO**	**R$ 4.800,00**
106	6.3.1 Executar o projeto-piloto	R$ 0,00
107	6.3.2 Avaliar os resultados do projeto-piloto	R$ 4.800,00
108	**6.4 AÇÕES CORRETIVAS**	**R$ 8.000,00**
109	6.4.1 Realizar as ações corretivas a partir dos resultados do projeto-piloto	R$ 8.000,00
110	6.5 Piloto realizado e avaliado	R$ 0,00
111	**7 RESULTADOS**	**R$ 6.400,00**
112	7.1 Apresentar os resultados, padronização e piloto	R$ 6.400,00
113	7.2 Projeto Implementação aprovado	R$ 0,00
114	7.3 Project Close-out	R$ 0,00

Nota: *Imagem extraída do Microsoft Project*

Nota: *Quaisquer alterações neste documento deverão ser submetidas ao processo de controle do projeto para aprovação antes de serem incorporadas a este documento.*

APROVADO POR
Rodrigo Mendes Lemos - Gerente do Projeto

DATA
03/12/2025

PROJETO NOVAS FRONTEIRAS

Orçamento do Projeto por Recurso *(Project Resource Budget)*

PREPARADO POR	APROVADO POR	VERSÃO	DATA
Nelson Azevedo - Membro do Time	Rodrigo Mendes Lemos - Gerente do Projeto	02	30/11/2025

ID	Nome da tarefa	Unidades	Duração	Custo
0	**PROJETO NOVAS FRONTEIRAS**		**128 days**	**R$ 937.300,00**
1	**1 DIAGNÓSTICO**		**10 days**	**R$ 19.600,00**
2	1.1 Realizar o Kick-off Meeting do projeto		1 day	R$ 1.600,00
	Rodrigo Mendes Lemos - GP	*100%*		*R$ 0,00*
	Ricardo Viana Vargas - Patrocinador	*100%*		*R$ 0,00*
	Alan Carlos Poderino - Consultor	*100%*		*R$ 1.600,00*
3	1.2 Reunir a equipe do projeto e definir o comitê		2 days	R$ 13.200,00
	João Rosa da Motta - TI	*50%*		*R$ 0,00*
	Rodrigo Mendes Lemos - GP	*100%*		*R$ 0,00*
	Ricardo Viana Vargas - Patrocinador	*20%*		*R$ 0,00*
	Alan Carlos Poderino - Consultor	*100%*		*R$ 3.200,00*
	Viagem Divisão GP	*1 Unidade (s)*		*R$ 10.000,00*
4	1.3 Criar o escopo dos trabalhos		3 days	R$ 4.800,00
	João Rosa da Motta - TI	*50%*		*R$ 0,00*
	Rodrigo Mendes Lemos - GP	*100%*		*R$ 0,00*
	Alan Carlos Poderino - Consultor	*100%*		*R$ 4.800,00*
5	1.4 Criar o comitê responsável		2 days	R$ 0,00
	João Rosa da Motta - TI	*50%*		*R$ 0,00*
	Rodrigo Mendes Lemos - GP	*100%*		*R$ 0,00*
6	1.5 Aprovar o comitê		1 day	R$ 0,00
	Rodrigo Mendes Lemos - GP	*100%*		*R$ 0,00*
	Ricardo Viana Vargas - Patrocinador	*20%*		*R$ 0,00*
7	1.6 Aprovar o escopo dos trabalhos		1 day	R$ 0,00
	Rodrigo Mendes Lemos - GP	*100%*		*R$ 0,00*
	Ricardo Viana Vargas - Patrocinador	*20%*		*R$ 0,00*
8	1.7 Diagnóstico concluído		0 days	R$ 0,00
	Rodrigo Mendes Lemos - GP	*100%*		*R$ 0,00*
9	**2 SOFTWARE**		**52 days**	**R$ 219.700,00**
10	**2.1 SISTEMA OPERACIONAL**		**19 days**	**R$ 76.500,00**
11	2.1.1 Cotar o sistema operacional (Windows)		2 days	R$ 0,00
	Márcio Silva Valente Pereira - Compras	*20%*		*R$ 0,00*
12	2.1.2 Comprar o software (sistema operacional)		2 days	R$ 76.500,00
	Márcio Silva Valente Pereira - Compras	*20%*		*R$ 0,00*
	Microsoft Azure Server	*1 Unidade (s)*		*R$ 1.500,00*
	Microsoft Windows	*150 Unidade (s)*		*R$ 75.000,00*
13	2.1.3 Instalar o sistema operacional		4 days	R$ 0,00
	Ana Carolina Lopes Magalhães - TI	*100%*		*R$ 0,00*
	Luiz Carlos Paula Pena - TI	*100%*		*R$ 0,00*
14	2.1.4 Testar o sistema operacional		2 days	R$ 0,00
	Márcia Maria Silva - TI	*100%*		*R$ 0,00*
	Juliano Palácios Medeiros - Membro	*100%*		*R$ 0,00*
15	**2.2 BANCO DE DADOS**		**27 days**	**R$ 2.000,00**
16	2.2.1 Cotar o Microsoft SQL Server		2 days	R$ 0,00
	Márcio Silva Valente Pereira - Compras	*20%*		*R$ 0,00*
17	2.2.2 Comprar o software (banco de dados)		2 days	R$ 2.000,00
	Márcio Silva Valente Pereira - Compras	*20%*		*R$ 0,00*
	Banco de Dados	*1 Unidade (s)*		*R$ 2.000,00*
18	2.2.3 Instalar o banco de dados		4 days	R$ 0,00
	Luiz Carlos Paula Pena - TI	*100%*		*R$ 0,00*
	Márcia Maria Silva - TI	*100%*		*R$ 0,00*
19	2.2.4 Preparar a tabela de dados de projetos		2 days	R$ 0,00
	Márcia Maria Silva - TI	*100%*		*R$ 0,00*
20	2.2.5 Testar o banco de dados		2 days	R$ 0,00
	Ana Carolina Lopes Magalhães - TI	*100%*		*R$ 0,00*
21	**2.3 GERENCIAMENTO DE PROJETOS**		**44 days**	**R$ 121.500,00**
22	2.3.1 Cotar o Microsoft Office Project		2 days	R$ 0,00
	Márcio Silva Valente Pereira - Compras	*20%*		*R$ 0,00*
23	2.3.2 Comprar o software (ger. projetos)		2 days	R$ 121.500,00
	Márcio Silva Valente Pereira - Compras	*20%*		*R$ 0,00*
	Microsoft Project	*150 Unidade (s)*		*R$ 120.000,00*
	Microsoft Project Server	*1 Unidade (s)*		*R$ 1.500,00*
24	2.3.3 Instalar o Microsoft Office Project no servidor e nc		4 days	R$ 0,00
	Ana Carolina Lopes Magalhães - TI	*100%*		*R$ 0,00*
25	2.3.4 Testar o software (ger. projetos)		1 day	R$ 0,00
	Ana Carolina Lopes Magalhães - TI	*100%*		*R$ 0,00*
26	**2.4 GERENCIAMENTO ELETRÔNICO DE DOCUMENTO!**		**32 days**	**R$ 19.700,00**
27	2.4.1 Identificar os potenciais fornecedores dos progran		5 days	R$ 8.000,00
	Márcia Maria Silva - TI	*100%*		*R$ 0,00*
	João Rosa da Motta - TI	*50%*		*R$ 0,00*
	Gian Franco Sabino - Consultor	*100%*		*R$ 8.000,00*

28	2.4.2 Solicitar as apresentações sobre os produtos		2 days	R$ 3.200,00
	Márcia Maria Silva - TI	*100%*		*R$ 0,00*
	João Rosa da Motta - TI	*50%*		*R$ 0,00*
	Alan Carlos Poderino - Consultor	*100%*		*R$ 3.200,00*
29	2.4.3 Definir o fornecedor do GED		5 days	R$ 0,00
	Márcio Silva Valente Pereira - Compras	*20%*		*R$ 0,00*
	João Rosa da Motta - TI	*50%*		*R$ 0,00*
30	2.4.4 Comprar o software (GED)		2 days	R$ 8.500,00
	Márcio Silva Valente Pereira - Compras	*20%*		*R$ 0,00*
	Ged	*1 Unidade (s)*		*R$ 8.500,00*
31	2.4.5 Instalar o software (GED)		2 days	R$ 0,00
	Ana Carolina Lopes Magalhães - TI	*100%*		*R$ 0,00*
	Luiz Carlos Paula Pena - TI	*100%*		*R$ 0,00*
32	2.4.6 Testar o software (GED)		3 days	R$ 0,00
	Magali Pedrosa - TI	*100%*		*R$ 0,00*
	Márcia Maria Silva - TI	*100%*		*R$ 0,00*
33	**2.5 TESTE INTEGRADO**		**8 days**	**R$ 0,00**
34	2.5.1 Realizar o teste integrado		2 days	R$ 0,00
	Ana Carolina Lopes Magalhães - TI	*100%*		*R$ 0,00*
	Magali Pedrosa - TI	*100%*		*R$ 0,00*
	João Rosa da Motta - TI	*100%*		*R$ 0,00*
	Rodrigo Mendes Lemos - GP	*100%*		*R$ 0,00*
35	2.5.2 Avaliar o teste integrado		2 days	R$ 0,00
	Ana Carolina Lopes Magalhães - TI	*100%*		*R$ 0,00*
	Luiz Carlos Paula Pena - TI	*100%*		*R$ 0,00*
	Magali Pedrosa - TI	*100%*		*R$ 0,00*
	Rodrigo Mendes Lemos - GP	*100%*		*R$ 0,00*
	Ana Sílvia Bragança - Membro	*100%*		*R$ 0,00*
36	2.5.3 Realizar as correções necessárias		4 days	R$ 0,00
	Nelson Azevedo - Membro	*100%*		*R$ 0,00*
37	2.5.4 Software instalado		0 days	R$ 0,00
	Rodrigo Mendes Lemos - GP	*100%*		*R$ 0,00*
38	**3 HARDWARE**		**13 days**	**R$ 515.000,00**
39	**3.1 SERVIDOR**		**10 days**	**R$ 20.000,00**
40	3.1.1 Comprar os servidores		2 days	R$ 20.000,00
	Márcio Silva Valente Pereira - Compras	*20%*		*R$ 0,00*
	Servidor	*2 Unidade (s)*		*R$ 20.000,00*
41	3.1.2 Instalar os servidores		2 days	R$ 0,00
	Ana Carolina Lopes Magalhães - TI	*100%*		*R$ 0,00*
	Márcia Maria Silva - TI	*100%*		*R$ 0,00*
42	3.1.3 Testar física e logicamente os servidores		1 day	R$ 0,00
	Ana Carolina Lopes Magalhães - TI	*100%*		*R$ 0,00*
43	**3.2 CLIENTES/USUÁRIOS**		**13 days**	**R$ 495.000,00**
44	3.2.1 Comprar os computadores dos usuários		2 days	R$ 495.000,00
	Márcio Silva Valente Pereira - Compras	*20%*		*R$ 0,00*
	Computador	*165 Unidade (s)*		*R$ 495.000,00*
45	3.2.2 Instalar os computadores dos usuários		5 days	R$ 0,00
	Luiz Carlos Paula Pena - TI	*100%*		*R$ 0,00*
	Magali Pedrosa - TI	*100%*		*R$ 0,00*
46	3.2.3 Testar física e logicamente os computadores dos		1 day	R$ 0,00
	Magali Pedrosa - TI	*100%*		*R$ 0,00*
	Márcia Maria Silva - TI	*100%*		*R$ 0,00*
47	3.3 Hardware instalado		0 days	R$ 0,00
	Rodrigo Mendes Lemos - GP	*100%*		*R$ 0,00*
48	**4 TREINAMENTO**		**69 days**	**R$ 144.600,00**
49	**4.1 PALESTRA**		**3 days**	**R$ 6.800,00**
50	4.1.1 Agendar a palestra de conscientização		1 day	R$ 0,00
	Rodrigo Mendes Lemos - GP	*100%*		*R$ 0,00*
	Ana Sílvia Bragança - Membro	*100%*		*R$ 0,00*
51	4.1.2 Realizar a palestra de conscientização		2 hrs	R$ 4.000,00
	Palestra Conscientização	*1 Unidade (s)*		*R$ 4.000,00*
52	4.1.3 Avaliar os resultados da palestra		14 hrs	R$ 2.800,00
	Ana Sílvia Bragança - Membro	*100%*		*R$ 0,00*
	Ricardo Viana Vargas - Patrocinador	*20%*		*R$ 0,00*
	Alan Carlos Poderino - Consultor	*100%*		*R$ 2.800,00*
53	**4.2 TREINAMENTO GP**		**24 days**	**R$ 58.400,00**
54	**4.2.1 TREINAMENTO BÁSICO GP**		**19 days**	**R$ 44.800,00**
55	4.2.1.1 Agendar o treinamento básico de GP		1 day	R$ 0,00
	Rodrigo Mendes Lemos - GP	*100%*		*R$ 0,00*
56	4.2.1.2 Realizar o treinamento básico de GP		15 days	R$ 40.000,00
	Curso GP Básico	*5 Turma (s)*		*R$ 40.000,00*
57	4.2.1.3 Avaliar os resultados do treinamento básico (		3 days	R$ 4.800,00
	Ana Sílvia Bragança - Membro	*100%*		*R$ 0,00*
	Mara Lúcia Menezes - Membro	*100%*		*R$ 0,00*
	Alan Carlos Poderino - Consultor	*100%*		*R$ 4.800,00*
58	**4.2.2 TREINAMENTO AVANÇADO GP**		**5 days**	**R$ 13.600,00**
59	4.2.2.1 Agendar o treinamento avançado de GP		1 day	R$ 0,00
	Rodrigo Mendes Lemos - GP	*100%*		*R$ 0,00*
60	4.2.2.2 Realizar o treinamento avançado de GP		3 days	R$ 12.000,00
	Curso GP Avançado	*1 Turma (s)*		*R$ 12.000,00*

61	4.2.2.3 Avaliar os resultados do treinamento avança(		1 day	R$ 1.600,00
	Ana Sílvia Bragança - Membro	*100%*		*R$ 0,00*
	Mara Lúcia Menezes - Membro	*100%*		*R$ 0,00*
	Alan Carlos Poderino - Consultor	*100%*		*R$ 1.600,00*
62	**4.3 TREINAMENTO SOFTWARE**		**42 days**	**R$ 79.400,00**
63	**4.3.1 TREINAMENTO BÁSICO SOFTWARE**		**13 days**	**R$ 43.200,00**
64	4.3.1.1 Agendar o treinamento básico do software		1 day	R$ 0,00
	Rodrigo Mendes Lemos - GP	*100%*		*R$ 0,00*
65	4.3.1.2 Realizar o treinamento básico do software		10 days	R$ 40.000,00
	Curso Office Project Basico	*5 Turma (s)*		*R$ 40.000,00*
66	4.3.1.3 Avaliar os resultados do treinamento básico (		2 days	R$ 3.200,00
	Ana Sílvia Bragança - Membro	*100%*		*R$ 0,00*
	Mara Lúcia Menezes - Membro	*100%*		*R$ 0,00*
	Alan Carlos Poderino - Consultor	*100%*		*R$ 3.200,00*
67	**4.3.2 TREINAMENTO AVANÇADO SOFTWARE**		**4 days**	**R$ 15.600,00**
68	4.3.2.1 Agendar o treinamento avançado do softwar(		1 day	R$ 0,00
	Rodrigo Mendes Lemos - GP	*100%*		*R$ 0,00*
69	4.3.2.2 Realizar o treinamento avançado do software		2 days	R$ 14.000,00
	Curso Office Project Avc	*1 Turma (s)*		*R$ 14.000,00*
70	4.3.2.3 Avaliar os resultados do treinamento avança(		1 day	R$ 1.600,00
	Ana Sílvia Bragança - Membro	*100%*		*R$ 0,00*
	Mara Lúcia Menezes - Membro	*100%*		*R$ 0,00*
	Alan Carlos Poderino - Consultor	*100%*		*R$ 1.600,00*
71	**4.3.3 TREINAMENTO EQUIPE DE SUPORTE SOFTW.**		**12 days**	**R$ 20.600,00**
72	4.3.3.1 Agendar o treinamento da equipe de suporte		1 day	R$ 0,00
	Rodrigo Mendes Lemos - GP	*100%*		*R$ 0,00*
73	4.3.3.2 Realizar o treinamento da equipe de suporte		10 days	R$ 19.000,00
	Curso Suporte	*1 Turma (s)*		*R$ 19.000,00*
74	4.3.3.3 Avaliar os resultados do treinamento da equi		1 day	R$ 1.600,00
	João Rosa da Motta - TI	*50%*		*R$ 0,00*
	Ana Sílvia Bragança - Membro	*100%*		*R$ 0,00*
	Alan Carlos Poderino - Consultor	*100%*		*R$ 1.600,00*
75	4.4 Treinamento concluído		0 days	R$ 0,00
	Rodrigo Mendes Lemos - GP	*100%*		*R$ 0,00*
76	**5 PADRONIZAÇÃO**		**15 days**	**R$ 9.600,00**
77	**5.1 PADRONIZAÇÃO TEMPLATES (MODELOS)**		**15 days**	**R$ 3.200,00**
78	5.1.1 Definir os padrões de templates		2 days	R$ 3.200,00
	João Rosa da Motta - TI	*50%*		*R$ 0,00*
	Gian Franco Sabino - Consultor	*100%*		*R$ 3.200,00*
79	5.1.2 Confeccionar os templates		10 days	R$ 0,00
	Luiz Carlos Paula Pena - TI	*100%*		*R$ 0,00*
	Mara Lúcia Menezes - Membro	*100%*		*R$ 0,00*
80	5.1.3 Testar o funcionamento dos templates		2 days	R$ 0,00
	João Rosa da Motta - TI	*100%*		*R$ 0,00*
	Rodrigo Mendes Lemos - GP	*100%*		*R$ 0,00*
81	5.1.4 Aprovar os templates		1 day	R$ 0,00
	João Rosa da Motta - TI	*50%*		*R$ 0,00*
82	**5.2 PADRONIZAÇÃO GED**		**15 days**	**R$ 3.200,00**
83	5.2.1 Definir padrões para o GED		16 hrs	R$ 3.200,00
	João Rosa da Motta - TI	*50%*		*R$ 0,00*
	Rodrigo Mendes Lemos - GP	*100%*		*R$ 0,00*
	Alan Carlos Poderino - Consultor	*100%*		*R$ 3.200,00*
84	5.2.2 Confeccionar os parâmetros do GED		10 days	R$ 0,00
	Magali Pedrosa - TI	*100%*		*R$ 0,00*
	Maria Sônia Silveira - Membro	*100%*		*R$ 0,00*
85	5.2.3 Testar o funcionamento do GED		2 days	R$ 0,00
	Magali Pedrosa - TI	*100%*		*R$ 0,00*
	Maria Sônia Silveira - Membro	*100%*		*R$ 0,00*
86	5.2.4 Aprovar o GED		1 day	R$ 0,00
	João Rosa da Motta - TI	*50%*		*R$ 0,00*
87	**5.3 PADRONIZAÇÃO RELATÓRIOS**		**7 days**	**R$ 1.600,00**
88	5.3.1 Definir os padrões de relatórios		1 day	R$ 1.600,00
	João Rosa da Motta - TI	*50%*		*R$ 0,00*
	Gian Franco Sabino - Consultor	*100%*		*R$ 1.600,00*
89	5.3.2 Confeccionar os relatórios		4 days	R$ 0,00
	Ronaldo Gomes Severo - Membro	*100%*		*R$ 0,00*
	Tarcísio Viana Tavares - Membro	*100%*		*R$ 0,00*
90	5.3.3 Testar o funcionamento dos relatórios		1 day	R$ 0,00
	João Rosa da Motta - TI	*100%*		*R$ 0,00*
91	5.3.4 Aprovar os relatórios		1 day	R$ 0,00
	João Rosa da Motta - TI	*50%*		*R$ 0,00*
92	**5.4 PADRONIZAÇÃO MODOS DE EXIBIÇÃO**		**7 days**	**R$ 1.600,00**
93	5.4.1 Definir os padrões dos modos de exibição		1 day	R$ 1.600,00
	João Rosa da Motta - TI	*50%*		*R$ 0,00*
	Alan Carlos Poderino - Consultor	*100%*		*R$ 1.600,00*
94	5.4.2 Confeccionar os modos de exibição		4 days	R$ 0,00
	Márcia Maria Silva - TI	*100%*		*R$ 0,00*
	Juliano Palácios Medeiros - Membro	*100%*		*R$ 0,00*
	Ana Sílvia Bragança - Membro	*100%*		*R$ 0,00*
	Nelson Azevedo - Membro	*100%*		*R$ 0,00*

95	5.4.3 Testar o funcionamento dos modos de exibição		1 day	R$ 0,00
	Márcia Maria Silva - TI	*100%*		*R$ 0,00*
	Rodrigo Mendes Lemos - GP	*100%*		*R$ 0,00*
96	5.4.4 Aprovar os modos de exibição		1 day	R$ 0,00
	João Rosa da Motta - TI	*50%*		*R$ 0,00*
97	5.5 Padrões estabelecidos		0 days	R$ 0,00
	Rodrigo Mendes Lemos - GP	*100%*		*R$ 0,00*
98	**6 PILOTO**		**31 days**	**R$ 22.400,00**
99	**6.1 DEFINIÇÃO PROJETO-PILOTO**		**2 days**	**R$ 1.600,00**
100	6.1.1 Definir o tema do projeto-piloto		1 day	R$ 1.600,00
	João Rosa da Motta - TI	*50%*		*R$ 0,00*
	Rodrigo Mendes Lemos - GP	*100%*		*R$ 0,00*
	Ricardo Viana Vargas - Patrocinador	*100%*		*R$ 0,00*
	Alan Carlos Poderino - Consultor	*100%*		*R$ 1.600,00*
101	6.1.2 Aprovar o tema do projeto-piloto		1 day	R$ 0,00
	Ricardo Viana Vargas - Patrocinador	*20%*		*R$ 0,00*
102	**6.2 PLANEJAMENTO PROJETO-PILOTO**		**6 days**	**R$ 8.000,00**
103	6.2.1 Elaborar o plano global do projeto-piloto		5 days	R$ 8.000,00
	Rodrigo Mendes Lemos - GP	*100%*		*R$ 0,00*
	Ronaldo Gomes Severo - Membro	*100%*		*R$ 0,00*
	Mara Lúcia Menezes - Membro	*100%*		*R$ 0,00*
	Alan Carlos Poderino - Consultor	*100%*		*R$ 8.000,00*
104	6.2.2 Aprovar o plano global do projeto-piloto		1 day	R$ 0,00
	Ricardo Viana Vargas - Patrocinador	*20%*		*R$ 0,00*
105	**6.3 EXECUÇÃO E AVALIAÇÃO PROJETO-PILOTO**		**18 days**	**R$ 4.800,00**
106	6.3.1 Executar o projeto-piloto		15 days	R$ 0,00
	Rodrigo Mendes Lemos - GP	*100%*		*R$ 0,00*
	Mara Lúcia Menezes - Membro	*100%*		*R$ 0,00*
107	6.3.2 Avaliar os resultados do projeto-piloto		3 days	R$ 4.800,00
	João Rosa da Motta - TI	*50%*		*R$ 0,00*
	Ricardo Viana Vargas - Patrocinador	*20%*		*R$ 0,00*
	Alan Carlos Poderino - Consultor	*100%*		*R$ 4.800,00*
108	**6.4 AÇÕES CORRETIVAS**		**5 days**	**R$ 8.000,00**
109	6.4.1 Realizar as ações corretivas a partir dos resultado		5 days	R$ 8.000,00
	Rodrigo Mendes Lemos - GP	*100%*		*R$ 0,00*
	Juliano Palácios Medeiros - Membro	*100%*		*R$ 0,00*
	Ana Sílvia Bragança - Membro	*100%*		*R$ 0,00*
	Alan Carlos Poderino - Consultor	*100%*		*R$ 8.000,00*
110	6.5 Piloto realizado e avaliado		0 days	R$ 0,00
	Rodrigo Mendes Lemos - GP	*100%*		*R$ 0,00*
111	**7 RESULTADOS**		**3 days**	**R$ 6.400,00**
112	7.1 Apresentar os resultados, padronização e piloto		2 days	R$ 6.400,00
	João Rosa da Motta - TI	*50%*		*R$ 0,00*
	Rodrigo Mendes Lemos - GP	*100%*		*R$ 0,00*
	Ronaldo Gomes Severo - Membro	*100%*		*R$ 0,00*
	Ricardo Viana Vargas - Patrocinador	*20%*		*R$ 0,00*
	Alan Carlos Poderino - Consultor	*100%*		*R$ 3.200,00*
	Gian Franco Sabino - Consultor	*100%*		*R$ 3.200,00*
113	7.2 Projeto Implementação aprovado		0 hrs	R$ 0,00
	Ricardo Viana Vargas - Patrocinador	*100%*		*R$ 0,00*
114	7.3 Project Close-out		1 day	R$ 0,00

Nota: *Imagem extraída do Microsoft Project*

Nota: *Quaisquer alterações neste documento deverão ser submetidas ao processo de controle do projeto para aprovação antes de serem incorporadas a este documento.*

APROVADO POR
Rodrigo Mendes Lemos - Gerente do Projeto

DATA
03/12/2025

PROJETO NOVAS FRONTEIRAS

Cronograma de Desembolso do Projeto *(Project Disbursement Schedule)*

PREPARADO POR	APROVADO POR	VERSÃO	DATA
Nelson Azevedo - Membro do Time	Rodrigo Mendes Lemos - Gerente do Projeto	02	30/11/2025

FLUXO DE CAIXA							
	2026						Total
EAP	Janeiro	Fevereiro	Março	Abril	Maio	Junho	
PROJETO NOVAS FRONTEIRAS							
DIAGNÓSTICO							
Realizar o Kick-off Meeting do projeto	1.600	-	-	-	-	-	1.600
Reunir a equipe do projeto e definir o comitê	13.200	-	-	-	-	-	13.200
Criar o escopo dos trabalhos	4.800	-	-	-	-	-	4.800
Criar o comitê responsável	-	-	-	-	-	-	-
Aprovar o comitê	-	-	-	-	-	-	-
Aprovar o escopo dos trabalhos	-	-	-	-	-	-	-
Diagnóstico concluído	-	-	-	-	-	-	-
SOFTWARE							
SISTEMA OPERACIONAL							
Cotar o sistema operacional (Windows)	-	-	-	-	-	-	-
Comprar o software (sistema operacional)	76.500	-	-	-	-	-	76.500
Instalar o sistema operacional	-	-	-	-	-	-	-
Testar o sistema operacional	-	-	-	-	-	-	-
BANCO DE DADOS							
Cotar o Microsoft SQL Server	-	-	-	-	-	-	-
Comprar o software (banco de dados)	2.000	-	-	-	-	-	2.000
Instalar o banco de dados	-	-	-	-	-	-	-
Preparar a tabela de dados de projetos	-	-	-	-	-	-	-
Testar o banco de dados	-	-	-	-	-	-	-
GERENCIAMENTO DE PROJETOS							
Cotar o Microsoft Office Project	-	-	-	-	-	-	-
Comprar o software (ger. projetos)	121.500	-	-	-	-	-	121.500
Instalar o Microsoft Office Project no servidor e nos usuários	-	-	-	-	-	-	-
Testar o software (ger. projetos)	-	-	-	-	-	-	-
GERENCIAMENTO ELETRÔNICO DE DOCUMENTOS (GED)							
Identificar os potenciais fornecedores dos programas GED	8.000	-	-	-	-	-	8.000
Solicitar as apresentações sobre os produtos	3.200	-	-	-	-	-	3.200
Definir o fornecedor do GED	-	-	-	-	-	-	-
Comprar o software (GED)	-	8.500	-	-	-	-	8.500
Instalar o software (GED)	-	-	-	-	-	-	-
Testar o software (GED)	-	-	-	-	-	-	-
TESTE INTEGRADO							
Realizar o teste integrado	-	-	-	-	-	-	-
Avaliar o teste integrado	-	-	-	-	-	-	-
Realizar as correções necessárias	-	-	-	-	-	-	-
Software instalado	-	-	-	-	-	-	-
HARDWARE							
SERVIDOR							
Comprar os servidores	20.000	-	-	-	-	-	20.000
Instalar os servidores	-	-	-	-	-	-	-
Testar física e logicamente os servidores	-	-	-	-	-	-	-
CLIENTES/USUÁRIOS							
Comprar os computadores dos usuários	495.000	-	-	-	-	-	495.000
Instalar os computadores dos usuários	-	-	-	-	-	-	-
Testar física e logicamente os computadores dos usuários	-	-	-	-	-	-	-
Hardware instalado	-	-	-	-	-	-	-
TREINAMENTO							
PALESTRA							
Agendar a palestra de conscientização	-	-	-	-	-	-	-
Realizar a palestra de conscientização	4.000	-	-	-	-	-	4.000
Avaliar os resultados da palestra	2.800	-	-	-	-	-	2.800
TREINAMENTO GP							
TREINAMENTO BÁSICO GP							
Agendar o treinamento básico de GP	-	-	-	-	-	-	-
Realizar o treinamento básico de GP	-	40.000	-	-	-	-	40.000
Avaliar os resultados do treinamento básico de GP	-	4.800	-	-	-	-	4.800
TREINAMENTO AVANÇADO GP							
Agendar o treinamento avançado de GP	-	-	-	-	-	-	-
Realizar o treinamento avançado de GP	-	12.000	-	-	-	-	12.000
Avaliar os resultados do treinamento avançado de GP	-	1.600	-	-	-	-	1.600
TREINAMENTO SOFTWARE							
TREINAMENTO BÁSICO SOFTWARE							
Agendar o treinamento básico do software	-	-	-	-	-	-	-
Realizar o treinamento básico do software	-	-	-	40.000	-	-	40.000
Avaliar os resultados do treinamento básico do software	-	-	-	3.200	-	-	3.200

TREINAMENTO AVANÇADO SOFTWARE							
Agendar o treinamento avançado do software	-	-	-	-	-	-	-
Realizar o treinamento avançado do software	-	-	-	14.000	-	-	14.000
Avaliar os resultados do treinamento avançado do software	-	-	-	1.600	-	-	1.600
TREINAMENTO EQUIPE DE SUPORTE SOFTWARE							
Agendar o treinamento da equipe de suporte	-	-	-	-	-	-	-
Realizar o treinamento da equipe de suporte	-	-	19.000	-	-	-	19.000
Avaliar os resultados do treinamento da equipe de suporte	-	-	1.600	-	-	-	1.600
Treinamento concluído	-	-	-	-	-	-	-
PADRONIZAÇÃO							
PADRONIZAÇÃO TEMPLATES (MODELOS)							
Definir os padrões de templates	-	-	-	3.200	-	-	3.200
Confeccionar os templates	-	-	-	-	-	-	-
Testar o funcionamento dos templates	-	-	-	-	-	-	-
Aprovar os templates	-	-	-	-	-	-	-
PADRONIZAÇÃO GED							
Definir padrões para o GED	-	-	-	3.200	-	-	3.200
Confeccionar os parâmetros do GED	-	-	-	-	-	-	-
Testar o funcionamento do GED	-	-	-	-	-	-	-
Aprovar o GED	-	-	-	-	-	-	-
PADRONIZAÇÃO RELATÓRIOS							
Definir os padrões de relatórios	-	-	-	1.600	-	-	1.600
Confeccionar os relatórios	-	-	-	-	-	-	-
Testar o funcionamento dos relatórios	-	-	-	-	-	-	-
Aprovar os relatórios	-	-	-	-	-	-	-
PADRONIZAÇÃO MODOS DE EXIBIÇÃO							
Definir os padrões dos modos de exibição	-	-	-	1.600	-	-	1.600
Confeccionar os modos de exibição	-	-	-	-	-	-	-
Testar o funcionamento dos modos de exibição	-	-	-	-	-	-	-
Aprovar os modos de exibição	-	-	-	-	-	-	-
Padrões estabelecidos	-	-	-	-	-	-	-
PILOTO							
DEFINIÇÃO PROJETO-PILOTO							
Definir o tema do projeto-piloto	-	-	-	-	1.600	-	1.600
Aprovar o tema do projeto-piloto	-	-	-	-	-	-	-
PLANEJAMENTO PROJETO-PILOTO							
Elaborar o plano global do projeto-piloto	-	-	-	-	8.000	-	8.000
Aprovar o plano global do projeto-piloto	-	-	-	-	-	-	-
EXECUÇÃO E AVALIAÇÃO PROJETO-PILOTO							
Executar o projeto-piloto	-	-	-	-	-	-	-
Avaliar os resultados do projeto-piloto	-	-	-	-	-	4.800	4.800
AÇÕES CORRETIVAS							
Realizar as ações corretivas a partir dos resultados do projeto-piloto	-	-	-	-	-	8.000	8.000
Piloto realizado e avaliado	-	-	-	-	-	-	-
RESULTADOS							
Apresentar os resultados, padronização e piloto	-	-	-	-	-	6.400	6.400
Projeto Implementação aprovado	-	-	-	-	-	-	-
Project Close-out	-	-	-	-	-	-	-
Total	**752.600**	**66.900**	**20.600**	**68.400**	**9.600**	**19.200**	**937.300**

Nota: Quaisquer alterações neste documento deverão ser submetidas ao processo de controle do projeto para aprovação antes de serem incorporadas a este documento.

APROVADO POR

Rodrigo Mendes Lemos - Gerente do Projeto

DATA

03/12/2025

PROJETO NOVAS FRONTEIRAS

Curva de Desembolso do Projeto *(Cumulative Costs Curve)*

PREPARADO POR	APROVADO POR	VERSÃO	DATA
Nelson Azevedo - Membro do Time	Rodrigo Mendes Lemos - Gerente do Projeto	02	03/12/2025

Nota: Imagem extraída do Microsoft Excel

Nota: Quaisquer alterações neste documento deverão ser submetidas ao processo de controle do projeto para aprovação antes de serem incorporadas a este documento.

APROVADO POR	DATA
Rodrigo Mendes Lemos - Gerente do Projeto	06/12/2025

PROJETO NOVAS FRONTEIRAS

Plano de Gerenciamento dos Custos *(Cost Management Plan)*

PREPARADO POR	APROVADO POR	VERSÃO	DATA
Nelson Azevedo - Membro do Time	Rodrigo Mendes Lemos - Gerente do Projeto	03	30/11/2025

Descrição dos processos de gerenciamento dos custos

- A atualização do orçamento do projeto será realizada no Microsoft Project através da publicação no site do projeto do relatório de Acompanhamento do orçamento.
- A avaliação de desempenho do projeto será realizada através da Análise de Valor Agregado *(Earned Value)*, onde o custo e o prazo do projeto são acompanhados em um único processo de controle (relatório Análise de Valor Agregado).
- O gerenciamento dos custos do projeto será realizado com base no orçamento previsto para o projeto (subdividido por tarefas e por recursos), bem como através do fluxo de caixa do projeto.
- Somente serão contempladas pelo plano de gerenciamento dos custos as despesas adicionais provenientes de compras e contratações externas. Os custos relativos ao pessoal e aos recursos internos não serão contabilizados no projeto.
- Questões de caráter inflacionário e cambial serão desconsideradas dentro do período de tempo do projeto.
- Todas as mudanças no orçamento inicialmente previstas para o projeto devem ser avaliadas e classificadas dentro do sistema de controle de mudanças de orçamento *(Cost Change Control System)*.
- Serão consideradas mudanças orçamentárias apenas as medidas corretivas. Inovações e novas características do produto/projeto não serão abordadas pelo gerenciamento dos custos e serão ignoradas.
- Todas as solicitações de verbas devem ser feitas por escrito ou através de e-mail, conforme descrito no plano de gerenciamento das comunicações do projeto.

Frequência de avaliação do orçamento do projeto e das reservas gerenciais

O orçamento do projeto deve ser atualizado e avaliado diariamente, sendo os resultados publicados no site do projeto e apresentados na reunião semanal do Comitê Executivo do projeto, prevista no plano de gerenciamento das comunicações.

As reservas devem ser avaliadas semanalmente, e os resultados e saldo, apresentados na reunião semanal do Comitê Executivo, prevista no plano de gerenciamento das comunicações.

Reservas gerenciais

Foi aprovada pelo patrocinador uma reserva gerencial total de $60.000 (sessenta mil unidades financeiras). As reservas gerenciais se subdividem em Reservas de Contingência e Outras reservas, que, juntamente com o orçamento do projeto, compõem o custo final do empreendimento.

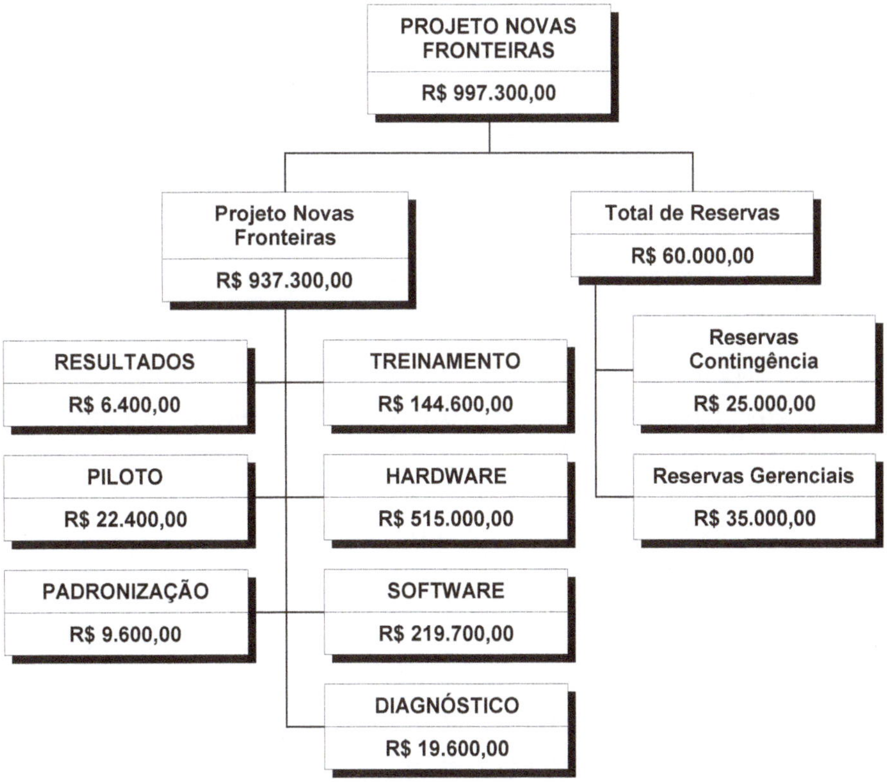

Nota: Imagem extraída do WBS Chart Pro

Reservas de Contingência – São reservas destinadas exclusivamente ao processo de gerenciamento dos riscos, conforme descrito no plano de gerenciamento dos riscos.

Outras Reservas – São todas as reservas destinadas a outros eventos que não são contemplados como riscos do projeto.

As reservas serão consumidas com base nas solicitações de mudanças provenientes dos outros planos e dentro da autonomia do gerente do projeto e do patrocinador.

Autonomias

O gerente do projeto tem as seguintes autonomias quanto à utilização das reservas:

	RESERVAS DE CONTINGÊNCIA	OUTRAS RESERVAS
Gerente do projeto isoladamente	**Até $3.500**	**Até $5.000**
Gerente do projeto com aval do patrocinador	**Até $7.000**	**Até $10.000**
Somente o patrocinador	**Acima de $7.000 e até o limite das reservas**	**Acima de $10.000 e até o limite das reservas**

Essa autonomia é por cada solicitação de mudanças proveniente dos outros planos, podendo o gerente do projeto consumir a reserva, desde que em diferentes solicitações.

Com o fim das reservas, somente o patrocinador poderá solicitar e decidir sobre a criação de novas reservas conforme será apresentado a seguir neste plano.

Conforme descrito no plano de gerenciamento dos recursos, serão destinados, no final do projeto, 20% do saldo contido na reserva gerencial para serem distribuídos para todos os integrantes do time, incluindo o gerente do projeto, em parcelas iguais de valores, independentemente do cargo.

Alocação financeira das mudanças no orçamento

As mudanças de caráter corretivo podem ser alocadas dentro das reservas gerenciais do projeto, na categoria Outras reservas, desde que dentro da alçada do gerente do projeto.

Para mudanças corretivas prioritárias que estejam fora da alçada do gerente do projeto, ou quando não existe mais reserva gerencial disponível, deverá ser acionado o patrocinador, uma vez que o gerente do projeto não tem autonomia necessária para solicitar à diretoria da empresa um aumento nas reservas gerenciais.

Administração do plano de gerenciamento dos custos

Responsável pelo plano

- **Nelson Azevedo**, membro do time do projeto, será o responsável direto pelo plano de gerenciamento dos custos.
- **Juliano Palácios Medeiros**, membro do time do projeto, será suplente do responsável direto pelo plano de gerenciamento dos custos.

Frequência de atualização do plano de gerenciamento dos custos

O plano de gerenciamento dos custos será reavaliado mensalmente na primeira reunião mensal do Comitê Executivo, juntamente com os outros planos de gerenciamento do projeto.

As necessidades de atualização do plano antes da primeira reunião do Comitê Executivo do projeto deverão ser tratadas através dos procedimentos descritos no item Outros assuntos relacionados ao gerenciamento dos custos do projeto não previstos neste plano.

Outros assuntos relacionados ao gerenciamento dos custos do projeto não previstos neste plano

Todas as solicitações não previstas neste plano deverão ser submetidas para aprovação na reunião do Comitê Executivo. Imediatamente após sua aprovação, deverá ser atualizado o plano de gerenciamento dos custos com o devido registro das alterações efetivadas.

Nota: *Quaisquer alterações neste documento deverão ser submetidas ao processo de controle do projeto para aprovação antes de serem incorporadas a este documento.*

APROVADO POR	DATA
Rodrigo Mendes Lemos - Gerente do Projeto	25/10/2026

PROJETO NOVAS FRONTEIRAS

Gerenciamento da Qualidade

PROJETO NOVAS FRONTEIRAS

Lista de Verificação dos Processos de Qualidade do Projeto

(Project Quality Checklist)

PREPARADO POR	APROVADO POR	VERSÃO	DATA
Mara Lúcia Menezes – Membro do Time	Rodrigo Mendes Lemos – Gerente do Projeto	01	18/11/2025

ITEM DA QUALIDADE	VERIFICAÇÃO				
	SIM	NÃO	N/D	DATA	COMENTÁRIO
O projeto tem um Plano de Gerenciamento da Qualidade aprovado?					
O Plano de Gerenciamento da Qualidade foi revisto pelas principais partes interessadas?					
As principais partes interessadas têm acesso ao Plano de Gerenciamento da Qualidade?					
O Plano de Gerenciamento da Qualidade é consistente com o plano geral do projeto?					
As métricas relacionadas aos padrões de qualidade dos produtos e serviços do projeto foram estabelecidas e acordadas entre as partes?					
As métricas estabelecidas atendem aos requisitos de qualidade aceitáveis para o cliente e beneficiário do projeto?					
Todas as métricas têm mecanismos de coleta estabelecidos e acordados?					
A frequência de coleta das métricas está acordada entre as partes?					
Existem reuniões para reavaliação do plano de qualidade agendadas durante toda a duração do projeto?					
Todas as métricas estabelecidas nos padrões de qualidade são claras, mensuráveis e controláveis?					
Existe um repositório para todas as informações de qualidade?					
Todos os membros do time têm acesso ao repositório de documentação da qualidade?					
Todos os membros do time requeridos para o processo de revisão da qualidade foram notificados e confirmaram a participação?					
As responsabilidades relacionadas aos padrões de qualidade foram atribuídas aos respectivos membros do time do projeto?					
Os limites de qualidade foram estabelecidos, documentados e comunicados?					
O patrocinador está ciente das suas responsabilidades quanto à aceitação dos padrões de qualidade?					
O cliente/beneficiário está ciente das suas responsabilidades relacionadas à aceitação dos padrões de qualidade?					

Nota: Quaisquer alterações neste documento deverão ser submetidas ao processo de controle do projeto para aprovação antes de serem incorporadas a este documento.

APROVADO POR	DATA
Rodrigo Mendes Lemos - Gerente do Projeto	20/11/2025

PROJETO NOVAS FRONTEIRAS

Lista de Verificação de Qualidade do Processo de Definição do Projeto-Piloto (Pacote 6.1) *(Quality Checklist)*

PREPARADO POR	APROVADO POR	VERSÃO	DATA
Mara Lúcia Menezes – Membro do Time	Rodrigo Mendes Lemos – Gerente do Projeto	01	23/11/2025

ITEM DA QUALIDADE	VERIFICAÇÃO				
	SIM	NÃO	N/D	DATA	COMENTÁRIO
O piloto é um projeto relevante para comprovar a aplicabilidade dos padrões e processos desenvolvidos?					
O piloto escolhido irá utilizar todos os padrões de documentos e processos desenvolvidos?					
O piloto foi escolhido em comum acordo com as partes interessadas?					
O piloto está dentro da esfera do departamento?					
O gerente do projeto está disponível para participar diretamente do piloto?					
O patrocinador está disponível para participar ativamente do piloto?					
Existem mecanismos de comunicação que asseguram que usuários estratégicos estão participando ativamente do projeto?					

Nota: Quaisquer alterações neste documento deverão ser submetidas ao processo de controle do projeto para aprovação antes de serem incorporadas a este documento.

APROVADO POR	DATA
Rodrigo Mendes Lemos - Gerente do Projeto	25/11/2025

PROJETO NOVAS FRONTEIRAS

Plano de Gerenciamento da Qualidade *(Quality Management Plan)*

PREPARADO POR	APROVADO POR	VERSÃO	DATA
Mara Lúcia Menezes - Membro do Time	Rodrigo Mendes Lemos - Gerente do Projeto	03	15/11/2025

Descrição dos processos de gerenciamento da qualidade

- O gerenciamento da qualidade será realizado com base na norma ISO 9000/2000, na qual a empresa foi certificada, pois age em conformidade com ela em todos os seus processos.
- Os procedimentos preconizados pela ISO para os projetos da empresa não estão descritos neste plano por fazerem parte dos procedimentos de qualidade da empresa.
- Todas as reclamações provenientes de clientes, bem como produtos e/ou entregas não conformes com a especificação do escopo, deverão ser tratados como medidas corretivas no plano de gerenciamento da qualidade.
- Todas as mudanças nos requisitos de qualidade inicialmente previstas para o projeto devem ser avaliadas e classificadas dentro do sistema de controle de mudanças de qualidade *(Quality Change Control System)*.
- Serão consideradas mudanças nos padrões de qualidade apenas as medidas corretivas, que, se influenciadoras no sucesso do projeto, devem ser integradas ao plano. Inovações e novos níveis de qualidade não serão considerados pelo gerenciamento da qualidade.
- Todas as solicitações de mudança na qualidade devem ser feitas por escrito ou através de e-mail, conforme descrito no plano de gerenciamento das comunicações do projeto.

Requisitos de Qualidade

- 0 Requisitos de Qualidade.mpp
  - 1 DIAGNÓSTICO
    - 1.1 Empresa de consultoria tem experiência comprovada em implementação de PMO.
    - 1.2 Todas as partes interessadas estão motivadas e envolvidas no diagnóstico inicial.
  - 2 SOFTWARE
    - 2.1 Servidores estão configurados com software de alta confiabilidade e disponibilidade.
    - 2.2 Softwares a serem utilizados têm baixa necessidade de suporte técnico.
    - 2.3 Softwares são de fácil e direta utilização pelos usuários.
    - 2.4 Softwares utilizados têm alta aceitabilidade no mercado (populares).
    - 2.5 Softwares permitem a escalabilidade futura da solução.
    - 2.6 Sistema integrado de software tem criptografia de segurança, impedindo acesso não autorizado.
    - 2.7 Sistema permite acesso de fora da rede interna da empresa.
  - 3 HARDWARE
    - 3.1 Computadores novos têm garantia e qualidade garantida e comprovada pelo fabricante.

- 3.2 Hardware dos servidores está configurado com alta confiabilidade e disponibilidade.
- 3.3 Preço do Hardware é compatível ao orçamento disponibilizado.
- 3.4 Hardware permite a escalabilidade futura da solução.

4 TREINAMENTO

- 4.1 Equipe de suporte envolve todos os técnicos que irão trabalhar com a solução.
- 4.2 Empresa de treinamento tem experiência comprovada e garantida nesse tipo de treinamento.
- 4.3 Treinamento em gerenciamento de projetos contempla a padronização desenvolvida para o PMO.
- 4.4 Empresa de Treinamento é capaz de personalizar o curso de acordo com os interesses do projeto.

5 PADRONIZAÇÃO

- 5.1 Padrões são desenvolvidos em conformidade com a absoluta maioria dos tipos de projeto existentes no departamento.
- 5.2 Padronização considera todas as partes interessadas nos projetos.
- 5.3 Padrões desenvolvidos são de fácil utilização pelos usuários.
- 5.4 Padrões permitem a escalabilidade futura da solução.

6 PILOTO

- 6.1 Piloto tem média complexidade para comprovar o ambiente real sem ser um desafio para o projeto.
- 6.2 Piloto tem envolvimento total das partes interessadas.

Nota: Imagem extraída do WBS Chart Pro

Padrões de Qualidade

FASE	REQUISITO	PADRÕES	RESPONS.
DIAGNÓSTICO	Empresa de consultoria tem experiência comprovada em implementação de PMO.	• Empresa deve ser qualificada como Microsoft Partner. • Empresa deve ser parceira do PMI como Registered Education Provider (REP). • Empresa deve ser parceira do PMI como Registered Consultant Partner (RCP). • Empresa deve apresentar pelo menos cinco Atestados de Capacidade Técnica em Projetos dessa envergadura.	Nelson Azevedo
DIAGNÓSTICO	Todas as partes interessadas estão motivadas e envolvidas no diagnóstico inicial.	• Todos os membros da equipe do projeto que foram convocados devem participar do diagnóstico. • O patrocinador deve participar diretamente.	Mara Lúcia Menezes
SOFTWARE	Servidores estão configurados com software de alta confiabilidade e disponibilidade.	• Softwares do servidor, banco de dados e programa de GED devem ter capacidade de operação 24x7 com disponibilidade de 99,9999% comprovada pelo fabricante.	Nelson Azevedo

FASE	REQUISITO	PADRÕES	RESPONS.
SOFTWARE	Softwares a serem utilizados têm baixa necessidade de suporte técnico.	• Suporte remoto deve ser comprovado por todos os fabricantes de software. • Manual do usuário deve ser disponibilizado eletronicamente por todos os fornecedores para todos os usuários.	Nelson Azevedo
SOFTWARE	Softwares são de fácil e direta utilização pelos usuários.	• Após o treinamento, pelo menos 90% dos alunos devem conseguir operar diretamente o sistema, sem necessidade de suporte.	Ana Sílvia Bragança
SOFTWARE	Softwares utilizados têm alta aceitabilidade no mercado (populares).	• Participação de mercado do software no país é superior a 50%. • Empresas prestadoras de serviço no software podem ser encontradas nas principais capitais do país.	Nelson Azevedo
SOFTWARE	Softwares permitem a escalabilidade futura da solução.	• O software deve ser utilizado em menos de 25% do seu limite técnico estabelecido pelo fabricante.	Ana Carolina Lopes
SOFTWARE	Sistema integrado de software tem criptografia de segurança, impedindo acesso não autorizado.	• O sistema de login deve ter criptografia mínima de 256 bits RC4 para acesso.	Ana Carolina Lopes
SOFTWARE	Sistema permite acesso de fora da rede interna da empresa.	• O sistema deve permitir acesso via *Virtual Private Network* (VPN).	Ana Carolina Lopes
HARDWARE	Computadores novos têm garantia e qualidade garantida e comprovada pelo fabricante.	• Os equipamentos devem ter garantia de três anos no local. • Empresa fabricante do hardware deve ter atuação mundial e completa infraestrutura no país.	Nelson Azevedo
HARDWARE	Hardware dos servidores está configurado com alta confiabilidade e disponibilidade.	• Servidores devem ter capacidade de operação 24x7 com disponibilidade de 99,9999% comprovada pelo fabricante.	Nelson Azevedo
HARDWARE	Preço do hardware é compatível ao orçamento disponibilizado.	• O custo do hardware não deve ultrapassar 60% do orçamento total do projeto.	Márcio Silva Valente Pereira
HARDWARE	Hardware permite a escalabilidade futura da solução.	• O hardware deve ser utilizado em menos de 25% do seu limite técnico estabelecido pelo fabricante.	Nelson Azevedo
TREINAMENTO	Equipe de suporte envolve todos os técnicos que irão trabalhar com a solução.	• Toda a equipe de TI alocada no projeto deve participar do treinamento.	Ana Sílvia Bragança

FASE	REQUISITO	PADRÕES	RESPONS.
TREINAMENTO	Empresa de treinamento tem experiência comprovada e garantida nesse tipo de treinamento.	• Empresa deve ser Microsoft Partner. • Empresa deve ser parceira do PMI como Registered Education Provider (REP). • Empresa deve apresentar cinco Atestados de Capacidade Técnica em treinamentos dessa envergadura utilizando a Plataforma Microsoft. • Empresa deve ser certificada ISO 9000 em treinamento. • Empresa deve ter infraestrutura própria para o treinamento da equipe de suporte.	Nelson Azevedo
TREINAMENTO	Treinamento em gerenciamento de projetos contempla a padronização desenvolvida para o PMO.	• Todos os padrões desenvolvidos na fase de padronização devem ser apresentados como ferramenta nos treinamentos de gerenciamento de projetos. • Todos os padrões desenvolvidos na fase de padronização devem ser utilizados no treinamento do software e da equipe de suporte.	Ana Sílvia Bragança
TREINAMENTO	Empresa de Treinamento é capaz de personalizar o curso de acordo com os interesses do projeto.	• Empresa deve comprovar, através de um atestado, que já realizou personalizações de conteúdo em clientes do mesmo tamanho e complexidade.	Nelson Azevedo
PADRONIZAÇÃO	Padrões são desenvolvidos em conformidade com a absoluta maioria dos tipos de projeto existentes no departamento.	• O padrão estabelecido deve ser empregado em pelo menos 90% dos projetos do departamento sem nenhuma necessidade de personalização adicional.	Maria Sônia Silveira
PADRONIZAÇÃO	Padronização considera todas as partes interessadas nos projetos.	• Os recursos humanos a serem utilizados na padronização devem representar o conjunto de interessados no projeto. • O gerente do projeto deve participar do processo de validação da padronização.	Maria Sônia Silveira
PADRONIZAÇÃO	Padrões desenvolvidos são de fácil utilização pelos usuários.	• Após o treinamento, pelo menos 90% dos alunos devem conseguir operar diretamente o sistema, sem necessidade de suporte.	Ana Sílvia Bragança
PADRONIZAÇÃO	Padrões permitem a escalabilidade futura da solução.	• Os padrões de documentos utilizam ferramentas populares de mercado (MS Office) e podem ser facilmente alterados.	Maria Sônia Silveira
PILOTO	Piloto tem média complexidade para comprovar o ambiente sem ser um desafio adicional para o projeto.	• Projeto-Piloto deve utilizar todos os padrões desenvolvidos. • Projeto-Piloto deve ser um projeto que está integralmente dentro do controle do departamento. • Projeto deve envolver um número controlado de partes interessadas.	Ronaldo Gomes Severo
PILOTO	Piloto tem envolvimento total das partes interessadas.	• O gerente do projeto e o patrocinador devem participar diretamente do piloto. • Participação dos usuários estratégicos no processo deve ser comprovada através de ata de reunião.	Ronaldo Gomes Severo

Priorização das mudanças nos requisitos de qualidade e respostas

As mudanças dos requisitos de qualidade são classificadas em quatro níveis de prioridade:

Prioridade 0 (zero) – Mudanças de prioridade zero requerem uma ação imediata por parte do gerente do projeto, que deve acionar imediatamente o patrocinador, uma vez que se trata de mudança urgente, de alto impacto no projeto e em outras áreas sobre as quais o gerente do projeto não tem autonomia.

Prioridade 1 (um) – Mudanças de prioridade um requerem uma ação imediata por parte do gerente do projeto, independentemente das reuniões de controle previstas devido à urgência, acionando imediatamente o patrocinador no caso de necessidade de autorizações financeiras fora da alçada do gerente do projetos.

Prioridade 2 (dois) – Mudanças de prioridade dois requerem um planejamento da ação através de terceiros ou de equipes que, a princípio, tenham disponibilidade, uma vez que agregam valor ao sucesso do projeto e são urgentes, porém não têm impacto significativo nos custos e nos prazos do projeto.

Prioridade 3 (três) – Mudanças de prioridade três podem ser implementadas por ter influência no sucesso do projeto, porém não requerem uma ação imediata por não serem impactantes ou urgentes.

Sistema de controle de mudanças da qualidade *(Quality change control system)*

Todas as mudanças na qualidade do projeto devem ser tratadas segundo o fluxo a seguir e apresentadas na reunião semanal do Comitê Executivo do projeto com suas conclusões, prioridades e ações relacionadas.

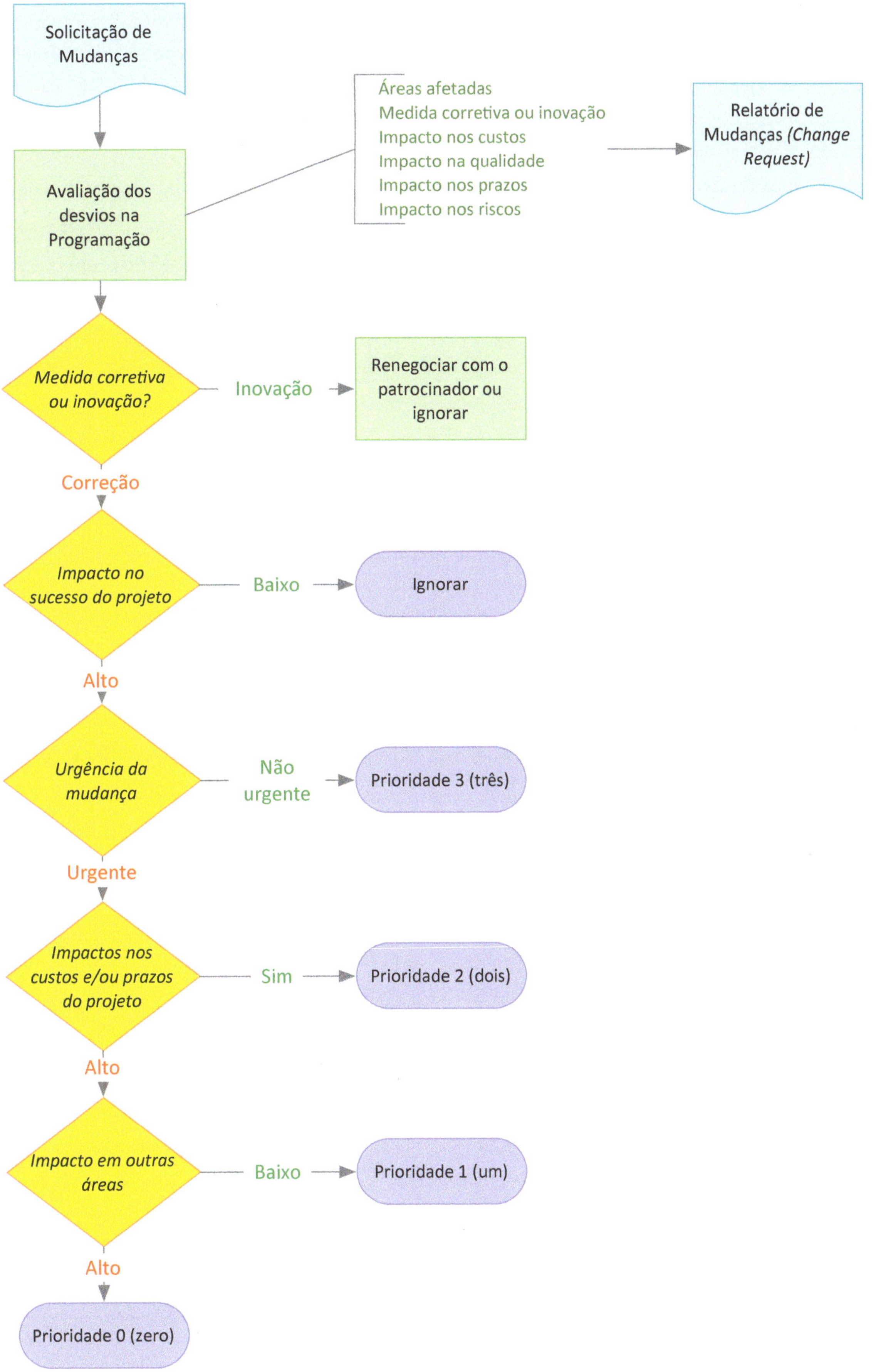
Solicitação de Mudanças
Avaliação dos desvios na Programação
Áreas afetadas
Medida corretiva ou inovação
Impacto nos custos
Impacto na qualidade
Impacto nos prazos
Impacto nos riscos
Relatório de Mudanças (Change Request)
Medida corretiva ou inovação?
Inovação
Renegociar com o patrocinador ou ignorar
Correção
Impacto no sucesso do projeto
Baixo
Ignorar
Alto
Urgência da mudança
Não urgente
Prioridade 3 (três)
Urgente
Impactos nos custos e/ou prazos do projeto
Sim
Prioridade 2 (dois)
Alto
Impacto em outras áreas
Baixo
Prioridade 1 (um)
Alto
Prioridade 0 (zero)

Frequência de avaliação dos requisitos de qualidade do projeto

Os requisitos da qualidade do projeto devem ser avaliados semanalmente dentro da reunião do Comitê Executivo, prevista no plano de gerenciamento das comunicações.

Alocação financeira das mudanças nos requisitos de qualidade

As mudanças na qualidade podem ser alocadas dentro das reservas gerenciais do projeto, na categoria Outras reservas, desde que dentro da alçada do gerente do projeto.

Para mudanças prioritárias na qualidade que estejam fora da alçada do gerente do projeto, ou quando não existe mais reserva gerencial disponível, deverá ser acionado o patrocinador, já que o gerente do projeto não tem autonomia necessária para decidir utilizar a reserva de contingência de riscos para mudanças na qualidade, ou deverá ser solicitado à diretoria da empresa um aumento das reservas gerenciais.

Administração do plano de gerenciamento da qualidade

Responsável pelo plano

- **Mara Lúcia Menezes**, membro do time do projeto, será a responsável direta pelo plano de gerenciamento da qualidade.
- **Ana Sílvia Bragança**, membro do time do projeto, será suplente do responsável direto pelo plano de gerenciamento da qualidade.

Frequência de atualização do plano de gerenciamento da qualidade

O plano de gerenciamento da qualidade será reavaliado mensalmente na primeira reunião mensal do Comitê Executivo, juntamente com os outros planos de gerenciamento do projeto.

As necessidades de atualização do plano antes da primeira reunião do Comitê Executivo do projeto deverão ser tratadas segundo os procedimentos descritos no item Outros assuntos relacionados ao gerenciamento da qualidade do projeto não previstos neste plano.

Outros assuntos relacionados ao gerenciamento da qualidade do projeto não previstos neste plano

Todas as solicitações não previstas neste plano deverão ser submetidas para aprovação na reunião do Comitê Executivo. Imediatamente após sua aprovação, deverá ser atualizado o plano de gerenciamento da qualidade com o devido registro das alterações efetivadas.

DESCRIÇÃO DA ALTERAÇÃO
Inserção do processo de inclusão da mudança no plano do projeto.

ALTERADO POR: Rodrigo Mendes Lemos
DATA: 25/10/2025

APROVADO POR: Rodrigo Mendes Lemos - Gerente do Projeto
DATA: 25/10/2025

Nota: Quaisquer alterações neste documento deverão ser submetidas ao processo de controle do projeto para aprovação antes de serem incorporadas a este documento.

PROJETO NOVAS FRONTEIRAS

Gerenciamento dos Recursos

PROJETO NOVAS FRONTEIRAS

Organograma do Projeto *(Project Organizational Chart)*

PREPARADO POR	APROVADO POR	VERSÃO	DATA
Rodrigo Mendes Lemos - Gerente do Projeto	Rodrigo Mendes Lemos - Gerente do Projeto	01	18/11/2025

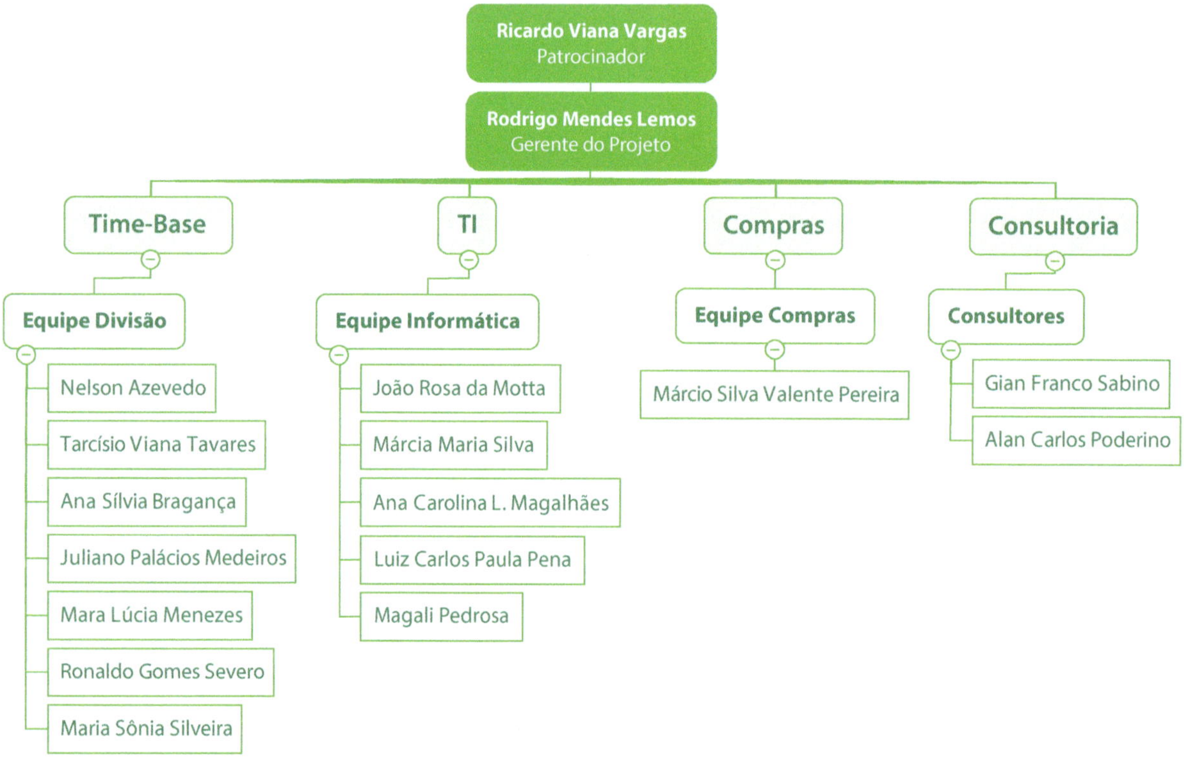

Nota: Quaisquer alterações neste documento deverão ser submetidas ao processo de controle do projeto para aprovação antes de serem incorporadas a este documento.

APROVADO POR	DATA
Rodrigo Mendes Lemos - Gerente do Projeto	06/12/2025

PROJETO NOVAS FRONTEIRAS

Lista dos Recursos do Projeto *(Resource List)*

PREPARADO POR	APROVADO POR	VERSÃO	DATA
Tarcísio Viana Tavares - Membro do Time	Rodrigo Mendes Lemos - Gerente do Projeto	03	15/11/2025

Nome do recurso	Grupo	Nome	Rótulo	Unid. máximas	Taxa padrão	Pagamento	Calendário
Alan Carlos Poderino - Consultor	Consultoria	Alan Carlos		100%	R$ 200,00/hr	Prorated	Standard
Ana Carolina Lopes Magalhães - TI	TI	Ana Carolina		100%	R$ 0,00/hr	Prorated	Standard
Ana Sílvia Bragança - Membro	Membro Time	Ana Sílvia		100%	R$ 0,00/hr	Prorated	Standard
Gian Franco Sabino - Consultor	Consultoria	Gian Franco		100%	R$ 200,00/hr	Prorated	Standard
João Rosa da Motta - TI	TI	João Rosa		100%	R$ 0,00/hr	Prorated	Standard
Juliano Palácios Medeiros - Membro	Membro Time	Juliano		100%	R$ 0,00/hr	Prorated	Standard
Luiz Carlos Paula Pena - TI	TI	Luiz Cláudio		100%	R$ 0,00/hr	Prorated	Standard
Magali Pedrosa - TI	TI	Magali		100%	R$ 0,00/hr	Prorated	Standard
Mara Lúcia Menezes - Membro	Membro Time	Mara Lúcia		100%	R$ 0,00/hr	Prorated	Standard
Márcia Maria Silva - TI	TI	Márcia		100%	R$ 0,00/hr	Prorated	Standard
Márcio Silva Valente Pereira - Compras	Compras	Márcio		100%	R$ 0,00/hr	Prorated	Standard
Maria Sônia Silveira - Membro	Membro Time	Maria Sônia		100%	R$ 0,00/hr	Prorated	Standard
Nelson Azevedo - Membro	Membro Time	Nelson		100%	R$ 0,00/hr	Prorated	Standard
Ricardo Viana Vargas - Patrocinador	Gerência Divisão	Ricardo		100%	R$ 0,00/hr	Prorated	Standard
Rodrigo Mendes Lemos - GP	Gerência Projeto	Rodrigo		100%	R$ 0,00/hr	Prorated	Standard
Ronaldo Gomes Severo - Membro	Membro Time	Ronaldo		100%	R$ 0,00/hr	Prorated	Standard
Tarcísio Viana Tavares - Membro	Membro Time	Tarcísio		100%	R$ 0,00/hr	Prorated	Standard
Banco de Dados	Software	B	Unidade (s)		R$ 2.000,00	Start	
Computador	Equipamento Informática	Computador	Unidade (s)		R$ 3.000,00	Prorated	
Curso GP Avançado	Treinamento Externo	Curso GP B	Turma (s)		R$ 12.000,00	End	
Curso GP Básico	Treinamento Externo	Curso GB A	Turma (s)		R$ 8.000,00	End	
Curso Office Project Avc	Treinamento Externo	Curso Project	Turma (s)		R$ 14.000,00	End	
Curso Office Project Basico	Treinamento Externo	C	Turma (s)		R$ 8.000,00	End	
Curso Suporte	Treinamento Externo	C	Turma (s)		R$ 19.000,00	End	
Ged	Software	G	Unidade (s)		R$ 8.500,00	Start	
Microsoft Azure Server	Software	M	Unidade (s)		R$ 1.500,00	Start	
Microsoft Project	Software	M	Unidade (s)		R$ 800,00	Start	
Microsoft Project Server	Software	M	Unidade (s)		R$ 1.500,00	Start	
Microsoft Windows	Software	M	Unidade (s)		R$ 500,00	Start	
Palestra Conscientização	Treinamento Externo	P	Unidade (s)		R$ 4.000,00	End	
Servidor	Equipamento Informática	S	Unidade (s)		R$ 10.000,00	Start	
Viagem Divisão GP	Externo	V	Unidade (s)		R$ 10.000,00	Prorated	

Nota: Imagem extraída do Microsoft Project

Nota: Quaisquer alterações neste documento deverão ser submetidas ao processo de controle do projeto para aprovação antes de serem incorporadas a este documento.

APROVADO POR	DATA
Rodrigo Mendes Lemos - Gerente do Projeto	15/11/2025

PROJETO NOVAS FRONTEIRAS

Lista dos Recursos Humanos do Projeto *(Human Resources List)*

PREPARADO POR	APROVADO POR	VERSÃO	DATA
Rodrigo Mendes Lemos - Gerente do Projeto	Rodrigo Mendes Lemos - Gerente do Projeto	01	18/11/2025

Nome do recurso	Grupo	Nome	Email Address	Unid. máximas	Taxa padrão	Pagamento	Calendário
Alan Carlos Poderino - Consultor	Consultoria	Alan Carlos	alan.carlos@macrosolutions.com.br	100%	R$ 200,00/hr	Prorated	Standard
Ana Carolina Lopes Magalhães - TI	TI	Ana Carolina	ana.carolina@ricardo-vargas.com	100%	R$ 0,00/hr	Prorated	Standard
Ana Sílvia Bragança - Membro	Membro Time	Ana Sílvia	ana.silvia@ricardo-vargas.com	100%	R$ 0,00/hr	Prorated	Standard
Gian Franco Sabino - Consultor	Consultoria	Gian Franco	gian.franco@macrosolutions.com.br	100%	R$ 200,00/hr	Prorated	Standard
João Rosa da Motta - TI	TI	João Rosa	joao.rosa@ricardo-vargas.com	100%	R$ 0,00/hr	Prorated	Standard
Juliano Palácios Medeiros - Membro	Membro Time	Juliano	juliano.palacios@ricardo-vargas.com	100%	R$ 0,00/hr	Prorated	Standard
Luiz Carlos Paula Pena - TI	TI	Luiz Cláudio	Luiz.carlos@ricardo-vargas.com	100%	R$ 0,00/hr	Prorated	Standard
Magali Pedrosa - TI	TI	Magali	magali.pedrosa@ricardo-vargas.com	100%	R$ 0,00/hr	Prorated	Standard
Mara Lúcia Menezes - Membro	Membro Time	Mara Lúcia	mara.lucia@ricardo-vargas.com	100%	R$ 0,00/hr	Prorated	Standard
Márcia Maria Silva - TI	TI	Márcia	marcia.silva@ricardo-vargas.com	100%	R$ 0,00/hr	Prorated	Standard
Márcio Silva Valente Pereira - Compras	Compras	Márcio	marcio.valente@ricardo-vargas.com	100%	R$ 0,00/hr	Prorated	Standard
Maria Sônia Silveira - Membro	Membro Time	Maria Sônia	maria.sonia@ricardo-vargas.com	100%	R$ 0,00/hr	Prorated	Standard
Nelson Azevedo - Membro	Membro Time	Nelson	nelson.azevedo@ricardo-vargas.com	100%	R$ 0,00/hr	Prorated	Standard
Ricardo Viana Vargas - Patrocinador	Gerência Divisão	Ricardo	ricardo.vargas@ricardo-vargas.com	100%	R$ 0,00/hr	Prorated	Standard
Rodrigo Mendes Lemos - GP	Gerência Projeto	Rodrigo	rodrigo.lemos@ricardo-vargas.com	100%	R$ 0,00/hr	Prorated	Standard
Ronaldo Gomes Severo - Membro	Membro Time	Ronaldo	ronaldo.severo@ricardo-vargas.com	100%	R$ 0,00/hr	Prorated	Standard
Tarcísio Viana Tavares - Membro	Membro Time	Tarcísio	tarcisio.tavares@ricardo-vargas.com	100%	R$ 0,00/hr	Prorated	Standard

Nota: Imagem extraída do Microsoft Project

Nota: Quaisquer alterações neste documento deverão ser submetidas ao processo de controle do projeto para aprovação antes de serem incorporadas a este documento.

APROVADO POR	DATA
Rodrigo Mendes Lemos - Gerente do Projeto	06/12/2025

PROJETO NOVAS FRONTEIRAS

Diretório do Time do Projeto *(Project Team Directory)*

PREPARADO POR	APROVADO POR	VERSÃO	DATA
Rodrigo Mendes Lemos - Gerente do Projeto	Rodrigo Mendes Lemos - Gerente do Projeto	01	18/11/2025

#	NOME	ÁREA	E-MAIL	TELEFONE
1	Alan Carlos Poderino	Consultoria	alan.carlos@macrosolutions.com.br	11-2222-1111
2	Ana Carolina L Magalhães	TI	ana.carolina@ricardo-vargas.com	21-2222-1222
3	Ana Sílvia Bragança	Membro do Time	ana.silvia@ricardo-vargas.com	31-2222-1333
4	Gian Franco Sabino	Consultoria	gian.franco@macrosolutions.com.br	11-2222-1444
5	João Rosa da Motta	TI	joao.rosa@ricardo-vargas.com	21-2222-1555
6	Juliano Palácios Medeiros	Membro do Time	juliano.palacios@ricardo-vargas.com	31-2222-1666
7	Luiz Carlos Paula Pena	TI	luiz.carlos@ricardo-vargas.com	11-2222-1777
8	Magali Pedrosa	TI	magali.pedrosa@ricardo-vargas.com	21-2222-1888
9	Mara Lúcia Menezes	Membro do Time	mara.lucia@ricardo-vargas.com	31-2222-1999
10	Márcia Maria Silva	TI	marcia.silva@ricardo-vargas.com	11-2222-2110
11	Márcio Silva Valente Pereira	Compras	marcio.valente@ricardo-vargas.com	21-2222-2222
12	Maria Sônia Silveira	Membro do Time	maria.sonia@ricardo-vargas.com	31-2222-2332
13	Nelson Azevedo	Membro do Time	nelson.azevedo@ricardo-vargas.com	11-2222-2443
14	Ricardo Viana Vargas	Gerência Divisão	ricardo.vargas@ricardo-vargas.com	31-3024-3003
15	Rodrigo Mendes Lemos	Gerência Projeto	rodrigo.lemos@ricardo-vargas.com	21-2222-2665
16	Ronaldo Gomes Severo	Membro do Time	ronaldo.severo@ricardo-vargas.com	11-2222-2776
17	Tarcísio Viana Tavares	Membro do Time	tarcisio.tavares@ricardo-vargas.com	11-2222-2887

Nota: Quaisquer alterações neste documento deverão ser submetidas ao processo de controle do projeto para aprovação antes de serem incorporadas a este documento.

Rod M Lemos

APROVADO POR
Rodrigo Mendes Lemos - Gerente do Projeto

DATA
06/12/2025

PROJETO NOVAS FRONTEIRAS

Alocação dos Recursos *(Resource Allocation)*

PREPARADO POR	APROVADO POR	VERSÃO	DATA
Tarcísio Viana Tavares - Membro do Time	Rodrigo Mendes Lemos - Gerente do Projeto	03	15/11/2025

ID	Nome da tarefa	Unidades	Duração
0	**PROJETO NOVAS FRONTEIRAS**		
1	**1 DIAGNÓSTICO**		
2	1.1 Realizar o Kick-off Meeting do projeto		1 dia
	Rodrigo Mendes Lemos - GP	*100%*	
	Ricardo Viana Vargas - Patrocinador	*100%*	
	Alan Carlos Poderino - Consultor	*100%*	
3	1.2 Reunir a equipe do projeto e definir o comitê		2 dias
	João Rosa da Motta - TI	*50%*	
	Rodrigo Mendes Lemos - GP	*100%*	
	Ricardo Viana Vargas - Patrocinador	*20%*	
	Alan Carlos Poderino - Consultor	*100%*	
	Viagem Divisão GP	*1 Unidade (s)*	
4	1.3 Criar o escopo dos trabalhos		3 dias
	João Rosa da Motta - TI	*50%*	
	Rodrigo Mendes Lemos - GP	*100%*	
	Alan Carlos Poderino - Consultor	*100%*	
5	1.4 Criar o comitê responsável		2 dias
	João Rosa da Motta - TI	*50%*	
	Rodrigo Mendes Lemos - GP	*100%*	
6	1.5 Aprovar o comitê		1 dia
	Rodrigo Mendes Lemos - GP	*100%*	
	Ricardo Viana Vargas - Patrocinador	*20%*	
7	1.6 Aprovar o escopo dos trabalhos		1 dia
	Rodrigo Mendes Lemos - GP	*100%*	
	Ricardo Viana Vargas - Patrocinador	*20%*	
8	1.7 Diagnóstico concluído		0 dias
	Rodrigo Mendes Lemos - GP	*100%*	
9	**2 SOFTWARE**		
10	**2.1 SISTEMA OPERACIONAL**		
11	2.1.1 Cotar o sistema operacional (Windows)		2 dias
	Márcio Silva Valente Pereira - Compras	*20%*	
12	2.1.2 Comprar o software (sistema operacional)		2 dias
	Márcio Silva Valente Pereira - Compras	*20%*	
	Microsoft Azure Server	*1 Unidade (s)*	
	Microsoft Windows	*150 Unidade (s)*	
13	2.1.3 Instalar o sistema operacional		4 dias
	Ana Carolina Lopes Magalhães - TI	*100%*	
	Luiz Carlos Paula Pena - TI	*100%*	
14	2.1.4 Testar o sistema operacional		2 dias
	Márcia Maria Silva - TI	*100%*	
	Juliano Palácios Medeiros - Membro	*100%*	
15	**2.2 BANCO DE DADOS**		
16	2.2.1 Cotar o Microsoft SQL Server		2 dias
	Márcio Silva Valente Pereira - Compras	*20%*	
17	2.2.2 Comprar o software (banco de dados)		2 dias
	Márcio Silva Valente Pereira - Compras	*20%*	
	Banco de Dados	*1 Unidade (s)*	
18	2.2.3 Instalar o banco de dados		4 dias
	Luiz Carlos Paula Pena - TI	*100%*	
	Márcia Maria Silva - TI	*100%*	
19	2.2.4 Preparar a tabela de dados de projetos		2 dias
	Márcia Maria Silva - TI	*100%*	
20	2.2.5 Testar o banco de dados		2 dias
	Ana Carolina Lopes Magalhães - TI	*100%*	
21	**2.3 GERENCIAMENTO DE PROJETOS**		
22	2.3.1 Cotar o Microsoft Office Project		2 dias
	Márcio Silva Valente Pereira - Compras	*20%*	
23	2.3.2 Comprar o software (ger. projetos)		2 dias
	Márcio Silva Valente Pereira - Compras	*20%*	
	Microsoft Project	*150 Unidade (s)*	
	Microsoft Project Server	*1 Unidade (s)*	
24	2.3.3 Instalar o Microsoft Office Project no servidor e nos usuários		4 dias
	Ana Carolina Lopes Magalhães - TI	*100%*	
25	2.3.4 Testar o software (ger. projetos)		1 dia

Nº	Tarefa / Recurso	Alocação	Duração
26	**2.4 GERENCIAMENTO ELETRÔNICO DE DOCUMENTOS (GED)**		
27	2.4.1 Identificar os potenciais fornecedores dos programas GED		5 dias
	Márcia Maria Silva - TI	*100%*	
	João Rosa da Motta - TI	*50%*	
	Gian Franco Sabino - Consultor	*100%*	
28	2.4.2 Solicitar as apresentações sobre os produtos		2 dias
	Márcia Maria Silva - TI	*100%*	
	João Rosa da Motta - TI	*50%*	
	Alan Carlos Poderino - Consultor	*100%*	
29	2.4.3 Definir o fornecedor do GED		5 dias
	Márcio Silva Valente Pereira - Compras	*20%*	
	João Rosa da Motta - TI	*50%*	
30	2.4.4 Comprar o software (GED)		2 dias
	Márcio Silva Valente Pereira - Compras	*20%*	
	Ged	*1 Unidade (s)*	
31	2.4.5 Instalar o software (GED)		2 dias
	Ana Carolina Lopes Magalhães - TI	*100%*	
	Luiz Carlos Paula Pena - TI	*100%*	
32	2.4.6 Testar o software (GED)		3 dias
	Magali Pedrosa - TI	*100%*	
	Márcia Maria Silva - TI	*100%*	
33	**2.5 TESTE INTEGRADO**		
34	2.5.1 Realizar o teste integrado		2 dias
	Ana Carolina Lopes Magalhães - TI	*100%*	
	Magali Pedrosa - TI	*100%*	
	João Rosa da Motta - TI	*100%*	
	Rodrigo Mendes Lemos - GP	*100%*	
35	2.5.2 Avaliar o teste integrado		2 dias
	Ana Carolina Lopes Magalhães - TI	*100%*	
	Luiz Carlos Paula Pena - TI	*100%*	
	Magali Pedrosa - TI	*100%*	
	Rodrigo Mendes Lemos - GP	*100%*	
	Ana Sílvia Bragança - Membro	*100%*	
36	2.5.3 Realizar as correções necessárias		4 dias
	Nelson Azevedo - Membro	*100%*	
37	2.5.4 Software instalado		0 dias
	Rodrigo Mendes Lemos - GP	*100%*	
38	**3 HARDWARE**		
39	**3.1 SERVIDOR**		
40	3.1.1 Comprar os servidores		2 dias
	Márcio Silva Valente Pereira - Compras	*20%*	
	Servidor	*2 Unidade (s)*	
41	3.1.2 Instalar os servidores		2 dias
	Ana Carolina Lopes Magalhães - TI	*100%*	
	Márcia Maria Silva - TI	*100%*	
42	3.1.3 Testar física e logicamente os servidores		1 dia
	Ana Carolina Lopes Magalhães - TI	*100%*	
43	**3.2 CLIENTES/USUÁRIOS**		
44	3.2.1 Comprar os computadores dos usuários		2 dias
	Márcio Silva Valente Pereira - Compras	*20%*	
	Computador	*165 Unidade (s)*	
45	3.2.2 Instalar os computadores dos usuários		5 dias
	Luiz Carlos Paula Pena - TI	*100%*	
	Magali Pedrosa - TI	*100%*	
46	3.2.3 Testar física e logicamente os computadores dos usuários		1 dia
	Magali Pedrosa - TI	*100%*	
	Márcia Maria Silva - TI	*100%*	
47	3.3 Hardware instalado		0 dias
	Rodrigo Mendes Lemos - GP	*100%*	
48	**4 TREINAMENTO**		
49	**4.1 PALESTRA**		
50	4.1.1 Agendar a palestra de conscientização		1 dia
	Rodrigo Mendes Lemos - GP	*100%*	
	Ana Sílvia Bragança - Membro	*100%*	
51	4.1.2 Realizar a palestra de conscientização		2 hrs
	Palestra Conscientização	*1 Unidade (s)*	
52	4.1.3 Avaliar os resultados da palestra		14 hrs
	Ana Sílvia Bragança - Membro	*100%*	
	Ricardo Viana Vargas - Patrocinador	*20%*	
	Alan Carlos Poderino - Consultor	*100%*	
53	**4.2 TREINAMENTO GP**		
54	**4.2.1 TREINAMENTO BÁSICO GP**		
55	4.2.1.1 Agendar o treinamento básico de GP		1 dia
	Rodrigo Mendes Lemos - GP	*100%*	

56	4.2.1.2 Realizar o treinamento básico de GP		15 dias
	Curso GP Básico	*5 Turma (s)*	
57	4.2.1.3 Avaliar os resultados do treinamento básico de GP		3 dias
	Ana Sílvia Bragança - Membro	*100%*	
	Mara Lúcia Menezes - Membro	*100%*	
	Alan Carlos Poderino - Consultor	*100%*	
58	**4.2.2 TREINAMENTO AVANÇADO GP**		
59	4.2.2.1 Agendar o treinamento avançado de GP		1 dia
	Rodrigo Mendes Lemos - GP	*100%*	
60	4.2.2.2 Realizar o treinamento avançado de GP		3 dias
	Curso GP Avançado	*1 Turma (s)*	
61	4.2.2.3 Avaliar os resultados do treinamento avançado de GP		1 dia
	Ana Sílvia Bragança - Membro	*100%*	
	Mara Lúcia Menezes - Membro	*100%*	
	Alan Carlos Poderino - Consultor	*100%*	
62	**4.3 TREINAMENTO SOFTWARE**		
63	**4.3.1 TREINAMENTO BÁSICO SOFTWARE**		
64	4.3.1.1 Agendar o treinamento básico do software		1 dia
	Rodrigo Mendes Lemos - GP	*100%*	
65	4.3.1.2 Realizar o treinamento básico do software		10 dias
	Curso Office Project Basico	*5 Turma (s)*	
66	4.3.1.3 Avaliar os resultados do treinamento básico do software		2 dias
	Ana Sílvia Bragança - Membro	*100%*	
	Mara Lúcia Menezes - Membro	*100%*	
	Alan Carlos Poderino - Consultor	*100%*	
67	**4.3.2 TREINAMENTO AVANÇADO SOFTWARE**		
68	4.3.2.1 Agendar o treinamento avançado do software		1 dia
	Rodrigo Mendes Lemos - GP	*100%*	
69	4.3.2.2 Realizar o treinamento avançado do software		2 dias
	Curso Office Project Avc	*1 Turma (s)*	
70	4.3.2.3 Avaliar os resultados do treinamento avançado do software		1 dia
	Ana Sílvia Bragança - Membro	*100%*	
	Mara Lúcia Menezes - Membro	*100%*	
	Alan Carlos Poderino - Consultor	*100%*	
71	**4.3.3 TREINAMENTO EQUIPE DE SUPORTE SOFTWARE**		
72	4.3.3.1 Agendar o treinamento da equipe de suporte		1 dia
	Rodrigo Mendes Lemos - GP	*100%*	
73	4.3.3.2 Realizar o treinamento da equipe de suporte		10 dias
	Curso Suporte	*1 Turma (s)*	
74	4.3.3.3 Avaliar os resultados do treinamento da equipe de suporte		1 dia
	João Rosa da Motta - TI	*50%*	
	Ana Sílvia Bragança - Membro	*100%*	
	Alan Carlos Poderino - Consultor	*100%*	
75	4.4 Treinamento concluído		0 dias
	Rodrigo Mendes Lemos - GP	*100%*	
76	**5 PADRONIZAÇÃO**		
77	**5.1 PADRONIZAÇÃO TEMPLATES (MODELOS)**		
78	5.1.1 Definir os padrões de templates		2 dias
	João Rosa da Motta - TI	*50%*	
	Gian Franco Sabino - Consultor	*100%*	
79	5.1.2 Confeccionar os templates		10 dias
	Luiz Carlos Paula Pena - TI	*100%*	
	Mara Lúcia Menezes - Membro	*100%*	
80	5.1.3 Testar o funcionamento dos templates		2 dias
	João Rosa da Motta - TI	*100%*	
	Rodrigo Mendes Lemos - GP	*100%*	
81	5.1.4 Aprovar os templates		1 dia
	João Rosa da Motta - TI	*50%*	
82	**5.2 PADRONIZAÇÃO GED**		
83	5.2.1 Definir padrões para o GED		16 hrs
	João Rosa da Motta - TI	*50%*	
	Rodrigo Mendes Lemos - GP	*100%*	
	Alan Carlos Poderino - Consultor	*100%*	
84	5.2.2 Confeccionar os parâmetros do GED		10 dias
	Magali Pedrosa - TI	*100%*	
	Maria Sônia Silveira - Membro	*100%*	
85	5.2.3 Testar o funcionamento do GED		2 dias
	Magali Pedrosa - TI	*100%*	
	Maria Sônia Silveira - Membro	*100%*	
86	5.2.4 Aprovar o GED		1 dia
	João Rosa da Motta - TI	*50%*	
87	**5.3 PADRONIZAÇÃO RELATÓRIOS**		
88	5.3.1 Definir os padrões de relatórios		1 dia
	João Rosa da Motta - TI	*50%*	
	Gian Franco Sabino - Consultor	*100%*	

89	5.3.2 Confeccionar os relatórios		4 dias
	Ronaldo Gomes Severo - Membro	*100%*	
	Tarcísio Viana Tavares - Membro	*100%*	
90	5.3.3 Testar o funcionamento dos relatórios		1 dia
	João Rosa da Motta - TI	*100%*	
91	5.3.4 Aprovar os relatórios		1 dia
	João Rosa da Motta - TI	*50%*	
92	**5.4 PADRONIZAÇÃO MODOS DE EXIBIÇÃO**		
93	5.4.1 Definir os padrões dos modos de exibição		1 dia
	João Rosa da Motta - TI	*50%*	
	Alan Carlos Poderino - Consultor	*100%*	
94	5.4.2 Confeccionar os modos de exibição		4 dias
	Márcia Maria Silva - TI	*100%*	
	Juliano Palácios Medeiros - Membro	*100%*	
	Ana Sílvia Bragança - Membro	*100%*	
	Nelson Azevedo - Membro	*100%*	
95	5.4.3 Testar o funcionamento dos modos de exibição		1 dia
	Márcia Maria Silva - TI	*100%*	
	Rodrigo Mendes Lemos - GP	*100%*	
96	5.4.4 Aprovar os modos de exibição		1 dia
	João Rosa da Motta - TI	*50%*	
97	5.5 Padrões estabelecidos		0 dias
	Rodrigo Mendes Lemos - GP	*100%*	
98	**6 PILOTO**		
99	**6.1 DEFINIÇÃO PROJETO-PILOTO**		
100	6.1.1 Definir o tema do projeto-piloto		1 dia
	João Rosa da Motta - TI	*50%*	
	Rodrigo Mendes Lemos - GP	*100%*	
	Ricardo Viana Vargas - Patrocinador	*100%*	
	Alan Carlos Poderino - Consultor	*100%*	
101	6.1.2 Aprovar o tema do projeto-piloto		1 dia
	Ricardo Viana Vargas - Patrocinador	*20%*	
102	**6.2 PLANEJAMENTO PROJETO-PILOTO**		
103	6.2.1 Elaborar o plano global do projeto-piloto		5 dias
	Rodrigo Mendes Lemos - GP	*100%*	
	Ronaldo Gomes Severo - Membro	*100%*	
	Mara Lúcia Menezes - Membro	*100%*	
	Alan Carlos Poderino - Consultor	*100%*	
104	6.2.2 Aprovar o plano global do projeto-piloto		1 dia
	Ricardo Viana Vargas - Patrocinador	*20%*	
105	**6.3 EXECUÇÃO E AVALIAÇÃO PROJETO-PILOTO**		
106	6.3.1 Executar o projeto-piloto		15 dias
	Rodrigo Mendes Lemos - GP	*100%*	
	Mara Lúcia Menezes - Membro	*100%*	
107	6.3.2 Avaliar os resultados do projeto-piloto		3 dias
	João Rosa da Motta - TI	*50%*	
	Ricardo Viana Vargas - Patrocinador	*20%*	
	Alan Carlos Poderino - Consultor	*100%*	
108	**6.4 AÇÕES CORRETIVAS**		
109	6.4.1 Realizar as ações corretivas a partir dos resultados do projeto-piloto		5 dias
	Rodrigo Mendes Lemos - GP	*100%*	
	Juliano Palácios Medeiros - Membro	*100%*	
	Ana Sílvia Bragança - Membro	*100%*	
	Alan Carlos Poderino - Consultor	*100%*	
110	6.5 Piloto realizado e avaliado		0 dias
	Rodrigo Mendes Lemos - GP	*100%*	
111	**7 RESULTADOS**		
112	7.1 Apresentar os resultados, padronização e piloto		2 dias
	João Rosa da Motta - TI	*50%*	
	Rodrigo Mendes Lemos - GP	*100%*	
	Ronaldo Gomes Severo - Membro	*100%*	
	Ricardo Viana Vargas - Patrocinador	*20%*	
	Alan Carlos Poderino - Consultor	*100%*	
	Gian Franco Sabino - Consultor	*100%*	
113	7.2 Projeto Implementação aprovado		0 hrs
	Ricardo Viana Vargas - Patrocinador	*100%*	
114	7.3 Project Close-out		1 dia

Nota: Imagem extraída do Microsoft Project

Nota: Quaisquer alterações neste documento deverão ser submetidas ao processo de controle do projeto para aprovação antes de serem incorporadas a este documento.

APROVADO POR
Rodrigo Mendes Lemos - Gerente do Projeto

DATA
25/10/2025

PROJETO NOVAS FRONTEIRAS

Matriz de Responsabilidades *(Responsibility Matrix)*

PREPARADO POR	APROVADO POR	VERSÃO	DATA
Rodrigo Mendes Lemos - Gerente do Projeto	Rodrigo Mendes Lemos - Gerente do Projeto	01	18/11/2025

#	NOME	ÁREA	DIAGNÓSTICO	SOFTWARE	HARDWARE	TREINAMENTO	PADRONIZAÇÃO	PILOTO	RESULTADOS	PLANOS: ESCOPO	CRONOGRAMA	CUSTO	QUALIDADE	RECURSOS	COMUNICAÇÃO	RISCOS	AQUISIÇÕES	P. INTERESSADAS
1	Alan Carlos Poderino	Consultoria	R			A		A	A									
2	Ana Carolina L Magalhães	TI		R	A													
3	Ana Sílvia Bragança	Membro do Time				R	A	A					S					
4	Gian Franco Sabino	Consultoria		A					A									
5	João Rosa da Motta	TI	A	A		A	A	S	A									
6	Juliano Palácios Medeiros	Membro do Time		A				A		R		S				R	S	
7	Luiz Carlos Paula Pena	TI		S	A													
8	Magali Pedrosa	TI		A	S													
9	Mara Lúcia Menezes	Membro do Time				S	S	A					R					
10	Márcia Maria Silva	TI		A	R													
11	Márcio Silva Valente Pereira	Compras		A	A													
12	Maria Sônia Silveira	Membro do Time					R			S						S		
13	Nelson Azevedo	Membro do Time					A				S	R			S		R	
14	Ricardo Viana Vargas	Gerência Divisão	A						A									
15	Rodrigo Mendes Lemos	Gerência Projeto	S			A	A		R					R				R
16	Ronaldo Gomes Severo	Membro do Time						R	S					S				S
17	Tarcísio Viana Tavares	Membro do Time					A				R				R			

R - RESPONSÁVEL **A** - APOIO **S** - SUPLENTE/ SUBSTITUTO

Nota: Quaisquer alterações neste documento deverão ser submetidas ao processo de controle do projeto para aprovação antes de serem incorporadas a este documento.

APROVADO POR	DATA
Rodrigo Mendes Lemos - Gerente do Projeto	06/12/2025

PROJETO NOVAS FRONTEIRAS

Diagrama de Funções *(Who Does What Report)*

PREPARADO POR	APROVADO POR	VERSÃO	DATA
Rodrigo Mendes Lemos - Gerente do Projeto	Rodrigo Mendes Lemos - Gerente do Projeto	01	18/11/2025

EAP	Nome do Recurso
	Unassigned
	Alan Carlos Poderino - Consultor
7.1	*Apresentar os resultados, padronização e piloto*
4.1.3	*Avaliar os resultados da palestra*
6.3.2	*Avaliar os resultados do projeto-piloto*
4.2.2.3	*Avaliar os resultados do treinamento avançado de GP*
4.3.2.3	*Avaliar os resultados do treinamento avançado do software*
4.2.1.3	*Avaliar os resultados do treinamento básico de GP*
4.3.1.3	*Avaliar os resultados do treinamento básico do software*
4.3.3.3	*Avaliar os resultados do treinamento da equipe de suporte*
1.3	*Criar o escopo dos trabalhos*
6.1.1	*Definir o tema do projeto-piloto*
5.4.1	*Definir os padrões dos modos de exibição*
5.2.1	*Definir padrões para o GED*
6.2.1	*Elaborar o plano global do projeto-piloto*
6.4.1	*Realizar as ações corretivas a partir dos resultados do projeto-piloto*
1.1	*Realizar o Kick-off Meeting do projeto*
1.2	*Reunir a equipe do projeto e definir o comitê*
2.4.2	*Solicitar as apresentações sobre os produtos*
	Ana Carolina Lopes Magalhães - TI
2.5.2	*Avaliar o teste integrado*
2.3.3	*Instalar o Microsoft Office Project no servidor e nos usuários*
2.1.3	*Instalar o sistema operacional*
2.4.5	*Instalar o software (GED)*
3.1.2	*Instalar os servidores*
2.5.1	*Realizar o teste integrado*
3.1.3	*Testar física e logicamente os servidores*
2.2.5	*Testar o banco de dados*
2.3.4	*Testar o software (ger. projetos)*
	Ana Sílvia Bragança - Membro
4.1.1	*Agendar a palestra de conscientização*
2.5.2	*Avaliar o teste integrado*
4.1.3	*Avaliar os resultados da palestra*
4.2.2.3	*Avaliar os resultados do treinamento avançado de GP*
4.3.2.3	*Avaliar os resultados do treinamento avançado do software*
4.2.1.3	*Avaliar os resultados do treinamento básico de GP*
4.3.1.3	*Avaliar os resultados do treinamento básico do software*
4.3.3.3	*Avaliar os resultados do treinamento da equipe de suporte*
5.4.2	*Confeccionar os modos de exibição*
6.4.1	*Realizar as ações corretivas a partir dos resultados do projeto-piloto*
	Gian Franco Sabino - Consultor
7.1	*Apresentar os resultados, padronização e piloto*
5.3.1	*Definir os padrões de relatórios*
5.1.1	*Definir os padrões de templates*
2.4.1	*Identificar os potenciais fornecedores dos programas GED*
	João Rosa da Motta - TI
7.1	*Apresentar os resultados, padronização e piloto*
5.2.4	*Aprovar o GED*
5.4.4	*Aprovar os modos de exibição*
5.3.4	*Aprovar os relatórios*
5.1.4	*Aprovar os templates*
6.3.2	*Avaliar os resultados do projeto-piloto*
4.3.3.3	*Avaliar os resultados do treinamento da equipe de suporte*
1.4	*Criar o comitê responsável*
1.3	*Criar o escopo dos trabalhos*
2.4.3	*Definir o fornecedor do GED*
6.1.1	*Definir o tema do projeto-piloto*
5.3.1	*Definir os padrões de relatórios*
5.1.1	*Definir os padrões de templates*
5.4.1	*Definir os padrões dos modos de exibição*
5.2.1	*Definir padrões para o GED*
2.4.1	*Identificar os potenciais fornecedores dos programas GED*
2.5.1	*Realizar o teste integrado*
1.2	*Reunir a equipe do projeto e definir o comitê*
2.4.2	*Solicitar as apresentações sobre os produtos*
5.3.3	*Testar o funcionamento dos relatórios*
5.1.3	*Testar o funcionamento dos templates*
	Juliano Palácios Medeiros - Membro
5.4.2	*Confeccionar os modos de exibição*
6.4.1	*Realizar as ações corretivas a partir dos resultados do projeto-piloto*
2.1.4	*Testar o sistema operacional*
	Luiz Carlos Paula Pena - TI
2.5.2	*Avaliar o teste integrado*
5.1.2	*Confeccionar os templates*
2.2.3	*Instalar o banco de dados*
2.1.3	*Instalar o sistema operacional*
2.4.5	*Instalar o software (GED)*
3.2.2	*Instalar os computadores dos usuários*
	Magali Pedrosa - TI
2.5.2	*Avaliar o teste integrado*
5.2.2	*Confeccionar os parâmetros do GED*
3.2.2	*Instalar os computadores dos usuários*
2.5.1	*Realizar o teste integrado*
3.2.3	*Testar física e logicamente os computadores dos usuários*
5.2.3	*Testar o funcionamento do GED*
2.4.6	*Testar o software (GED)*

	Mara Lúcia Menezes - Membro
4.2.2.3	*Avaliar os resultados do treinamento avançado de GP*
4.3.2.3	*Avaliar os resultados do treinamento avançado do software*
4.2.1.3	*Avaliar os resultados do treinamento básico de GP*
4.3.1.3	*Avaliar os resultados do treinamento básico do software*
5.1.2	*Confeccionar os templates*
6.2.1	*Elaborar o plano global do projeto-piloto*
6.3.1	*Executar o projeto-piloto*
	Márcia Maria Silva - TI
5.4.2	*Confeccionar os modos de exibição*
2.4.1	*Identificar os potenciais fornecedores dos programas GED*
2.2.3	*Instalar o banco de dados*
3.1.2	*Instalar os servidores*
2.2.4	*Preparar a tabela de dados de projetos*
2.4.2	*Solicitar as apresentações sobre os produtos*
3.2.3	*Testar física e logicamente os computadores dos usuários*
5.4.3	*Testar o funcionamento dos modos de exibição*
2.1.4	*Testar o sistema operacional*
2.4.6	*Testar o software (GED)*
	Márcio Silva Valente Pereira - Compras
2.2.2	*Comprar o software (banco de dados)*
2.4.4	*Comprar o software (GED)*
2.3.2	*Comprar o software (ger. projetos)*
2.1.2	*Comprar o software (sistema operacional)*
3.2.1	*Comprar os computadores dos usuários*
3.1.1	*Comprar os servidores*
2.3.1	*Cotar o Microsoft Office Project*
2.2.1	*Cotar o Microsoft SQL Server*
2.1.1	*Cotar o sistema operacional (Windows)*
2.4.3	*Definir o fornecedor do GED*
	Maria Sônia Silveira - Membro
5.2.2	*Confeccionar os parâmetros do GED*
5.2.3	*Testar o funcionamento do GED*
	Nelson Azevedo - Membro
5.4.2	*Confeccionar os modos de exibição*
2.5.3	*Realizar as correções necessárias*
	Ricardo Viana Vargas - Patrocinador
7.1	*Apresentar os resultados, padronização e piloto*
1.5	*Aprovar o comitê*
1.6	*Aprovar o escopo dos trabalhos*
6.2.2	*Aprovar o plano global do projeto-piloto*
6.1.2	*Aprovar o tema do projeto-piloto*
4.1.3	*Avaliar os resultados da palestra*
6.3.2	*Avaliar os resultados do projeto-piloto*
6.1.1	*Definir o tema do projeto-piloto*
7.2	*Projeto Implementação aprovado*
1.1	*Realizar o Kick-off Meeting do projeto*
1.2	*Reunir a equipe do projeto e definir o comitê*
	Rodrigo Mendes Lemos - GP
4.1.1	*Agendar a palestra de conscientização*
4.2.2.1	*Agendar o treinamento avançado de GP*
4.3.2.1	*Agendar o treinamento avançado do software*
4.2.1.1	*Agendar o treinamento básico de GP*
4.3.1.1	*Agendar o treinamento básico do software*
4.3.3.1	*Agendar o treinamento da equipe de suporte*
7.1	*Apresentar os resultados, padronização e piloto*
1.5	*Aprovar o comitê*
1.6	*Aprovar o escopo dos trabalhos*
2.5.2	*Avaliar o teste integrado*
1.4	*Criar o comitê responsável*
1.3	*Criar o escopo dos trabalhos*
6.1.1	*Definir o tema do projeto-piloto*
5.2.1	*Definir padrões para o GED*
1.7	*Diagnóstico concluído*
6.2.1	*Elaborar o plano global do projeto-piloto*
6.3.1	*Executar o projeto-piloto*
3.3	*Hardware instalado*
5.5	*Padrões estabelecidos*
6.5	*Piloto realizado e avaliado*
6.4.1	*Realizar as ações corretivas a partir dos resultados do projeto-piloto*
1.1	*Realizar o Kick-off Meeting do projeto*
2.5.1	*Realizar o teste integrado*
1.2	*Reunir a equipe do projeto e definir o comitê*
2.5.4	*Software instalado*
5.4.3	*Testar o funcionamento dos modos de exibição*
5.1.3	*Testar o funcionamento dos templates*
4.4	*Treinamento concluído*
	Ronaldo Gomes Severo - Membro
7.1	*Apresentar os resultados, padronização e piloto*
5.3.2	*Confeccionar os relatórios*
6.2.1	*Elaborar o plano global do projeto-piloto*
	Tarcísio Viana Tavares - Membro
5.3.2	*Confeccionar os relatórios*

Nota: Imagem extraída do Microsoft Project

Nota: Quaisquer alterações neste documento deverão ser submetidas ao processo de controle do projeto para aprovação antes de serem incorporadas a este documento.

APROVADO POR	DATA
Rodrigo Mendes Lemos - Gerente do Projeto	06/12/2025

PROJETO NOVAS FRONTEIRAS

Plano de Gerenciamento dos Recursos *(Resources Management Plan)*

PREPARADO POR	APROVADO POR	VERSÃO	DATA
Rodrigo Mendes Lemos - Gerente do Projeto	Rodrigo Mendes Lemos - Gerente do Projeto	01	20/11/2025

Recursos materiais e equipamentos

O gerente do projeto poderá fazer alocações preliminares de materiais e equipamentos ao projeto antes e durante o processo de aquisição desses materiais. Nesse caso, os recursos alocados devem ser genéricos (exemplo: Computador Cliente em vez do nome e da configuração exata do equipamento ou software).

A alocação definitiva será realizada apenas quando o processo de aquisições for realizado (ver plano de gerenciamento das aquisições).

Novos recursos, realocação e substituição de membros do time

O gerente do projeto deve se empenhar pessoalmente na permanência de todos os integrantes da equipe durante o projeto e por isso será o coordenador deste plano dos recursos.

No caso de realocação de um dos membros do projeto, caberá ao gerente do projeto, juntamente com o departamento de Recursos Humanos e o Comitê Executivo (se necessário), a identificação do substituto em comum acordo com as diretrizes do projeto e as funções a serem exercidas, cabendo a palavra final ao gerente do projeto ou ao Comitê Executivo (em casos específicos).

Novos recursos solicitados para o time devem ser previamente autorizados pelo patrocinador e serão arcados integralmente pelas reservas gerenciais do projeto, mesmo sendo eles recursos internos da empresa.

Treinamento

Não estão previstos treinamentos para a equipe de projeto além dos treinamentos descritos no seu escopo (durante os seis meses do projeto). Qualquer necessidade extraordinária de treinamento deve ser aprovada previamente pelo gerente do projeto, tendo seus custos alocados nas reservas gerenciais.

Avaliação de resultados

O resultado do trabalho da equipe será avaliado mensalmente pelo gerente do projeto em reunião individual com cada membro do time do projeto e em reuniões conjuntas com os gerentes dos respectivos integrantes do projeto, quando estes se reportarem a outras áreas da empresa, tais como os profissionais de TI e de Compras.

O gerente do projeto será avaliado também mensalmente pelo patrocinador do projeto da mesma forma como os membros do time são avaliados.

Ao fim do projeto será realizada uma reunião de avaliação de cada um dos integrantes do projeto, quando a avaliação final compilada do profissional será tabulada e encaminhada para o Departamento de Recursos para a avaliação anual de desempenho profissional.

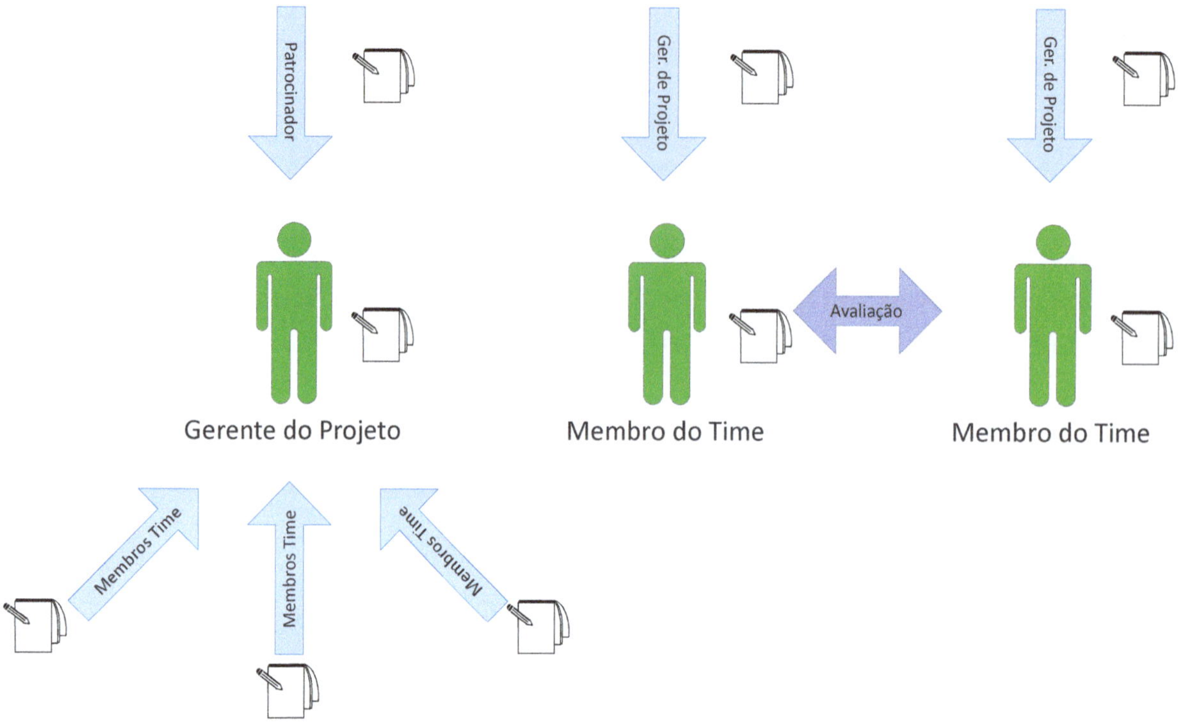

Essa avaliação final compilada será feita através de um modelo circular sob o qual todos serão avaliados tanto pelas chefias quanto pelos pares e subordinados.

- O gerente do projeto se autoavaliará, será avaliado pelo patrocinador e será avaliado, também, por todos os membros do time.
- Cada membro do time se autoavaliará, será avaliado pelo gerente do projeto e será avaliado por, pelo menos, outros três membros do time, escolhidos por sorteio.
- Todos os resultados serão compilados em uma ficha única que mostrará a percepção de cada um dos envolvidos no processo de avaliação.
- Recursos contratados externamente através de aquisições não serão avaliados através desse processo (consultores, instrutores etc.).

Bonificação

Serão destinados, no final do projeto, 20% do saldo contido na reserva gerencial para serem distribuídos para todos os integrantes do time, incluindo o gerente do projeto, em parcelas iguais de valores, independentemente do cargo.

A bonificação somente será paga após o término do projeto e para os membros do time que participaram integralmente dele (ver diretório do projeto), realizando suas atividades previstas quando foram inicialmente alocados no projeto.

Membros do time realocados ou substituídos não terão direito à bonificação.

O patrocinador e os recursos contratados externamente (consultores, instrutores etc.) não participarão da bonificação.

Frequência de avaliação consolidada dos resultados do time

Os resultados das avaliações mensais do time devem ser compilados e apresentados na última reunião mensal do Comitê Executivo do Projeto *(Change Control Board)*, prevista no plano de gerenciamento das comunicações.

Alocação financeira para o gerenciamento dos recursos

Todas as medidas de gerenciamento dos recursos do projeto que requererem gasto adicional deverão ser alocadas dentro das reservas gerenciais do projeto, na categoria Outras reservas, desde que dentro da alçada do gerente do projeto.

Para medidas prioritárias ou urgentes que dizem respeito ao gerenciamento do time que estejam fora da alçada do gerente do projeto, ou quando não existir mais reserva gerencial disponível, deverá ser acionado o patrocinador, uma vez que o gerente do projeto não tem autonomia para decidir utilizar a reserva de contingência no gerenciamento do time. Outra opção é solicitar à diretoria da empresa um aumento nas reservas gerenciais.

Administração do plano de gerenciamento dos recursos

Responsável pelo plano

- **Rodrigo Mendes Lemos**, gerente do projeto, será o responsável direto pelo plano de gerenciamento dos recursos.
- **Ronaldo Gomes Severo**, membro do time do projeto, será suplente do responsável direto pelo plano de gerenciamento dos recursos.

Frequência de atualização do plano de gerenciamento dos recursos

O plano de gerenciamento dos recursos será reavaliado mensalmente na primeira reunião mensal do Comitê Executivo do Projeto, juntamente com os outros planos de gerenciamento do projeto.

As necessidades de atualização do plano antes da primeira reunião do Comitê Executivo do projeto deverão ser tratadas segundo os procedimentos descritos no item Outros assuntos relacionados ao gerenciamento dos recursos do projeto não previstos neste plano.

Outros assuntos relacionados ao gerenciamento dos recursos do projeto não previstos neste plano

Todas as solicitações não previstas neste plano deverão ser submetidas para aprovação na reunião do Comitê Executivo. Imediatamente após sua aprovação, deverá ser atualizado o plano de gerenciamento da equipe com o devido registro das alterações efetivadas.

Nota: Quaisquer alterações neste documento deverão ser submetidas ao processo de controle do projeto para aprovação antes de serem incorporadas a este documento.

APROVADO POR	DATA
Rodrigo Mendes Lemos - Gerente do Projeto	20/11/2025

PROJETO NOVAS FRONTEIRAS

Gerenciamento das Comunicações

PROJETO NOVAS FRONTEIRAS

Plano de Gerenciamento das Comunicações *(Communications Management Plan)*

PREPARADO POR	APROVADO POR	VERSÃO	DATA
Tarcísio Viana Tavares - Membro do Time	Rodrigo Mendes Lemos - Gerente do Projeto	02	01/11/2025

Descrição dos processos de gerenciamento das comunicações

- O gerenciamento das comunicações do projeto será realizado através dos processos de comunicação formal. São considerados mecanismos formais de comunicação:
  - e-mails;
  - publicações web;
  - comentários nos relatórios na web;
  - memorandos e outros documentos impressos;
  - reuniões com registro de decisões em ata.
- Todas as reuniões formais serão realizadas às segundas-feiras para disponibilizar tempo livre para os trabalhos do projeto nos dias subsequentes.
- Todas as informações do projeto devem ser atualizadas de modo constante no site do projeto, incluindo as atualizações diárias nos custos e nos prazos.
- Todas as solicitações de mudança no processo de comunicação devem ser feitas por escrito ou através de e-mail e aprovadas pelo gerente do projeto.

Eventos de comunicação

O projeto terá os seguintes eventos de comunicação:

1. Kick Off Meeting

a. Objetivo – Dar a partida no projeto, apresentando as informações quanto ao seu objetivo e à sua importância para a empresa, aos seus prazos, aos seus custos etc. Devem também ser apresentadas as principais entregas do projeto e os elementos de alto nível no WBS. Outro objetivo do evento é motivar e dar suporte gerencial ao gerente do projeto e ao seu time, de modo a construir um ambiente colaborativo e integrado.

b. Metodologia – Apresentação em auditório com utilização de projetor, computadores e sistemas de som.

c. Responsável – Rodrigo Mendes Lemos, gerente do projeto.

d. Envolvidos – Todos os envolvidos no time do projeto, patrocinador e convidados (executivos da empresa).

e. Data e Horário – Dia 02/01/2026 às 09:00.

f. Duração – 4 horas.

g. Local – Auditório do Departamento de Comunicação Social.

h. Outros – Lista de presença requerida.

2. Reunião do Comitê Executivo (Comitê de Controle de Mudanças, CCB, Change Control Board ou Project Board)

a. Objetivo – Avaliar todos os indicadores do projeto, incluindo os resultados parciais obtidos e a avaliação do cronograma, do orçamento, das reservas gerenciais e de contingência, dos riscos identificados, da qualidade obtida, do escopo funcional agregado e dos fornecimentos externos ao projeto. Tem como base garantir o cumprimento do plano do projeto, sendo o processo principal de aprovação das solicitações de mudança apresentadas no sistema de controle integrado de mudanças.

b. Metodologia – Reunião com a utilização de projetor e computadores conectados ao sistema de informações do projeto.
c. Responsável – Rodrigo Mendes Lemos, gerente do projeto.
d. Envolvidos – Todos os participantes do comitê executivo.
e. Frequência – Semanal, às segundas-feiras, com início dia 09/01/2026 e término em 26/06/2026.
f. Reuniões extraordinárias – Podem ser solicitadas reuniões extraordinárias do Comitê Executivo através de um pedido formal do gerente do projeto a partir do fluxo do sistema integrado de controle de mudanças do projeto.
g. Duração – 2 horas, com início às 09:00.
h. Local – Sala de reuniões I – Bloco C.
i. Outros – Ata de reunião (com lista de presença) requerida.

3. Reunião de Avaliação da equipe

a. Objetivo – Avaliar o desempenho do time do projeto, conforme previsto no plano de gerenciamento dos recursos, na categoria Avaliação de resultados. A pauta da reunião do dia 26/06/25 conterá a avaliação final da equipe, quando todos os resultados do desempenho individual de cada membro do time, incluindo o gerente do projetos, serão encaminhados para o departamento de Recursos Humanos.
b. Metodologia – Reuniões individuais entre os integrantes do time do projeto e os profissionais do departamento de Recursos Humanos para o preenchimento da avaliação de desempenho dos profissionais, conforme descrito no plano de gerenciamento dos recursos.
c. Responsável – Rodrigo Mendes Lemos, gerente do projeto.
d. Envolvidos – Profissional(is) do departamento de Recursos Humanos e os integrantes do time do projeto.
e. Frequência – Mensal, toda última segunda-feira de cada mês, com início dia 30/01/2026 e término em 26/06/2026.
f. Duração – 2 horas, com início as 11:00 (imediatamente após a reunião do Comitê Executivo).
g. Local – Sala de entrevista profissional – Bloco B (Departamento de RH).
h. Outros – Ata de reunião (com lista de presença) requerida.

4. Reunião de Avaliação de fornecedores

a. Objetivo – Avaliar e antecipar potenciais problemas relativos a fornecedores e entregas de aquisições para o projeto, conforme apresentado no plano de gerenciamento das aquisições.
b. Metodologia – Reuniões individuais com os fornecedores mostrando os indicadores de cumprimento de prazos e qualidade estabelecidos nos contratos, bem como obtendo retorno sob possíveis dificuldades enfrentadas pelo fornecedor no exercício de seu trabalho. Nenhuma informação específica do projeto deve ser informada, a não ser que seja relacionada diretamente com o objeto fornecido.
c. Responsável – Nelson Azevedo, responsável pelo plano de gerenciamento das aquisições.
d. Envolvidos – Tarcísio Viana Tavares, responsável pelo plano de gerenciamento do cronograma e das comunicações, Nelson Azevedo, responsável pelo plano de gerenciamento dos custos e pela administração das reservas do projeto, e fornecedores convidados para esclarecimentos.

e. Frequência – Mensal, toda segunda segunda-feira de cada mês com início dia 09/01/2026 e término em 12/06/2026.
f. Duração – 2 horas, com início às 11:00 (imediatamente após a reunião do Comitê Executivo).
g. Local – Sala de reuniões II – Bloco A (Departamento de Compras).
h. Outros – Ata de reunião (com lista de presença) requerida.

5. Reunião de Avaliação dos planos de projeto

a. Objetivo – Avaliar a efetividade dos planos de gerenciamento do projeto, verificando se o que está estabelecido como regra no plano está sendo cumprido e se o plano precisa de atualização.
b. Metodologia – Reunião convencional, onde cada um dos responsáveis pelos planos apresenta os potenciais desvios e necessidades de atualização para os demais integrantes do time, que realizam comentários e sugestões até que o plano seja atualizado e aprovado pelo gerente do projeto.
c. Responsável – Tarcísio Viana Tavares, responsável pelo plano de gerenciamento das comunicações.
d. Envolvidos – Todos os integrantes do time do projeto.
e. Frequências – Mensal, toda primeira segunda-feira de cada mês com início dia 06/02/2026 e término em 05/06/2026.
f. Duração – 2 horas, com início as 11:00 (imediatamente após a reunião do Comitê Executivo).
g. Local – Sala de reuniões I – Bloco C.
h. Outros – Ata de reunião (com lista de presença) requerida.

6. Project Close-out (Encerramento do Projeto)

a. Objetivo – Apresentar os resultados obtidos no projeto, bem como discutir as falhas e os problemas ocorridos de modo a fornecer base para o acúmulo de experiências sobre o projeto.
b. Metodologia – Apresentação dos resultados pelo gerente do projeto, bem como discussão direta através de mapas mentais sobre todas as questões e melhorias possíveis para futuros projetos.
c. Responsável – Rodrigo Mendes Lemos, gerente do projeto.
d. Envolvidos – Todos os envolvidos no time do projeto, patrocinador e convidados (executivos da empresa).
e. Data e Horário – Dia 30/06/2026 às 9:00.
f. Duração – 4 horas.
g. Local – Auditório do Departamento de Comunicação Social.
h. Outros – Lista de presença requerida.

Cronograma dos eventos de comunicação (Microsoft Project)

ID	Task Name	Data
0	**PLANO DE COMUNICAÇÕES**	
1	**Kick-off Meeting do Projeto**	02/01
2	**Reunião Comitê Executivo**	
3	Reunião Comitê Executivo 1	05/01
4	Reunião Comitê Executivo 2	12/01
5	Reunião Comitê Executivo 3	19/01
6	Reunião Comitê Executivo 4	26/01
7	Reunião Comitê Executivo 5	02/02
8	Reunião Comitê Executivo 6	09/02
9	Reunião Comitê Executivo 7	16/02
10	Reunião Comitê Executivo 8	23/02
11	Reunião Comitê Executivo 9	02/03
12	Reunião Comitê Executivo 10	09/03
13	Reunião Comitê Executivo 11	16/03
14	Reunião Comitê Executivo 12	23/03
15	Reunião Comitê Executivo 13	30/03
16	Reunião Comitê Executivo 14	06/04
17	Reunião Comitê Executivo 15	13/04
18	Reunião Comitê Executivo 16	20/04
19	Reunião Comitê Executivo 17	27/04
20	Reunião Comitê Executivo 18	04/05
21	Reunião Comitê Executivo 19	11/05
22	Reunião Comitê Executivo 20	18/05
23	Reunião Comitê Executivo 21	25/05
24	Reunião Comitê Executivo 22	01/06
25	Reunião Comitê Executivo 23	08/06
26	Reunião Comitê Executivo 24	15/06
27	Reunião Comitê Executivo 25	22/06
28	**Reunião Mensal de Avaliação dos Planos de Projeto**	
29	Reunião Mensal de Avaliação dos Planos de Projeto 1	02/02
30	Reunião Mensal de Avaliação dos Planos de Projeto 2	02/03
31	Reunião Mensal de Avaliação dos Planos de Projeto 3	06/04
32	Reunião Mensal de Avaliação dos Planos de Projeto 4	04/05
33	Reunião Mensal de Avaliação dos Planos de Projeto 5	01/06
34	**Reunião Mensal de Avaliação da Equipe**	
35	Reunião Mensal de Avaliação da Equipe 1	26/01
36	Reunião Mensal de Avaliação da Equipe 2	23/02
37	Reunião Mensal de Avaliação da Equipe 3	30/03
38	Reunião Mensal de Avaliação da Equipe 4	27/04
39	Reunião Mensal de Avaliação da Equipe 5	25/05
40	Reunião Mensal de Avaliação da Equipe 6	29/06
41	**Reunião Mensal de Avaliação de Fornecedores**	
42	Reunião Mensal de Avaliação de Fornecedores 1	12/01
43	Reunião Mensal de Avaliação de Fornecedores 2	09/02
44	Reunião Mensal de Avaliação de Fornecedores 3	09/03
45	Reunião Mensal de Avaliação de Fornecedores 4	13/04
46	Reunião Mensal de Avaliação de Fornecedores 5	11/05
47	Reunião Mensal de Avaliação de Fornecedores 6	08/06
48	**Project Close-out**	30/06

Nota: Imagem extraída do Microsoft Project

Atas de reunião

Todos os eventos do projeto, com exceção da *Kick-off meeting* e do *Project Close-out*, deverão apresentar ata de reunião com, no mínimo, os seguintes dados:

- Lista de presença
- Pauta
- Decisões tomadas
- Pendências não solucionadas
- Aprovações

Relatórios do projeto

Os principais relatórios a serem publicados no sistema de informações do projeto são apresentados a seguir. Os modelos têm como objetivo apenas caracterizar o layout do relatório. Os dados neles contidos são apenas ilustrativos. Serão gerados diariamente pelos responsáveis e publicados no site do projeto. Qualquer outra necessidade de relatórios de progresso para as reuniões do Comitê Executivo previstas deverá ser solicitada com antecedência de 48 horas e por escrito com autorização do gerente do projetos.

1. Linha de Tempo do Projeto

A linha de tempo é uma visão executiva do cronograma do projeto e apresenta os grandes grupos de trabalho representados no tempo.

- Responsável: Tarcísio Viana Tavares
- Área: Gerenciamento do Cronograma/Integração
- Software: Microsoft Project

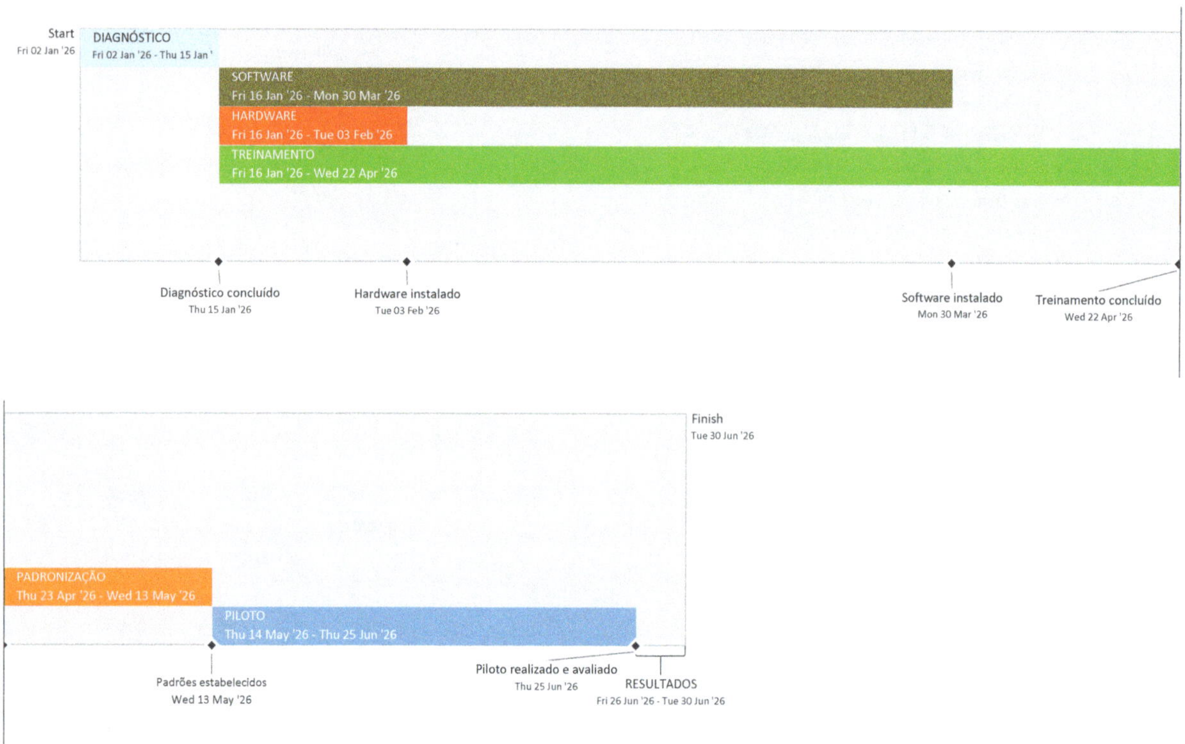

2. Estrutura Analítica do Projeto (EAP) - Progresso

O relatório a seguir é o padrão para a visualização da EAP durante o progresso do projeto, onde as atividades concluídas são apresentadas em verde e com um X no seu interior, as atividades em execução em amarelo e com um \ (risco transversal) no seu interior enquanto as não iniciadas aparecem em vermelho, incluindo também o percentual completo da atividade dentro da caixa da atividade.

- Responsável: Juliano Palácios Medeiros
- Área: Gerenciamento do Escopo
- Software: Microsoft Project e WBS Chart Pro

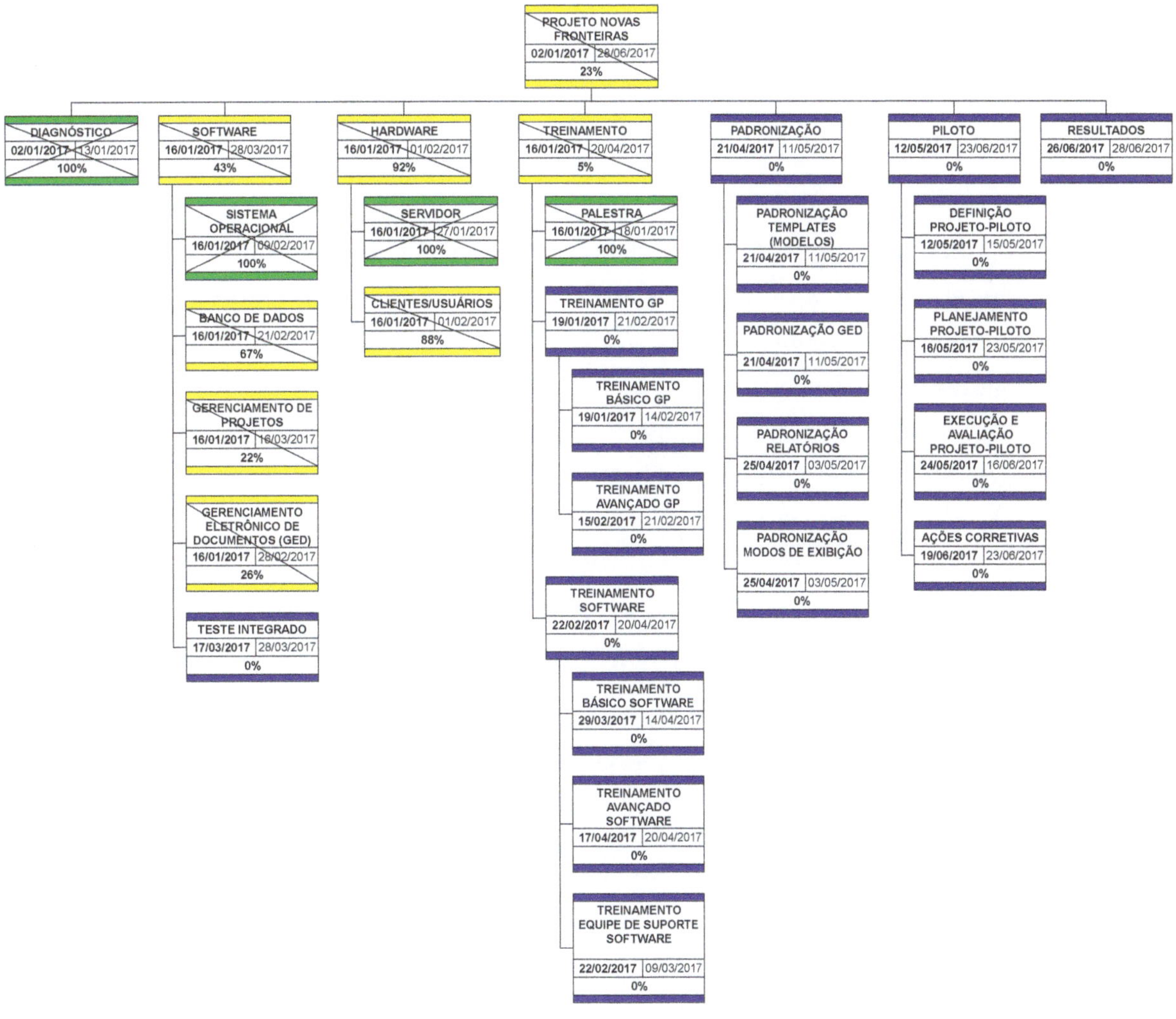

Nota: Imagem extraída do WBS Chart Pro

3. Gráfico de Gantt

O gráfico de *Gantt* do projeto será evidenciado através de barras no tempo para todas as atividades do projeto ao longo de sua execução.

- Responsável: Tarcísio Viana Tavares
- Área: Gerenciamento do Cronograma
- Software: Microsoft Project

ID	Task Name	Duration
0	PROJETO NOVAS FRONTEIRAS	128 days
1	1 DIAGNÓSTICO	10 days
2	1.1 Realizar o Kick-off Meeting do projeto	1 day
3	1.2 Reunir a equipe do projeto e definir o comitê	2 days
4	1.3 Criar o escopo dos trabalhos	3 days
5	1.4 Criar o comitê responsável	2 days
6	1.5 Aprovar o comitê	1 day
7	1.6 Aprovar o escopo dos trabalhos	1 day
8	1.7 Diagnóstico concluído	0 days
9	2 SOFTWARE	52 days
10	2.1 SISTEMA OPERACIONAL	19 days
11	2.1.1 Cotar o sistema operacional (Windows)	2 days
12	2.1.2 Comprar o software (sistema operacional)	2 days
13	2.1.3 Instalar o sistema operacional	4 days
14	2.1.4 Testar o sistema operacional	2 days
15	2.2 BANCO DE DADOS	27 days
16	2.2.1 Cotar o Microsoft SQL Server	2 days
17	2.2.2 Comprar o software (banco de dados)	2 days
18	2.2.3 Instalar o banco de dados	4 days
19	2.2.4 Preparar a tabela de dados de projetos	2 days
20	2.2.5 Testar o banco de dados	2 days
21	2.3 GERENCIAMENTO DE PROJETOS	44 days
22	2.3.1 Cotar o Microsoft Office Project	2 days

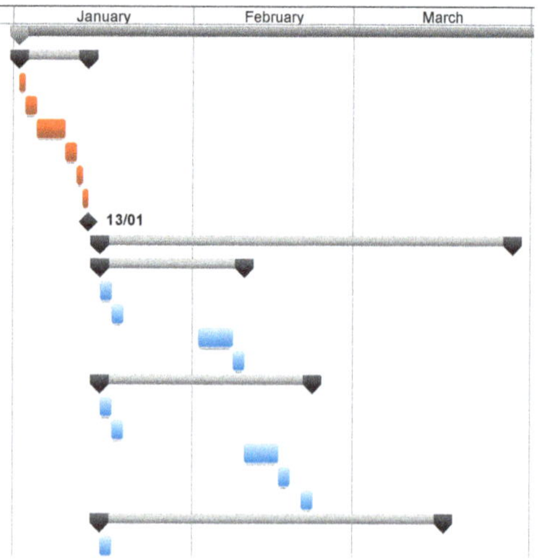

Nota: Imagem extraída do Microsoft Project

4. Diagrama de Rede

O diagrama de rede será apresentado por elemento da EAP do projeto, evidenciando as atividades críticas em vermelho e as não críticas em azul. Cada caixa representa uma atividade com seu nome, duração, data de início e término.

- Responsável: Tarcísio Viana Tavares
- Área: Gerenciamento do Cronograma
- Software: Microsoft Project e PERT Chart Expert

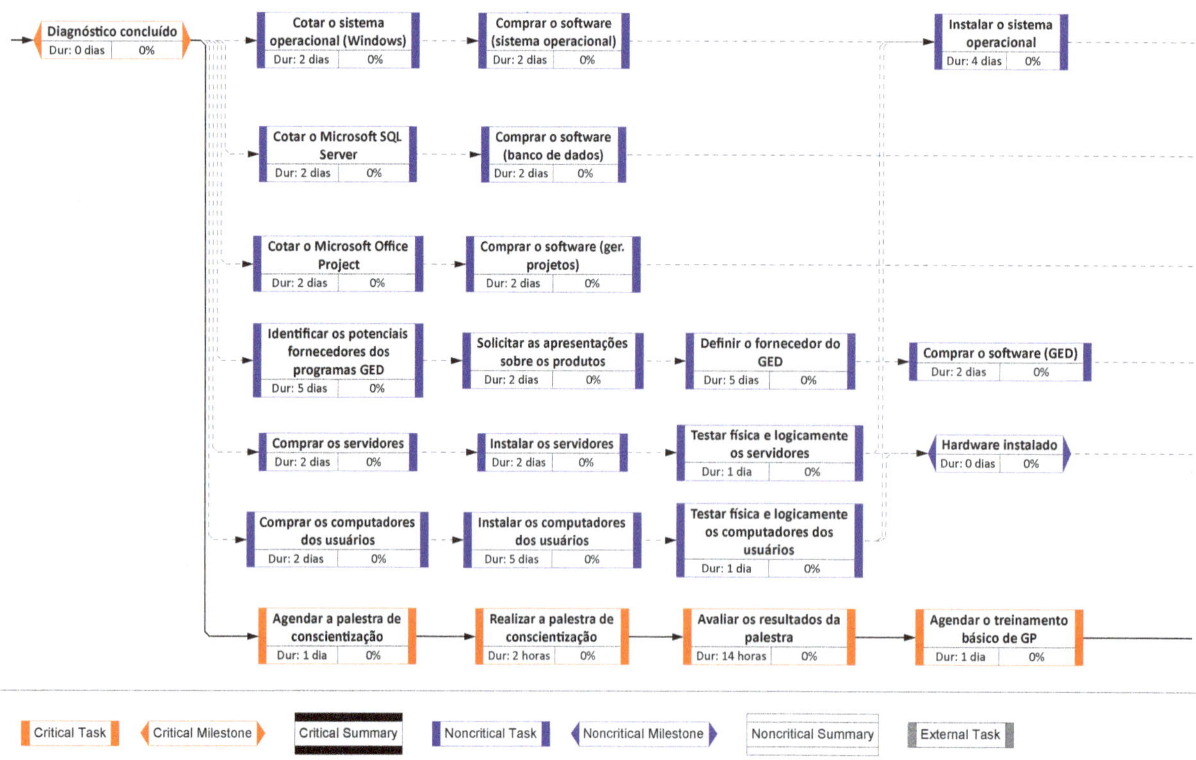

Nota: Imagem extraída do Microsoft Project

5. Gráfico de Marcos

Relatório que apresenta as datas de conclusão de cada grupo de trabalho do projeto com seus respectivos desvios e projeções.

- Responsável: Tarcísio Viana Tavares
- Área: Gerenciamento do Cronograma e Escopo
- Software: Microsoft Project

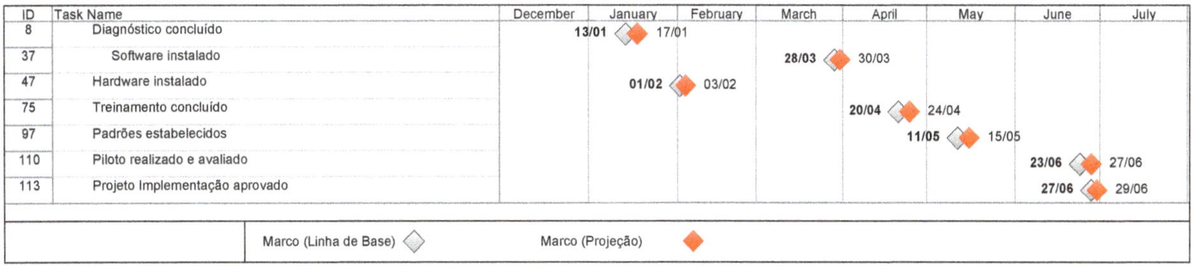

Nota: Imagem extraída do Microsoft Project

6. Acompanhamento do Orçamento do Projeto

O orçamento do projeto será acompanhado através da EAP onde os grupos de trabalho terão o custo da linha de base, o custo real e a projeção final de custo apresentados. Nos grupos de trabalho onde o custo projetado for maior que o custo da linha de base, a caixa da EAP será colorida de vermelho.

- Responsável: Nelson Azevedo
- Área: Gerenciamento dos Custos
- Software: Microsoft Project e WBS Chart Pro

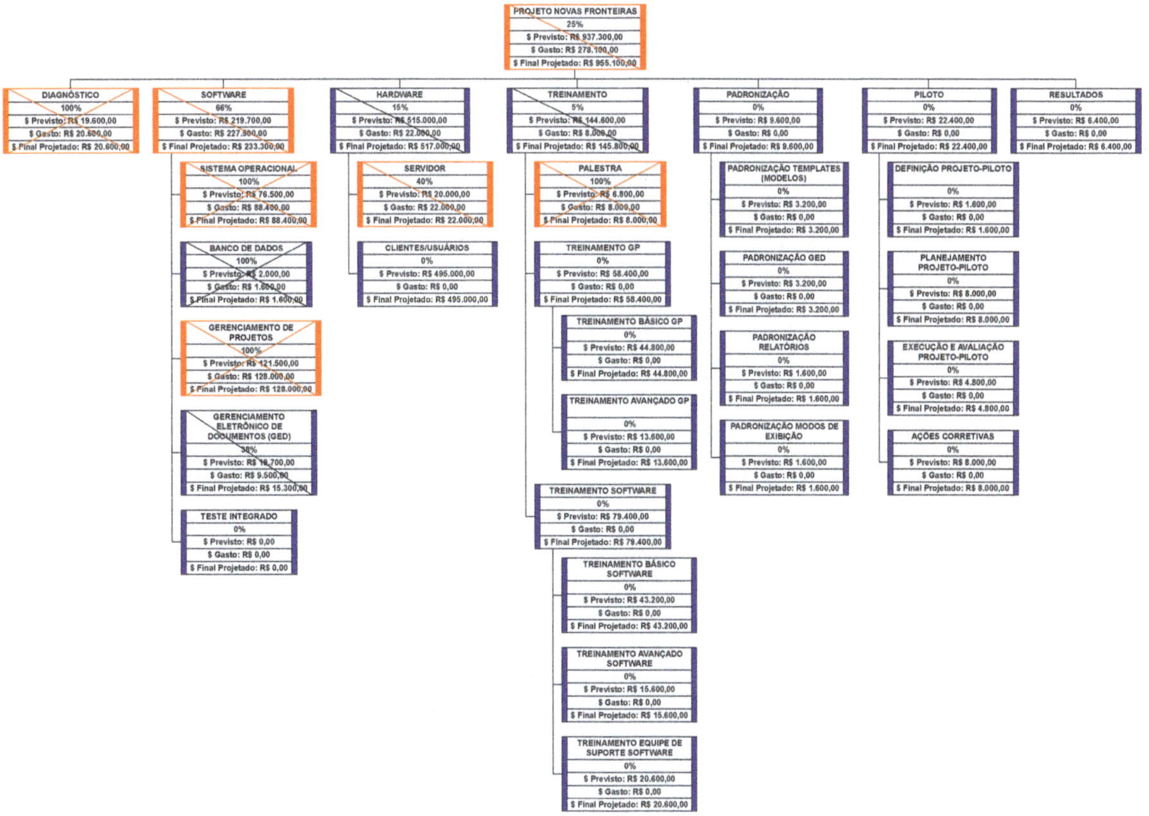

Nota: Imagem extraída do WBS Chart Prot

7. Registro dos Riscos

Todos os riscos do projeto serão registrados no documento de registro dos riscos, incluindo os dados básicos do risco (*Status*, Tipo, Descritivo, Responsável), os dados da avaliação qualitativa (Probabilidade, Impacto, EV) e as respostas desenvolvidas para mitigar, transferir ou evitar os riscos. Ficou acertado com as partes interessadas que apenas ameaças serão consideradas como riscos e que a análise quantitativa não será realizada.

- Responsável: Juliano Palácios Medeiros
- Área: Gerenciamento dos Riscos
- Software: Microsoft Excel

ID	Tipo	Status do Risco	Descrição do Risco	Fase	Responsável	Probab.	Grau de Impacto	EV	Resposta	Tipo de Resposta	Descrição da Resposta
001	Ameaça	Aberto	Falta de conhecimento dos integrantes do time sobre o projeto, podendo causar excessiva dependência da consultoria durante o projeto	Diagnóstico	Alan Carlos Poderino	3 - M - Média	2 - B - Baixo	M - B	Opcional	Mitigar	Participação do gerente do projeto em um curso de gerenciamento de projetos imediatamente antes do início do projeto, bem como visita a outros projetos similares em outras empresas.
002	Ameaça	Não Ocorreu	Preço do software diretamente atrelado ao câmbio, podendo tornar o cumprimento do orçamento do projeto inviável	Software	Ana Carolina L. Magalhães	4 - A - Alta	4 - A - Alto	Não Ocorreu	Não Ocorreu	Transferir	Realização de operação de Hedge em dólares americanos dos valores dos programas adquiridos a partir da data da última orçamentação.
003	Ameaça	Aberto	Falta de experiência na instalação do software pela área de TI, podendo atrasar a instalação e inviabilizar os testes	Software	Ana Carolina L. Magalhães	3 - M - Média	4 - A - Alto	M - A	Obrigatória	Mitigar	Realizar o treinamento da equipe de suporte antes da instalação do software de gerenciamento de projetos, onde o curso passará a ser feito externamente com equipamentos da contratada.
004	Ameaça	Aberto	Incompatibilidade entre os ambientes dos diferentes softwares, podendo causar um ambiente de trabalho instável	Software	Ana Carolina L. Magalhães	2 - B - Baixa	4 - A - Alto	B - A	Opcional	Aceitar	Risco não será respondido e verba de contingência será utilizada em caso de necessidade.
005	Ameaça	Aberto	Preço do hardware diretamente atrelado ao câmbio, podendo tornar o cumprimento do orçamento do projeto inviável	Hardware	Márcia Maria Silva	5 - MA - Muito Alta	4 - A - Alto	M - A	Obrigatória	Transferir	Realização de operação de Hedge em dólares americanos dos valores dos equipamentos adquiridos a partir da data da última orçamentação.
006	Ameaça	Não Ocorreu	Necessidade de adequação de infraestrutura (rede e energia) para as novas máquinas dos usuários	Hardware	Márcia Maria Silva	1 - MB - Muito Baixa	2 - B - Baixo	Não Ocorreu	Não Ocorreu	Aceitar	Risco não será respondido e verba de contingência será utilizada em caso de necessidade.
007	Ameaça	Aberto	Atraso na entrega dos servidores, podendo atrasar a instalação dos softwares	Hardware	Márcia Maria Silva	3 - M - Média	5 - MA - Muito Alto	MA - MA	Obrigatória	Mitigar	Obrigar o fornecimento de atestados por todos os proponentes com histórico de entregas na declaração de escopo.

8. Registro das Partes Interessadas

O registro das partes interessadas deve avaliar o nível de interesse e poder de cada um dos principais interessados no projeto e será monitorado semanalmente durante a reunião do Comitê Executivo. O monitoramento buscará avaliar se existem novos interessados no projeto e se o interesse ou poder dos interessados avaliados se alterou desde a última avaliação.

- Responsável: Ronaldo Gomes Severo
- Área: Gerenciamento das Partes Interessadas
- Software: Microsoft Excel

Dados Básicos		Nível de Poder no PROJETO			Nível de Interesse no PROJETO			Outros			Resultados	
		40%	60%	Peso(%)	50%	50%	Peso(%)					
ID	Interessado	Influência Sobre Outros	Controle Direto dos Recursos	Poder no PROJETO	Técnico	Não Técnico	Interesse	Poder no PRODUTO	Conhecimento	Acessibilidade	Nota Final	Ranking
001	Rodrigo Mendes Lemos (GP)	4 - Alto	3 - Médio	3,4	5 - Muito Alto	5 - Muito Alto	5,0	4 - Alto	5 - Muito Alto	4 - Alto	4,350	1
002	Ricardo Viana Vargas (Patrocinador)	5 - Muito Alto	4 - Alto	4,4	3 - Médio	5 - Muito Alto	4,0	4 - Alto	5 - Muito Alto	3 - Médio	4,100	2
003	Consultores (Alan e Gian)	3 - Médio	2 - Baixo	2,4	5 - Muito Alto	3 - Médio	4,0	2 - Baixo	5 - Muito Alto	4 - Alto	3,850	3
004	Equipe do Projeto	3 - Médio	2 - Baixo	2,4	4 - Alto	4 - Alto	4,0	2 - Baixo	3 - Médio	5 - Muito Alto	3,600	4
005	Fornecedores de Equipamentos	2 - Baixo	1 - Muito Baixo	1,4	5 - Muito Alto	4 - Alto	4,5	3 - Médio	4 - Alto	4 - Alto	3,475	5
006	Fornecedor do Treinamento	2 - Baixo	1 - Muito Baixo	1,4	2 - Baixo	4 - Alto	3,0	1 - Muito Baixo	5 - Muito Alto	4 - Alto	3,350	6
007	CEO	5 - Muito Alto	5 - Muito Alto	5,0	2 - Baixo	4 - Alto	3,0	4 - Alto	3 - Médio	1 - Muito Baixo	3,000	8
008	Usuários do PMO do Departamento	3 - Médio	3 - Médio	3,0	3 - Médio	4 - Alto	3,5	5 - Muito Alto	3 - Médio	3 - Médio	3,125	7
009	Área Financeira da Empresa	2 - Baixo	3 - Médio	2,6	1 - Muito Baixo	2 - Baixo	1,5	2 - Baixo	1 - Muito Baixo	2 - Baixo	1,775	11
010	Equipe de Tecnologia	2 - Baixo	2 - Baixo	2,0	5 - Muito Alto	2 - Baixo	3,5	5 - Muito Alto	3 - Médio	2 - Baixo	2,625	9

9. Registro das Lições Aprendidas

As lições aprendidas do projeto serão apresentadas no formato de mapas mentais por área do escopo do projeto e devem seguir as diretrizes do documento de registro das lições aprendidas do projeto.

- Responsável: Tarcísio Viana Tavares
- Área: Gerenciamento da Integração
- Software: Mindmanager

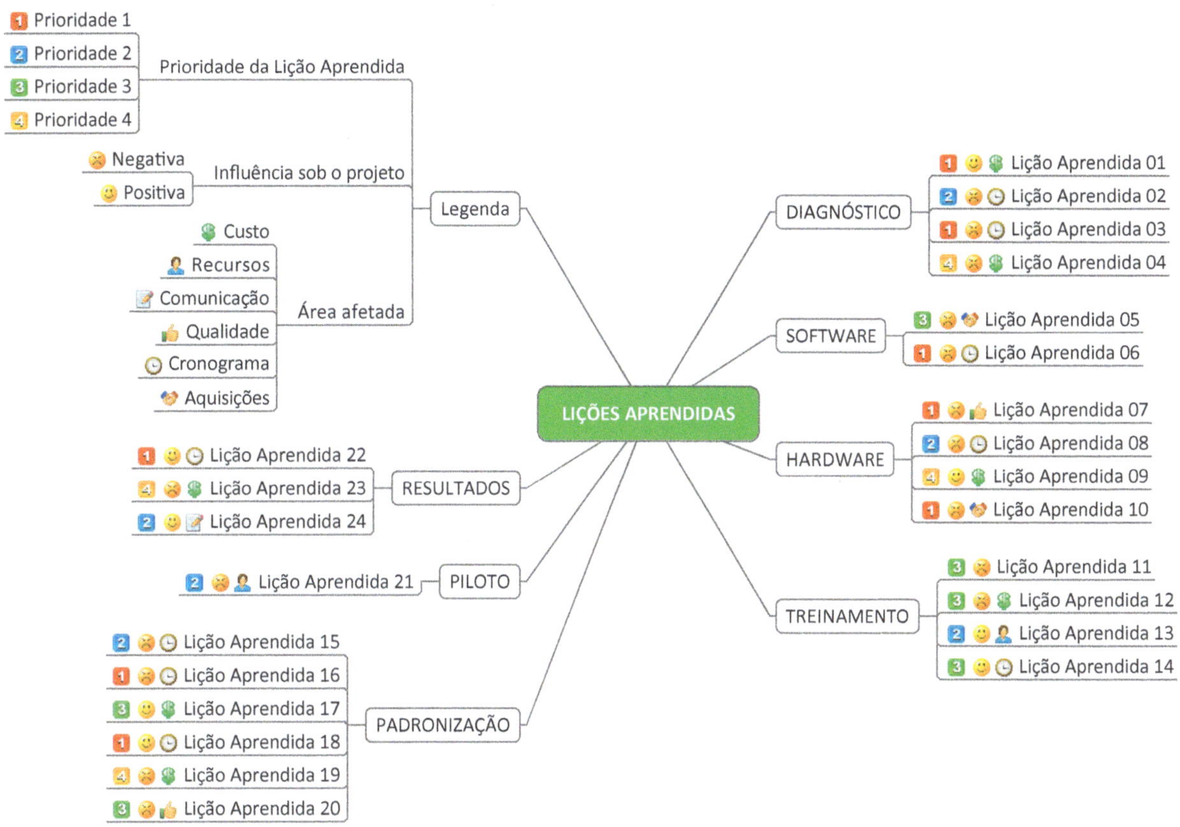

Distribuição dos relatórios e acesso às informações

A lista de circulação dos documentos, bem como os critérios de acesso às informações do projeto, estão apresentados no documento Registro das Partes Interessadas.

Ambiente técnico e estrutura de armazenamento e distribuição da informação (EPM)

A estrutura de armazenamento e distribuição da informação será realizada pelo site: www.ricardo-vargas.com através de qualquer dispositivo.

O ambiente de trabalho será baseado na plataforma Project Portfolio Management da Microsoft e contará com servidores destinados a suportar as características corporativas da empresa, incluindo banco de dados consolidando o portfólio de projetos, *pool* de recursos e ferramentas de criação e distribuição de relatórios e painéis de controle (Análise de portfólio), gerenciamento de conteúdo do projeto, tais como documentos, riscos, questões, lições aprendidas etc.

Os usuários do ambiente poderão utilizar qualquer dispositivo para atualizar e acessar informações dos projetos, permitindo o planejamento, o acompanhamento e a colaboração entre todos os integrantes da equipe, gerentes de projetos e outros envolvidos. A troca de informações sobre o projeto e suas respectivas atividades é feita através de qualquer dispositivo, browser e de qualquer lugar, oferecendo mobilidade total à equipe. Todo o ambiente para armazenamento das informações já está disponível, contratado e pago através de um contrato global da empresa com um provedor de serviços de gerenciamento de informação, não existindo custos adicionais para o projeto.

Alocação financeira para o gerenciamento das comunicações

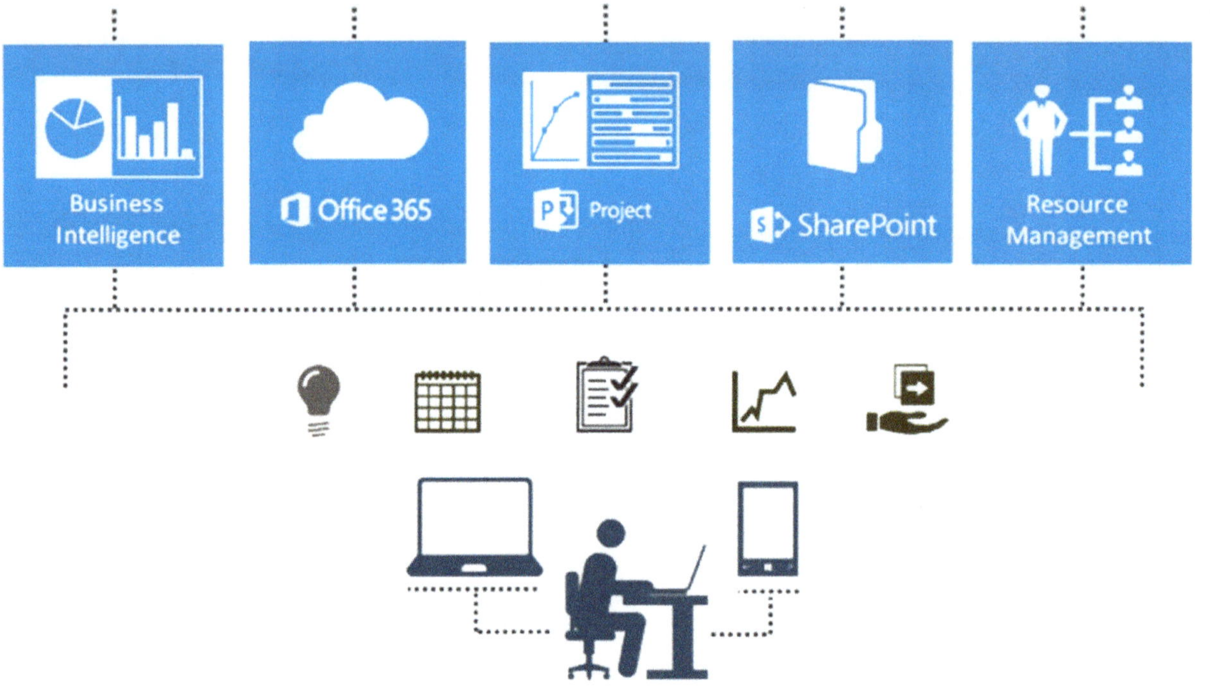

Os custos relativos ao gerenciamento das comunicações serão considerados, para fins de projeto, como despesas administrativas e não serão incluídos nos custos do projeto, uma vez que o plano de gerenciamento dos custos prevê a contabilização de apenas gastos adicionais ao projeto.

No caso de necessidade de despesas no processo de comunicação, essas despesas podem ser alocadas dentro das reservas gerenciais do projeto, na categoria Outras reservas, desde que dentro da alçada do gerente do projeto.

Para necessidades prioritárias que estejam fora da alçada do gerente do projeto, ou quando não existe mais reserva gerencial disponível, deverá ser acionado o patrocinador, já que o gerente do projeto não tem autonomia necessária para decidir utilizar a reserva de contingência no gerenciamento das comunicações. Outra opção é solicitar à diretoria da empresa um aumento nas reservas gerenciais.

Administração do plano de gerenciamento das comunicações

Responsável pelo plano

- **Tarcísio Viana Tavares**, membro do time do projeto, será o responsável direto pelo plano de gerenciamento das comunicações.
- **Nelson Azevedo**, membro do time do projeto, será suplente do responsável direto pelo plano de gerenciamento das comunicações.

Frequência de atualização do plano de gerenciamento das comunicações

O plano de gerenciamento das comunicações será reavaliado mensalmente na primeira reunião mensal do Comitê Executivo, juntamente com os outros planos de gerenciamento do projeto.

As necessidades de atualização do plano antes da primeira reunião do Comitê Executivo do projeto deverão ser tratadas através dos procedimentos descritos no item Outros assuntos relacionados ao gerenciamento das comunicações do projeto não previstos neste plano.

Outros assuntos relacionados ao gerenciamento das comunicações do projeto não previstos neste plano

Todas as solicitações não previstas neste plano devem ser submetidas para aprovação na reunião do Comitê Executivo. Imediatamente após sua aprovação devem ser atualizadas no plano de gerenciamento das comunicações com seu devido registro de alterações.

APROVADO POR
Rodrigo Mendes Lemos - Gerente do Projeto

DATA
01/11/2025

Nota: Quaisquer alterações neste documento deverão ser submetidas ao processo de controle do projeto para aprovação antes de serem incorporadas a este documento.

DESCRIÇÃO DA ALTERAÇÃO
Criação da avaliação de fornecedores.

ALTERADO POR
Rodrigo Mendes Lemos

DATA
01/11/2025

Projeto Novas Fronteiras

Gerenciamento dos Riscos

PROJETO NOVAS FRONTEIRAS

Plano de Gerenciamento dos Riscos *(Risk Management Plan)*

PREPARADO POR	APROVADO POR	VERSÃO	DATA
Juliano Palácios Medeiros - Membro do Time	Rodrigo Mendes Lemos - Gerente do Projeto	02	10/11/2025

Descrição dos processos de gerenciamento dos riscos

- O gerenciamento dos riscos do projeto será realizado com base nos riscos previamente identificados, bem como no monitoramento e no controle de novos riscos que podem não ter sido identificados oportunamente.
- Somente ameaças ao projeto serão consideradas. Nenhuma oportunidade será tratada dentro dos processos de gerenciamento dos riscos e serão abordadas caso a caso pelo Comitê Executivo.
- Todos os riscos não previstos no plano devem ser incorporados ao projeto dentro do sistema de controle de mudanças dos riscos *(Risk Change Control System)*.
- Os riscos a serem identificados serão apenas os riscos internos ao projeto e os riscos provenientes de flutuações monetárias. Riscos relacionados ao mercado, ao ambiente macro da empresa ou à sociedade serão automaticamente aceitos sem análise e sem uma resposta prevista (aceitação passiva).
- As respostas possíveis aos riscos identificados pelo projeto serão as aceitações passiva e ativa (através de contingências), a atenuação e a transferência através de seguro. Não será aceito como uma possível resposta ao risco o ato de evitá-lo *(avoidance)*, uma vez que não serão aceitas alterações no escopo que não sejam de caráter corretivo no produto final do projeto.
- A identificação, a avaliação e o monitoramento dos riscos devem ser feitos por escrito ou através de e-mail, conforme descrito no plano de gerenciamento das comunicações do projeto.
- Todas as informações sobre os riscos do projeto devem ser mantidas no Registro dos Riscos do projeto.

RBS (Risk Breakdown Structure) para a identificação dos riscos

O modelo de estrutura de riscos a ser utilizado pelo projeto será o proposto por Wideman, porém abordando apenas os riscos internos não técnicos, os riscos legais e os riscos técnicos. Riscos externos não serão considerados, conforme já apresentado anteriormente. O modelo a seguir foi utilizado como base para a identificação dos riscos do projeto.

Identificação dos riscos

Os riscos deverão ser identificados utilizando técnicas de coleta de informação tais como a Técnica do Grupo Nominal (NGT), o Slip de Crawford e o *Brainstorming*. Os riscos devem ser identificados em grupo.

Qualificação dos riscos

Os riscos identificados serão qualificados na sua probabilidade de ocorrência e impacto ou gravidade dos seus resultados.

Probabilidade

- Baixa – A probabilidade de ocorrência do risco pode ser considerada pequena ou imperceptível (menor do que 20%).
- Média – Existe uma probabilidade razoável de ocorrência do risco (probabilidade entre 20% e 60%).
- Alta – O risco é iminente (probabilidade maior que 60%).

Gravidade

- Baixa – O impacto do evento de risco é irrelevante para o projeto, tanto em termos de custo quanto de prazos, podendo ser facilmente resolvido.
- Média – O impacto do evento de risco é relevante para o projeto e necessita de um gerenciamento mais preciso, sob pena de prejudicar os seus resultados.
- Alta – O impacto do evento de risco é extremamente elevado e, no caso de não existir uma interferência direta, imediata e precisa da equipe do projeto, os resultados serão seriamente comprometidos.

Os riscos devem ser classificados segundo o modelo de classificação comparativa de riscos (CCR) dentro dos elementos da EAP.

Todos os riscos devem ser mapeados em um gráfico de probabilidade e impacto evidenciando o limite de tolerância organizacional aos riscos (ver figura a seguir).

Riscos mapeados

- **001** - Falta de conhecimento dos integrantes do time sobre o projeto, podendo causar excessiva dependência da consultoria durante o projeto
- **003** - Falta de experiência na instalação do software pela área de TI, podendo atrasar a instalação e inviabilizar os testes
- **004** - Incompatibilidade entre os ambientes dos diferentes softwares, podendo causar um ambiente de trabalho instável
- **005** - Preço do hardware diretamente atrelado ao câmbio, podendo tornar o cumprimento do orçamento do projeto inviável
- **007** - Atraso na entrega dos servidores, podendo atrasar a instalação dos softwares
- **008** - Falta de experiência da empresa contratada para o treinamento no tipo de treinamento solicitado e no tipo de negócio da divisão
- **010** - Indisponibilidade dos usuários para treinamento, causando baixo volume de participantes na turma e gerando necessidade de turmas adicionais

- **011** - Falta de cultura da empresa na utilização de programas de gestão eletrônica de documentos, ocasionando uma dispersão de esforços na definição dos padrões de fluxo de documentos
- **012** - Falta de domínio técnico sobre o software pela equipe de padronização, podendo causar atrasos e problemas de qualidade nos padrões criados
- **014** - Piloto não retratar o todo organizacional, podendo emitir uma percepção falsa dos resultados obtidos

Quantificação dos riscos

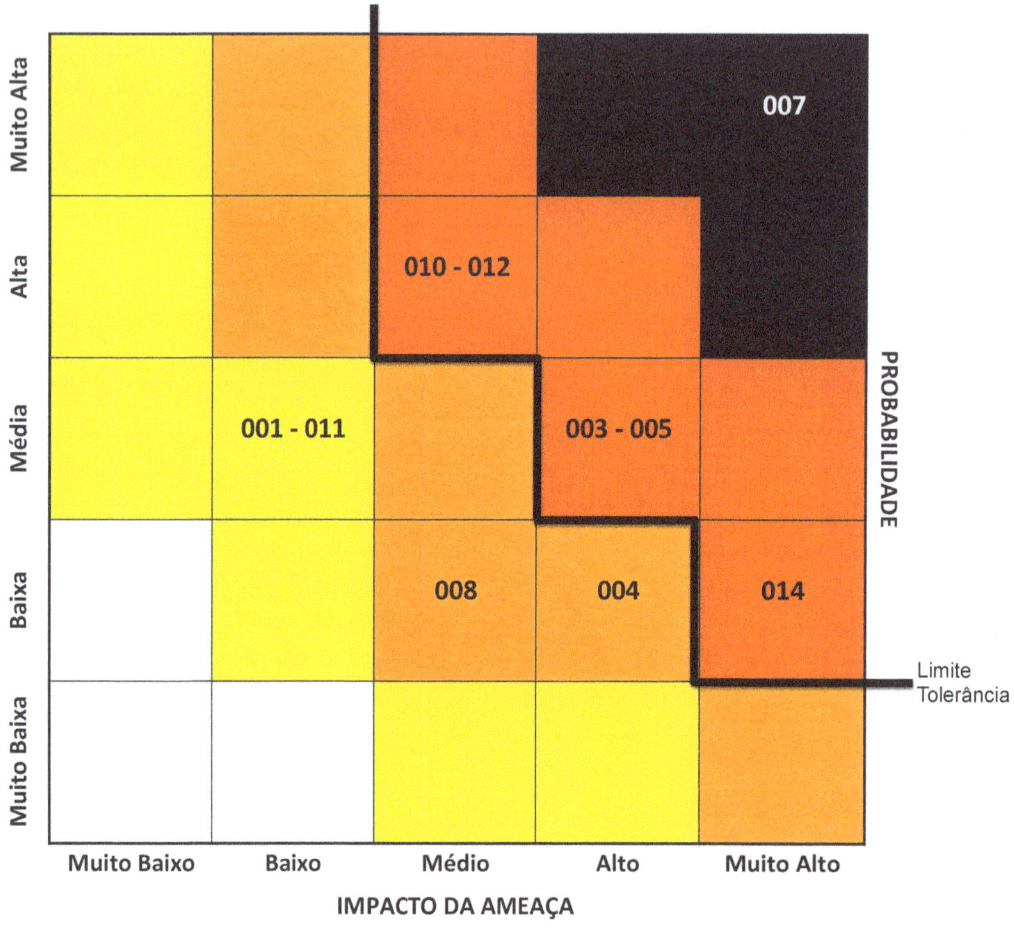

Por se tratar de um projeto onde somente os riscos internos serão avaliados, optou-se por analisar apenas os riscos segundo aspectos qualitativos, utilizando-se o conceito qualitativo de valor agregado, anteriormente apresentado para os riscos identificados. Portanto, não será feita, neste plano, a análise quantitativa dos riscos.

Respostas planejadas aos riscos

Todos os riscos que excedam o limite de tolerância precisam obrigatoriamente de ações visando mitigar, eliminar ou transferir as ameaças. As ações terão um responsável e serão monitoradas no Registro dos Riscos.

Sistema de controle de mudanças dos riscos *(Risk change control system)*

Toda a identificação dos riscos e alterações nos riscos já identificados (variação na probabilidade e impacto dos riscos), deve ser tratada segundo o fluxo apresentado a seguir com suas conclusões apresentadas na reunião semanal do Comitê Executivo com suas conclusões, prioridades e ações relacionadas.

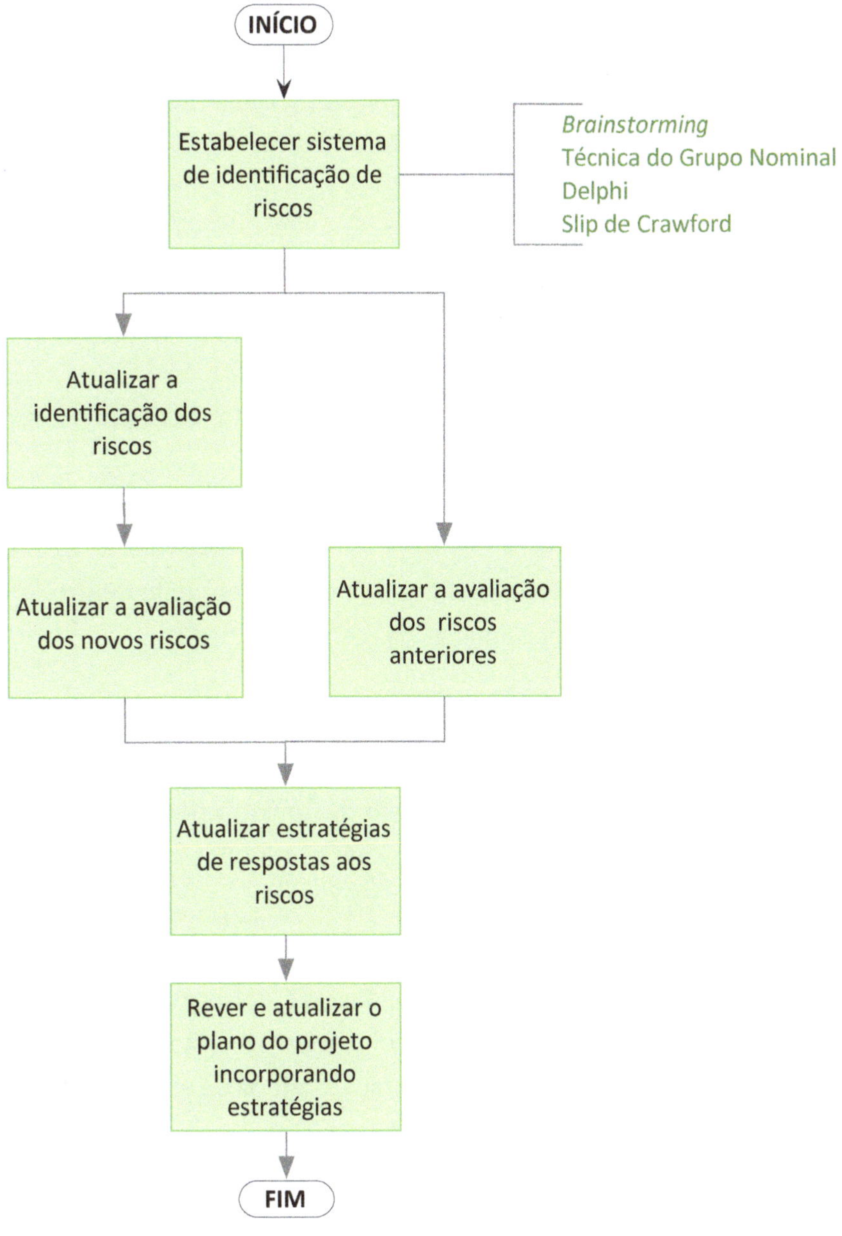

Reservas de contingência

Conforme descrito no plano de gerenciamento dos custos, as reservas de contingência são destinadas exclusivamente ao processo de gerenciamento dos riscos para os eventos de riscos aceitos ativamente e para os riscos atenuados ou riscos não identificados de modo preliminar no projeto.

As ações de contorno do projeto (respostas não planejadas aos riscos) devem utilizar exclusivamente as reservas de contingência do projeto.

As reservas serão consumidas com base nas solicitações de mudanças provenientes dos outros planos e dentro da autonomia do gerente do projeto e do patrocinador.

As reservas de contingência totalizam $25.000, e o gerente do projeto tem as seguintes autonomias quanto à utilização das reservas:

	RESERVAS DE CONTINGÊNCIA
Gerente do projeto isoladamente	**Até $3.500**
Gerente do projeto com aval do patrocinador	**Até $7.000**
Somente o patrocinador	**Acima de $7.000 e até o limite das reservas**

Essa autonomia é por cada evento de risco, podendo o gerente do projeto consumir toda a reserva, desde que em diferentes eventos.

Com o fim das reservas, somente o patrocinador poderá solicitar a criação de novas reservas conforme será apresentado a seguir nesse plano.

Frequência de avaliação dos riscos do projeto

Os riscos identificados no projeto devem ser avaliados semanalmente dentro da reunião do Comitê Executivo, prevista no plano de gerenciamento das comunicações.

Alocação financeira para o gerenciamento dos riscos

As necessidades relacionadas à identificação, qualificação, quantificação e desenvolvimento de respostas aos riscos que não estiverem listados neste documento devem ser alocadas dentro das reservas gerenciais do projeto, na categoria Reservas de contingência, desde que dentro da alçada do gerente do projeto.

Para ações prioritárias que estejam fora da alçada do gerente do projeto, ou quando não existe mais reserva de contingência disponível, deverá ser acionado o patrocinador, uma vez que o gerente do projeto não tem autonomia necessária para decidir utilizar o capital disponível na categoria Outras reservas para gerenciar riscos. Outra opção é solicitar à diretoria da empresa um aumento nas reservas gerenciais.

Administração do plano de gerenciamento dos riscos

Responsável pelo plano

- **Juliano Palácios Medeiros**, membro do time do projeto, será o responsável direto pelo plano de gerenciamento dos riscos.
- **Maria Sônia Silveira**, membro do time do projeto, será suplente do responsável direto pelo plano de gerenciamento dos riscos.

Frequência de atualização do plano de gerenciamento dos riscos

O plano de gerenciamento dos riscos será reavaliado mensalmente na primeira reunião mensal do Comitê Executivo, juntamente com os outros planos de gerenciamento do projeto.

Necessidades de atualização do plano antes da primeira reunião do Comitê Executivo do projeto devem ser tratadas através dos procedimentos descritos no item Outros assuntos relacionados ao gerenciamento dos riscos do projeto não previstos neste plano.

Outros assuntos relacionados ao gerenciamento dos riscos do projeto não previstos neste plano

Todas as solicitações relacionadas aos riscos do projeto não previstas neste plano deverão ser submetidas para aprovação na reunião do Comitê Executivo. Imediatamente após sua aprovação deverão ser atualizadas no plano de gerenciamento dos riscos com seu devido registro de alterações.

APROVADO POR: Rodrigo Mendes Lemos - Gerente do Projeto

DATA: 30/11/2025

Nota: Quaisquer alterações neste documento deverão ser submetidas ao processo de controle do projeto para aprovação antes de serem incorporadas a este documento.

DESCRIÇÃO DA ALTERAÇÃO

Detalhamento do plano de respostas aos riscos.

ALTERADO POR: Rodrigo Mendes Lemos

DATA: 30/11/2025

PROJETO NOVAS FRONTEIRAS

Riscos Identificados – EAP *(Identified Risks – WBS)*

PREPARADO POR	APROVADO POR	VERSÃO	DATA
Juliano Palácios Medeiros - Membro do Time	Rodrigo Mendes Lemos - Gerente do Projeto	02	03/12/2025

- **0 PROJETO NOVAS FRONTEIRAS**
  - **1 DIAGNÓSTICO**
    - **1.1** Falta de conhecimento dos integrantes do time sobre o projeto, podendo causar excessiva dependência da consultoria durante o projeto
  - **2 SOFTWARE**
    - **2.1** Preço do software diretamente atrelado ao câmbio, podendo tornar o cumprimento do orçamento do projeto inviável
    - **2.2** Falta de experiência na instalação do software pela área de TI, podendo atrasar a instalação e inviabilizar os testes
    - **2.3** Incompatibilidade entre os ambientes dos diferentes softwares, podendo causar um ambiente de trabalho instável
  - **3 HARDWARE**
    - **3.1** Preço do hardware diretamente atrelado ao câmbio, podendo tornar o cumprimento do orçamento do projeto inviável
    - **3.2** Necessidade de adequação de infraestrutura (rede e energia) para as novas máquinas dos usuários
    - **3.3** Atraso na entrega dos servidores, podendo atrasar a instalação dos softwares
  - **4 TREINAMENTO**
    - **4.1** Falta de experiência da empresa contratada para o tipo de treinamento solicitado e para o tipo de negócio da divisão
    - **4.2** Falta de nivelamento do conhecimento da turma, causando perda de produtividade durante o curso
    - **4.3** Indisponibilidade dos usuários para treinamento, causando baixo volume de participantes na turma e gerando necessidade de turmas adicionais
  - **5 PADRONIZAÇÃO**
    - **5.1** Falta de cultura da empresa na utilização de programas de gestão eletrônica de documentos, ocasionando uma dispersão de esforços na definição dos padrões de fluxo de documentos
    - **5.2** Falta de domínio técnico sobre o software pela equipe de padronização, podendo causar atrasos e problemas de qualidade nos padrões criados
    - **5.3** Pequeno domínio metodológico da equipe em gerenciamento de projetos, podendo causar a criação de padrões incompatíveis com as necessidades
  - **6 PILOTO**
    - **6.1** Piloto não retratar o todo organizacional, podendo emitir uma percepção falsa dos resultados obtidos

Nota: Quaisquer alterações neste documento deverão ser submetidas ao processo de controle do projeto para aprovação antes de serem incorporadas a este documento.

APROVADO POR	DATA
Rodrigo Mendes Lemos - Gerente do Projeto	06/12/2025

PROJETO NOVAS FRONTEIRAS

Riscos Identificados e Qualificados – Mapa Mental *(Identified and Qualified Risks)*

PREPARADO POR	APROVADO POR	VERSÃO	DATA
Juliano Palácios Medeiros - Membro do Time	Rodrigo Mendes Lemos - Gerente do Projeto	02	08/12/2025

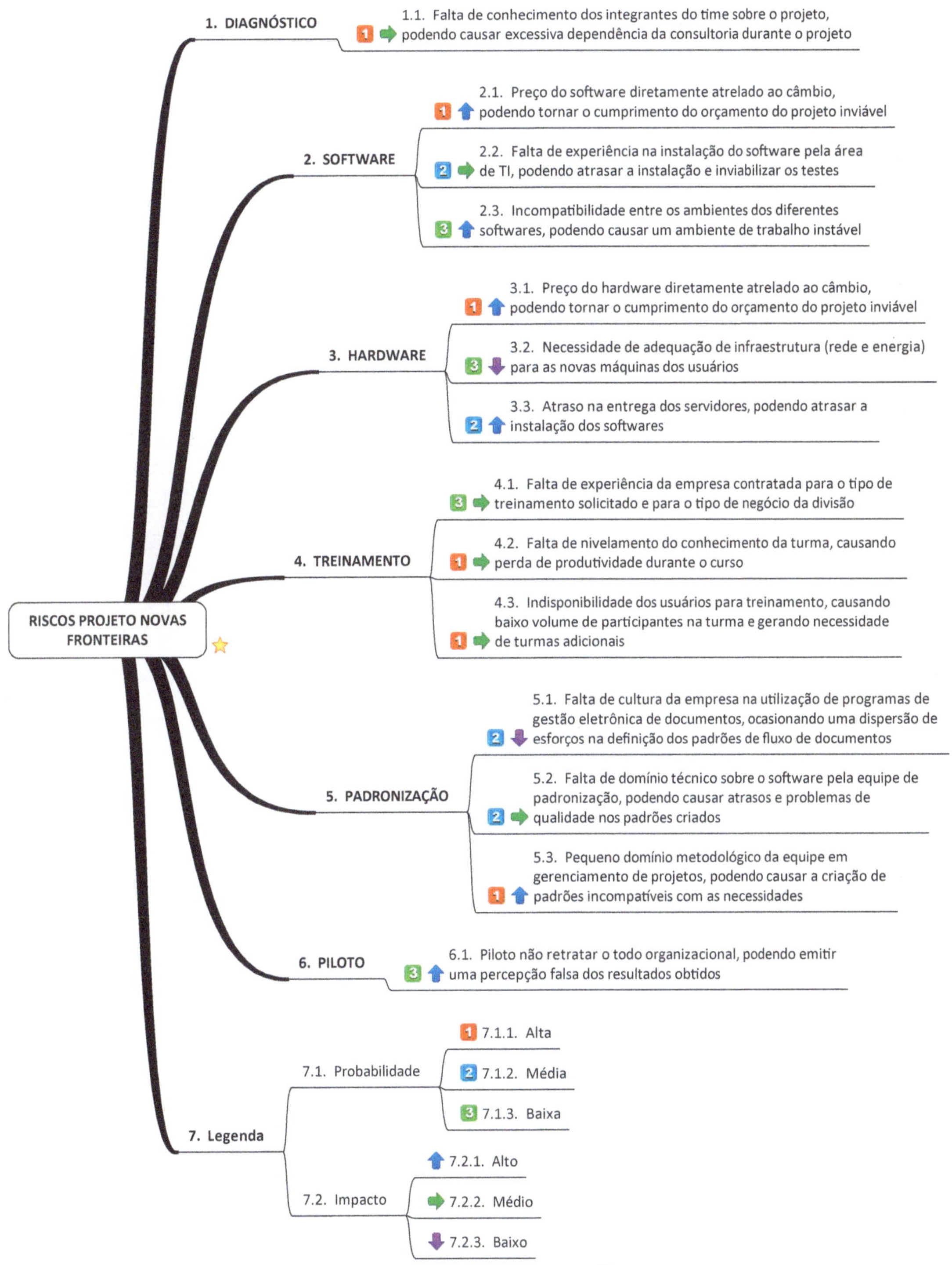

Nota: Quaisquer alterações neste documento deverão ser submetidas ao processo de controle do projeto para aprovação antes de serem incorporadas a este documento.

APROVADO POR	DATA
Rodrigo Mendes Lemos - Gerente do Projeto	14/12/2025

PROJETO NOVAS FRONTEIRAS

Registro dos Riscos *(Risk Register)*

PREPARADO POR	APROVADO POR	VERSÃO	DATA
Juliano Palácios Medeiros - Membro do Time	Rodrigo Mendes Lemos - Gerente do Projeto	02	03/12/2025

ID	Tipo	Status do Risco	Descrição do Risco	Fase	Responsável	Probab.	Grau de Impacto	EV	Resposta	Tipo de Resposta	Descrição da Resposta
001	Ameaça	Aberto	Falta de conhecimento dos integrantes do time sobre o projeto, podendo causar excessiva dependência da consultoria durante o projeto	Diagnóstico	Alan Carlos Poderino	3 - M - Média	2 - B - Baixo	M - B	Opcional	Mitigar	Participação do gerente do projeto em um curso de gerenciamento de projetos imediatamente antes do início do projeto, bem como visita a outros projetos similares em outras empresas.
002	Ameaça	Não Ocorreu	Preço do software diretamente atrelado ao câmbio, podendo tornar o cumprimento do orçamento do projeto inviável	Software	Ana Carolina L. Magalhães	4 - A - Alta	4 - A - Alto	Não Ocorreu	Não Ocorreu	Transferir	Realização de operação de Hedge em dólares americanos dos valores dos programas adquiridos a partir da data da última orçamentação.
003	Ameaça	Aberto	Falta de experiência na instalação do software pela área de TI, podendo atrasar a instalação e inviabilizar os testes	Software	Ana Carolina L. Magalhães	3 - M - Média	4 - A - Alto	M - A	Obrigatória	Mitigar	Realizar o treinamento da equipe de suporte antes da instalação do software de gerenciamento de projetos, onde o curso passará a ser feito externamente com equipamentos da contratada.
004	Ameaça	Aberto	Incompatibilidade entre os ambientes dos diferentes softwares, podendo causar um ambiente de trabalho instável	Software	Ana Carolina L. Magalhães	2 - B - Baixa	4 - A - Alto	B - A	Opcional	Aceitar	Risco não será respondido e verba de contingência será utilizada em caso de necessidade.
005	Ameaça	Aberto	Preço do hardware diretamente atrelado ao câmbio, podendo tornar o cumprimento do orçamento do projeto inviável	Hardware	Márcia Maria Silva	5 - MA - Muito Alta	4 - A - Alto	M - A	Obrigatória	Transferir	Realização de operação de Hedge em dólares americanos dos valores dos equipamentos adquiridos a partir da data da última orçamentação.
006	Ameaça	Não Ocorreu	Necessidade de adequação de infraestrutura (rede e energia) para as novas máquinas dos usuários	Hardware	Márcia Maria Silva	1 - MB - Muito Baixa	2 - B - Baixo	Não Ocorreu	Não Ocorreu	Aceitar	Risco não será respondido e verba de contingência será utilizada em caso de necessidade.
007	Ameaça	Aberto	Atraso na entrega dos servidores, podendo atrasar a instalação dos softwares	Hardware	Márcia Maria Silva	3 - M - Média	5 - MA - Muito Alto	MA - MA	Obrigatória	Mitigar	Obrigar o fornecimento de atestados por todos os proponentes com histórico de entregas na declaração de escopo.
008	Ameaça	Aberto	Falta de experiência da empresa contratada para o tipo de treinamento solicitado e para o tipo de negócios da divisão	Treinamento	Ana Silvia Bragança	2 - B - Baixa	3 - M - Médio	B - M	Opcional	Mitigar	Obrigar o fornecimento de atestados por todos os proponentes, comprovando a experiência no treinamento solicitado.
009	Ameaça	Não Ocorreu	Falta de nivelamento do conhecimento da turma, causando perda de produtividade durante o curso	Treinamento	Ana Silvia Bragança	4 - A - Alta	3 - M - Médio	Não Ocorreu	Não Ocorreu	Mitigar	Realizar avaliação prévia da turma com o objetivo de formar turmas mais homogêneas no curso (a ser fornecido pelo contratado).
010	Ameaça	Aberto	Indisponibilidade dos usuários para treinamento, causando baixo volume de participantes na turma e gerando necessidade de turmas adicionais	Treinamento	Ana Silvia Bragança	4 - A - Alta	3 - M - Médio	A - M	Obrigatória	Mitigar	Realização do treinamento em 3 e 2 dias para a grande maioria dos integrantes (curso básico). O curso será em horário integral no centro de treinamento (fora do ambiente de trabalho).
011	Ameaça	Aberto	Falta de cultura da empresa na utilização de programas de gestão eletrônica de documentos, ocasionando uma dispersão de esforços na definição dos padrões de fluxo de documentos	Padronização	Maria Sônia Silveira	3 - M - Média	2 - B - Baixo	M - B	Opcional	Mitigar	Envolver um consultor com experiência em gestão de documentos, bem como o gerente do projeto nas atividades de definição do fluxo de documentos a ser implementado.
012	Ameaça	Aberto	Falta de domínio técnico sobre o software pela equipe de padronização, podendo causar atrasos e problemas de qualidade nos padrões criados	Padronização	Maria Sônia Silveira	4 - A - Alta	3 - M - Médio	A - M	Obrigatória	Mitigar	Obrigar o treinamento no software (básico e avançado) de toda a equipe envolvida nas atividades de padronização e incluir na equipe de padronização pessoas de TI para apoio técnico.
013	Ameaça	Não Ocorreu	Pequeno domínio metodológico da equipe em gerenciamento de projetos, podendo causar a criação de padrões incompatíveis com as necessidades	Padronização	Maria Sônia Silveira	5 - MA - Muito Alta	5 - MA - Muito Alto	Não Ocorreu	Não Ocorreu	Mitigar	Obrigar o treinamento em gerenciamento de projetos de toda a equipe envolvida nas atividades de padronização.
014	Ameaça	Aberto	Piloto não retratar o todo organizacional, podendo emitir uma percepção falsa dos resultados obtidos	Piloto	Ronaldo Gomes Severo	2 - B - Baixa	5 - MA - Muito Alto	BA - MA	Obrigatória	Mitigar	Incluir a equipe de consultoria, o patrocinador e o gerente do projeto na definição do piloto.

Nota: Quaisquer alterações neste documento deverão ser submetidas ao processo de controle do projeto para aprovação antes de serem incorporadas a este documento.

APROVADO POR	DATA
Rodrigo Mendes Lemos - Gerente do Projeto	14/12/2025

PROJETO NOVAS FRONTEIRAS

Mapa dos Riscos *(Risk Map)*

PREPARADO POR	APROVADO POR	VERSÃO	DATA
Juliano Palácios Medeiros - Membro do Time	Rodrigo Mendes Lemos - Gerente do Projeto	02	08/12/2025

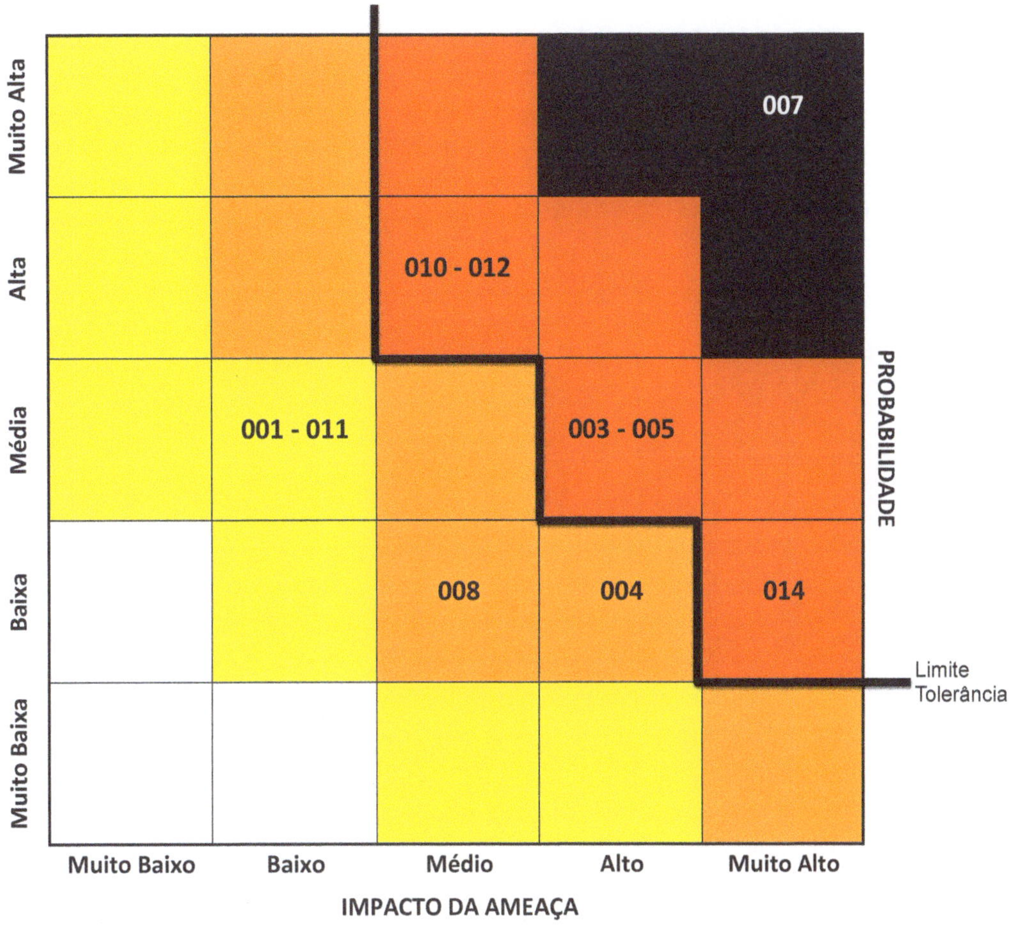

- **001** - Falta de conhecimento dos integrantes do time sobre o projeto, podendo causar excessiva dependência da consultoria durante o projeto
- **003** - Falta de experiência na instalação do software pela área de TI, podendo atrasar a instalação e inviabilizar os testes
- **004** - Incompatibilidade entre os ambientes dos diferentes softwares, podendo causar um ambiente de trabalho instável
- **005** - Preço do hardware diretamente atrelado ao câmbio, podendo tornar o cumprimento do orçamento do projeto inviável
- **007** - Atraso na entrega dos servidores, podendo atrasar a instalação dos softwares
- **008** - Falta de experiência da empresa contratada para o tipo de treinamento solicitado e para o tipo de negócio da divisão
- **010** - Indisponibilidade dos usuários para treinamento, causando baixo volume de participantes na turma e gerando necessidade de turmas adicionais
- **011** - Falta de cultura da empresa na utilização de programas de gestão eletrônica de documentos, ocasionando uma dispersão de esforços na definição dos padrões de fluxo de documentos
- **012** - Falta de domínio técnico sobre o software pela equipe de padronização, podendo causar atrasos e problemas de qualidade nos padrões criados
- **014** - Piloto não retratar o todo organizacional, podendo emitir uma percepção falsa dos resultados obtidos

Nota: Quaisquer alterações neste documento deverão ser submetidas ao processo de controle do projeto para aprovação antes de serem incorporadas a este documento.

APROVADO POR	DATA
Rodrigo Mendes Lemos - Gerente do Projeto	14/12/2025

Projeto Novas Fronteiras

Gerenciamento das Aquisições

PROJETO NOVAS FRONTEIRAS

Especificação do Trabalho – Consultoria *(Statement of Work)*

PREPARADO POR	APROVADO POR	VERSÃO	DATA
Nelson Azevedo - Membro do Time	Rodrigo Mendes Lemos - Gerente do Projeto	02	10/11/2025

Propósito do documento

Este documento tem como objetivo detalhar as necessidades de trabalho de consultoria a serem utilizadas no Projeto Novas Fronteiras, bem como os padrões requeridos pela empresa e pelos consultores contratados.

Descrição das atividades de consultoria

As atividades a serem realizadas pela consultoria são as seguintes:

- apoio na definição do comitê durante o diagnóstico do projeto;
- criação do escopo dos trabalhos a serem realizados pelo comitê no diagnóstico do projeto;
- apoio na solicitação e na identificação dos potenciais sistemas de gestão de documentos disponíveis;
- avaliação, juntamente com o time de projeto, de todo o processo de treinamento a ser realizado por empresa terceirizada;
- definição junto à equipe do projeto dos padrões de relatórios a serem criados, dos modos de exibição do ambiente, do fluxo de documentos do GED e dos modelos (templates) dos projetos;
- apoio à definição, ao planejamento, à execução e às ações corretivas do projeto-piloto a ser executado pelo projeto, bem como à apresentação dos resultados do piloto para o patrocinador do projeto.

Quantitativos aproximados do trabalho de consultoria

Estima-se um total de quatrocentas horas de trabalho de consultoria no projeto, a serem distribuídas conforme cronograma de atividades com a utilização de dois consultores.

Os trabalhos não serão contínuos ao longo de todo o projeto e, portanto, não é necessária a participação em horário integral dos consultores no projeto.

Qualificação dos consultores alocados no projeto

Os consultores alocados no projeto deverão ter as seguintes qualificações obrigatórias:

- formação universitária completa em Administração, Ciência da Computação ou Engenharia;
- pós-graduação, especialização, MBA ou mestrado em engenharia, administração, ciência da computação ou gerenciamento de projetos;
- certificação pelo Project Management Institute como Project Management Professional (PMP);
- mínimo de cinco anos de experiência em implementação de escritórios de projeto;
- experiência comprovada em projetos no ramo de negócios da empresa (mínimo de três atestados);
- experiência comprovada em implementação de sistemas de gerenciamento de documentos;
- experiência comprovada em projetos de grande porte utilizando plataforma Microsoft Project.

São considerados projetos de grande porte aqueles que envolvam uma equipe direta de pelo menos 15 profissionais e quinhentos cronogramas de trabalhos;

- conhecimentos de informática aplicada;
- domínio na utilização de correio eletrônico;
- fluência em inglês.

Qualificação da empresa contratada

A empresa contratada para os serviços de consultoria do projeto deverá ter as seguintes qualificações obrigatórias:

- ser qualificada pela Microsoft como Microsoft Partner, de modo a garantir que a empresa contratada tenha um constante apoio e parceria da Microsoft para a solução de problemas relacionados à plataforma;
- a empresa deve apresentar os currículos dos consultores antes do início do trabalho, comprovando a qualificação apresentada no item anterior dessa declaração de trabalho;
- os currículos apresentados devem ser de profissionais registrados na respectiva empresa, evitando que exista alocação de profissionais autônomos e/ou a apresentação de currículos que não sejam os currículos dos respectivos profissionais a serem alocados;
- a empresa deve apresentar cinco atestados de capacidade técnica em projetos dessa envergadura, utilizando a plataforma Microsoft e comprovando que a empresa prestadora é capacitada para implementação desse tipo de solução com sucesso.

Modelo contratual

O contrato a ser firmado será de Preço Unitário Fixo e Irreajustável, onde o custo/hora dos serviços será fixado em contrato e o número de horas previstas será baseado nas necessidades orçadas para o projeto.

O responsável pela autorização e medição dos trabalhos de consultoria será Nelson Azevedo, coordenador do gerenciamento das aquisições.

Avaliação dos trabalhos da consultoria

Será realizada mensalmente uma reunião interna do projeto para a avaliação dos resultados dos trabalhos de consultoria na segunda segunda-feira de cada mês em seguida à reunião do Comitê Executivo.

O objetivo da reunião será verificar o cumprimento de prazos, preços e qualidade dos serviços de consultoria.

Em caso de não cumprimento

Nos casos de não cumprimento dos itens de contrato por parte da empresa de consultoria, as seguintes medidas podem ser tomadas:

- **advertência** – para desvios leves que não comprometam o sucesso no cumprimento dos prazos e do escopo do projeto;
- **suspensão** – para desvios médios que comprometam parte do escopo do projeto ou para fornecedores já advertidos anteriormente;
- **cancelamento** – para desvios graves que comprometam o projeto e que necessitem de intervenção direta do gerente do projeto e do patrocinador ou para casos anteriores de suspensão.

DESCRIÇÃO DA ALTERAÇÃO
Inserção do item sobre avaliação do trabalho da consultoria

ALTERADO POR	DATA
Rodrigo Mendes Lemos	10/11/2025

APROVADO POR	DATA
Rodrigo Mendes Lemos - Gerente do Projeto	10/11/2025

Nota: Quaisquer alterações neste documento deverão ser submetidas ao processo de controle do projeto para aprovação antes de serem incorporadas a este documento.

PROJETO NOVAS FRONTEIRAS

Especificação do Trabalho – Equipamentos *(Statement of Work)*

PREPARADO POR	APROVADO POR	VERSÃO	DATA
Nelson Azevedo - Membro do Time	Rodrigo Mendes Lemos - Gerente do Projeto	01	28/11/2025

Propósito do documento

Este documento tem como objetivo detalhar as necessidades de aquisição de equipamentos para o Projeto Novas Fronteiras.

Especificação e quantitativos dos equipamentos a serem adquiridos

Os equipamentos a serem adquiridos pelo projeto são os seguintes:

Equipamentos de Informática (Hardware)

- 165 computadores com processador Intel Core i10 ou superior, 32 GB de Memória RAM, SSD de 4 TB (15 computadores de backup)
- 2 servidores com processador Intel Xeon, 64 GB de Memória RAM, 4 SSDs espelhados com 6TB cada

Software

- 1 cópia de um sistema de gestão eletrônica de documentos a ser definido pelo projeto com 150 licenças de acesso incluídas
- 150 licenças do Microsoft Project Pro para Office 365
- 1 cópia do Microsoft Project Server
- 1 cópia do Microsoft SQL Server
- 2 assinaturas do Microsoft Azure
- 150 licenças do Microsoft Windows

Condições de fornecimento

O fornecedor deve atender às seguintes condições de fornecimento para os equipamentos:

- garantia mínima de três anos para todos os equipamentos adquiridos;
- suporte *on-site* para os servidores;
- manutenção garantida para todos os softwares adquiridos por dois anos.

Qualificação dos proponentes

O fornecedor contratado deverá atender às seguintes qualificações obrigatórias:

- atestados devem ser fornecidos por todos os proponentes com histórico de entregas em outros projetos, onde se comprove o histórico das entregas de equipamentos (mínimo de três);
- os proponentes devem apresentar junto com sua proposta pelo menos três Atestados de Capacidade Técnica em projetos dessa envergadura;
- os proponentes devem apresentar balanço auditado e registrado comprovando a capacidade financeira para o fornecimento (a ser encaminhado para o departamento de auditoria da contratante);
- só serão consideradas empresas com no mínimo dois anos de constituição.

Modelo contratual

O contrato a ser firmado com o proponente selecionado será de Preço Unitário Fixo e Irreajustável por unidade de equipamentos adquiridos.

O responsável pela autorização de pagamentos de equipamentos recebidos será Nelson Azevedo, coordenador do gerenciamento das aquisições.

Avaliação de fornecedores

Conforme previsto no plano de gerenciamento das comunicações do projeto, será realizada mensalmente uma reunião interna do projeto para a avaliação dos resultados do fornecimento de equipamentos na segunda segunda-feira de cada mês em seguida à reunião do Comitê Executivo. O objetivo da reunião será verificar o cumprimento de prazos, preços e qualidade dos equipamentos.

Nos casos de não cumprimento dos itens de contrato por parte da empresa fornecedora, as seguintes medidas podem ser tomadas:

- **advertência** – para desvios leves que não comprometam o sucesso no cumprimento dos prazos e do escopo do projeto;
- **suspensão** – para desvios médios que comprometam parte do escopo do projeto ou para fornecedores já advertidos anteriormente;
- **cancelamento** – para desvios graves que comprometam o projeto e que necessitem de intervenção direta do gerente do projeto e do patrocinador ou para casos anteriores de suspensão.

Nota: Quaisquer alterações neste documento deverão ser submetidas ao processo de controle do projeto para aprovação antes de serem incorporadas a este documento.

APROVADO POR
Rodrigo Mendes Lemos - Gerente do Projeto

DATA
28/11/2025

PROJETO NOVAS FRONTEIRAS

Especificação do Trabalho – Treinamento *(Statement of Work)*

PREPARADO POR	APROVADO POR	VERSÃO	DATA
Nelson Azevedo - Membro do Time	Rodrigo Mendes Lemos - Gerente do Projeto	01	28/11/2025

Propósito do documento

Este documento tem como objetivo detalhar as necessidades de treinamento e capacitação para o Projeto Novas Fronteiras.

Especificação da necessidade de treinamento

O projeto necessitará dos seguintes treinamentos:

1. Treinamento básico em gerenciamento de projetos

a. Objetivo – Capacitar os alunos nos conceitos básicos do gerenciamento de projetos, apresentando, de forma prática e direta, os principais componentes de um projeto bem-sucedido, discutindo as principais áreas, processos e ferramentas, para que os projetos sejam conduzidos dentro de prazos, custos e qualidade previstos.

b. Programa resumido do treinamento – Definindo o gerenciamento de projetos, o ciclo de vida de um projeto, as principais áreas do gerenciamento de projetos, o gerente do projetos e suas interfaces e o modelo geral para o gerenciamento de projetos.

c. Metodologia – Aulas expositivas com a utilização de recursos audiovisuais e projeção eletrônica, bem como demonstrações e simulações em computador, trabalhos em grupos para a resolução de problemas e simulação de casos reais e formação de grupos de discussão.

d. Participantes – Todos os membros da divisão que irão participar direta ou indiretamente de projetos, seja como executante, planejador ou até mesmo gerente ou responsável.

e. Alunos por turma – Máximo de 30 participantes por turma.

f. Equipamentos necessários – Sistema de computadores com Microsoft PowerPoint com projetor de alta resolução, sistema de som, internet, *flip chart* e tela de fórmica branca.

g. Data e horário – A serem definidos no cronograma do projeto.

h. Carga horária – 24 horas (integral).

i. Local – Centro de Treinamento (fora do ambiente de trabalho).

j. Outros – Deve ser realizada uma avaliação de conhecimento dos alunos com o objetivo de conduzir o nivelamento da turma anteriormente ao início das turmas.

2. Treinamento avançado em gerenciamento de projetos

a. Objetivo – Capacitar os usuários-chave da divisão em conceitos avançados de gerenciamento de projetos, permitindo que esses usuários atuem como um suporte local e um multiplicador de conhecimento para os outros membros da divisão.

b. Programa resumido do treinamento – PMO *(Project Management Office)*, gerenciamento de portfólios, gerenciamento de configurações, gerenciamento dos riscos, análise de valor agregado (EVMS), simulações, estudos de viabilidade em projetos e gerenciamento de portfólio.

c. Metodologia – Aulas expositivas com a utilização de recursos audiovisuais e projeção eletrônica, bem como demonstrações e simulações em computador, trabalhos em grupos para a resolução de problemas e simulação de casos reais e formação de grupos de discussão.

d. Participantes – Usuários-chave da divisão que atuarão como multiplicadores.
e. Alunos por turma – Máximo de 30 participantes por turma.
f. Equipamentos necessários – Sistema de computadores com Microsoft PowerPoint com projetor de alta resolução, sistema de som, internet, *flip chart* e tela de fórmica branca.
g. Data e horário – A serem definidos no cronograma do projeto.
h. Carga horária – 24 horas (integral).
i. Local – Centro de Treinamento (fora do ambiente de trabalho).
j. Outros – Todos os participantes devem, no mínimo, ter cursado o curso básico de gerenciamento de projetos.

3. Treinamento básico no software de gerenciamento de projetos

a. Objetivo – Capacitar os alunos na utilização básica do software a ser utilizado no gerenciamento de projetos, apresentando, de forma prática e direta, como planejar e controlar um projeto utilizando a ferramenta.
b. Programa resumido do treinamento – Criando um novo projeto, trabalhando com calendários, criando atividades em um projeto, criando a estrutura analítica do projeto (EAP), inserindo durações para as atividades do projeto, inter-relacionamentos entre as atividades, determinação do caminho crítico, recursos, solucionando problemas de alocação de recursos, custos, executando o controle do projeto, formatação, classificação, filtros, relatórios, impressão e publicação na web.
c. Metodologia – Aulas expositivas com a utilização de recursos audiovisuais e projeção eletrônica, bem como demonstrações e simulações em computador por parte de todos os alunos.
d. Participantes – Todos os membros da divisão que irão participar direta ou indiretamente de projetos, seja como executante, planejador ou até mesmo gerente ou responsável.
e. Alunos por turma – Máximo de 30 participantes por turma.
f. Equipamentos necessários – Um computador para cada dois alunos com processador Intel Core i7 ou equivalente, 8 GB de RAM, espaço livre em disco de 100 GB, sistema operacional Microsoft Windows em todas as máquinas, Microsoft Project em todas as máquinas (instalação completa), Microsoft Office Professional em todas as máquinas (instalação completa), Microsoft Visio instalado em todas as máquinas (instalação completa), acesso à internet, um projetor de alta resolução para o instrutor, sistema de som para ser acoplado no computador do instrutor para exibição de vídeos durante o treinamento, linha telefônica, *flip chart*, tela de fórmica branca.
g. Data e horário – A serem definidos no cronograma do projeto.
h. Carga horária – 16 horas (integral).
i. Local – Centro de Treinamento (fora do ambiente de trabalho).
j. Outros – Todos os participantes devem, no mínimo, ter cursado o curso básico de gerenciamento de projetos.

4. Treinamento avançado no software de gerenciamento de projetos

a. Objetivo – Capacitar os usuários-chave da divisão na utilização dos recursos avançados da ferramenta, permitindo que esses usuários atuem como um suporte local e um multiplicador de conhecimento para os outros membros da divisão.
b. Programa resumido do treinamento – Múltiplos projetos, compartilhamento de recursos *(pool)*, exportação e importação de projetos, macros, personalização de tabelas, personalização de modos de exibição, campos personalizados, cópia de elementos e personalizações, acompanha-

mento simultâneo de um conjunto de atividades, linhas de andamento, análise de valor agregado *(Earned Value)*, analisando os dados de escala de tempo no Excel, criando e personalizando filtros, trabalhando com grupos (agrupamento), criando e personalizando agrupamentos, estratégias para organizar um projeto-mestre e arquivos de subprojetos, inserindo e excluindo um subprojeto individual em um projeto existente, consolidando projetos, estabelecendo relações de dependência entre projetos diferentes, salvando um projeto no formato de banco de dados.

c. Metodologia – Aulas expositivas com a utilização de recursos audiovisuais e projeção eletrônica, bem como demonstrações e simulações em computador por parte de todos os alunos.
d. Participantes – Usuários-chave da divisão que atuarão como multiplicadores.
e. Alunos por turma – Máximo de 30 participantes por turma.
f. Equipamentos necessários – Um computador para cada dois alunos com processador Intel Core i7 ou equivalente, 8 GB de RAM, espaço livre em disco de 100 GB, sistema operacional Microsoft Windows em todas as máquinas, Microsoft Project em todas as máquinas (instalação completa), Microsoft Office Professional em todas as máquinas (instalação completa), Microsoft Visio instalado em todas as máquinas (instalação completa), acesso à internet, um projetor de alta resolução para o instrutor, sistema de som para ser acoplado no computador do instrutor para exibição de vídeos durante o treinamento, linha telefônica, *flip chart*, tela de fórmica branca.
g. Data e horário – A serem definidos no cronograma do projeto.
h. Carga horária – 24 horas (integral).
i. Local – Centro de Treinamento (fora do ambiente de trabalho).
j. Outros – Todos os participantes devem, no mínimo, ter cursado o curso avançado de gerenciamento de projetos e o básico do software.

5. Treinamento da equipe de suporte no software de gerenciamento de projetos

a. Objetivo – Capacitar a equipe de suporte da empresa no ambiente técnico instalado para que o suporte e a manutenção do ambiente sejam efetivos.
b. Programa resumido do treinamento – Microsoft SQL Server, Microsoft Internet Information Server, Microsoft Project Server, Microsoft .net, Microsoft SharePoint Portal Server.
c. Metodologia – Aulas práticas no ambiente.
d. Participantes – Equipe de suporte da área de TI da empresa.
e. Alunos por turma – Máximo de 30 participantes por turma.
f. Equipamentos necessários – Um computador para cada dois alunos com processador Intel Core i7 ou equivalente, 8 GB de RAM, espaço livre em disco de 100 GB, sistema operacional Windows em todas as máquinas, MS Office Project em todas as máquinas (instalação completa), MS Office Professional em todas as máquinas (instalação completa), MS Visio instalado em todas as máquinas (instalação completa), acesso à internet, linha telefônica, *flip chart*, tela de fórmica branca, um servidor de projetos com MS SQL Server, MS Project Server, MS SharePoint Portal Server, um projetor de alta resolução para o instrutor, sistema de som para ser acoplado no computador do instrutor para exibição de vídeos durante o treinamento, linha telefônica, *flip chart*, tela de fórmica branca.
g. Data e horário – A serem definidos no cronograma do projeto.
h. Carga horária – 40 horas (meio período).
i. Local – Instalações da contratada.
j. Outros – Todos os participantes devem, no mínimo, ter cursado o curso básico de gerenciamento de projetos, além de apresentar experiência anterior em sistemas de informação e informática.

6. Palestra de conscientização

a. Objetivo – Abordar a utilização das técnicas de gerenciamento de projetos como um diferencial competitivo para as organizações, fazendo com que os gerentes possam administrar melhor seus prazos, custos e recursos envolvidos nos empreendimentos, posicionando o projeto como um complexo que envolve pessoas e organizações, elementos em constante evolução.

b. Programa resumido da palestra – O que é gerenciamento de projetos, por que gerenciamento de projetos tem crescido significativamente, quais os motivadores do gerenciamento de projetos, alguns resultados colhidos por empresas no mundo ao aplicar gerenciamento de projetos, mitos do gerenciamento de projetos, por que é importante motivar e exigir a utilização contínua da metodologia e das ferramentas de gerenciamento de projetos, como exigir e motivar para o gerenciamento de projetos.

c. Metodologia – Apresentação em auditório com utilização de projetor, computadores e sistemas de som.

d. Participantes – Todos os envolvidos no time do projeto, patrocinador e convidados (executivos da empresa).

e. Equipamentos necessários – Sistema de computadores com Microsoft PowerPoint com projetor de alta resolução, sistema de som, linha telefônica digital, *flip chart* e tela de fórmica branca.

f. Data e horário – A serem definidos no cronograma do projeto.

g. Carga horária – 4 horas.

h. Local – Auditório do Departamento de Comunicação Social.

Qualificação do centro de treinamento contratado

O fornecedor contratado deverá atender às seguintes qualificações obrigatórias:

- ser capaz de oferecer todos os treinamentos solicitados, integralmente;
- ser qualificado pela Microsoft como Microsoft Most Valued Professional (MVP), de modo a garantir experiência na plataforma;
- ser qualificado ou parceiro do PMI como Registered Education Provider (REP), de modo a evidenciar a utilização da metodologia de gerenciamento de projetos do PMI, sendo reconhecido como centro disseminador do processo metodológico estabelecido no PMBOK® Guide, editado pelo PMI;
- apresentar os currículos dos instrutores antes do início do trabalho, comprovando a qualificação apresentada;
- apresentar cinco atestados de capacidade técnica em treinamentos dessa envergadura utilizando a plataforma Microsoft, comprovando que é capacitado para implementação desse tipo de solução com sucesso;
- certificado ISO 9000 em treinamento;
- ter infraestrutura própria para o treinamento da equipe de suporte.

Modelo contratual

O contrato a ser firmado com o proponente selecionado será de Preço Unitário Fixo e Irreajustável por turma realizada.

O responsável pela autorização de pagamentos de materiais recebidos será Nelson Azevedo, coordenador do gerenciamento das aquisições.

Avaliação de fornecedores (centro de treinamento contratado)

Conforme previsto no plano de comunicação do projeto, será realizada mensalmente uma reunião interna do projeto para a avaliação dos resultados dos treinamentos na segunda segunda-feira de cada mês em seguida à reunião do Comitê Executivo. O objetivo da reunião será verificar o cumprimento de prazos, preços e qualidade dos serviços de treinamento.

Nos casos de não cumprimento dos itens de contrato por parte da empresa de treinamento, as seguintes medidas podem ser tomadas:

- **advertência** – para desvios leves que não comprometam o sucesso no cumprimento dos prazos e do escopo do projeto;
- **suspensão** – para desvios médios que comprometam parte do escopo do projeto ou para fornecedores já advertidos anteriormente;
- **cancelamento** – para desvios graves que comprometam o projeto e que necessitem de intervenção direta do gerente do projeto e do patrocinador ou para casos anteriores de suspensão.

Nota: Quaisquer alterações neste documento deverão ser submetidas ao processo de controle do projeto para aprovação antes de serem incorporadas a este documento.

APROVADO POR
Rodrigo Mendes Lemos - Gerente do Projeto

DATA
28/11/2025

PROJETO NOVAS FRONTEIRAS

Plano de Gerenciamento das Aquisições *(Procurement Management Plan)*

PREPARADO POR	APROVADO POR	VERSÃO	DATA
Nelson Azevedo - Membro do Time	Rodrigo Mendes Lemos - Gerente do Projeto	02	25/11/2025

Descrição dos processos de gerenciamento das aquisições

- O gerenciamento das aquisições terá basicamente três focos principais, a saber:
  - aquisição do hardware e do software para implantação da solução;
  - contratação e administração dos contratos com os consultores;
  - gerenciamento dos contratos relativos ao treinamento da equipe.
- As programações de compra já estão detalhadas em relatórios anexos ao plano do projeto.
- O processo de compra deve respeitar diretamente a progressão dos trabalhos (informações provenientes do gerenciamento do cronograma), incluindo as eventuais flutuações.
- A autonomia sobre os contratos é de exclusiva competência do gerente do projeto, que irá assinar todos os contratos e medições de serviços previstos no orçamento.
- Os aspectos éticos do processo de aquisição serão rigorosamente acompanhados, respeitando os seguintes princípios:
  - Legalidade
  - Igualdade
  - Publicidade
  - Impessoalidade
  - Imparcialidade
  - Moralidade
  - Probidade administrativa
  - Lealdade à empresa
- Quaisquer infrações a esses aspectos serão consideradas faltas gravíssimas pelo gerente do projeto, pelo patrocinador e pela empresa.
- Serão consideradas para o gerenciamento das aquisições apenas as aquisições diretamente relacionadas ao escopo do projeto. Inovações e novos recursos não serão abordados pelo gerenciamento das aquisições e serão passíveis de novas negociações.
- Quaisquer solicitações de mudança no processo de aquisições ou nos objetos a serem adquiridos (previamente definidos) devem ser feitas por escrito ou através de e-mail, conforme descrito no plano de gerenciamento das comunicações do projeto.

Gerenciamento e tipos de contratos

- Todos os contratos devem ser obrigatoriamente avaliados pela área jurídica da empresa.
- Todas as cláusulas contratuais pactuadas devem ser rigorosamente respeitadas, principalmente no que diz respeito ao cumprimento de prazos de entrega e atendimento aos requisitos solicitados.
- A elaboração dos contratos é de responsabilidade da área jurídica da empresa, sob supervisão do gerente do projeto.

- Todos os contratos deste projeto são do tipo Preço Unitário Fixo e Irreajustável, onde os valores unitários das mercadorias e o custo/hora dos serviços serão fixados em contrato, e o número de horas previstas será baseado nas necessidades orçadas para o projeto.

Critérios de avaliação de cotações e propostas

- Serão consideradas cotações as aquisições de bens diversos disponíveis em vários fornecedores e plenamente substituíveis. Nesse caso, o processo de decisão é baseado no menor preço.
- Para bens que necessitem de especificação ou para a contratação de serviços de qualquer natureza será necessária a criação de uma proposta qualificada pelo proponente, e o processo de decisão será baseado no conceito de técnica e preço. Os pesos relativos de cada item serão definidos na reunião semanal de controle de mudanças do projeto.

Avaliação de fornecedores

Será realizada mensalmente uma reunião interna para a avaliação dos resultados dos fornecedores na segunda segunda-feira de cada mês em seguida à reunião do Comitê Executivo. O objetivo da reunião será verificar o cumprimento de prazos, preços e qualidade dos produtos adquiridos e fornecidos por terceiros ao projeto.

Nos casos de não cumprimento dos itens de contrato por parte do fornecedor, as seguintes medidas podem ser tomadas:

- **advertência** – para desvios leves que não comprometam o sucesso no cumprimento dos prazos e do escopo do projeto;
- **suspensão** – para desvios médios que comprometam parte do escopo do projeto ou para fornecedores já advertidos anteriormente;
- **cancelamento** – para desvios graves que comprometam o projeto e que necessitem de intervenção direta do gerente do projeto e do patrocinador ou para casos anteriores de suspensão.

Frequência de avaliação dos processos de aquisições

Os processos de aquisições devem ser avaliados semanalmente e apresentados na reunião semanal do Comitê Executivo, prevista no plano de gerenciamento das comunicações.

Alocação financeira para o gerenciamento das aquisições

Qualquer necessidade de aquisição não prevista no orçamento e que requeira gasto adicional do projeto deve ser alocada dentro das reservas gerenciais do projeto, na categoria Outras reservas, desde que dentro da alçada do gerente do projeto.

Para compras urgentes e prioritárias que estejam fora da alçada do gerente do projeto, ou quando não exista mais reserva gerencial disponível, deverá ser acionado o patrocinador, uma vez que o gerente do projeto não tem autonomia necessária para decidir utilizar a reserva de contingência para aquisições. Outra opção é solicitar à diretoria da empresa um aumento nas reservas gerenciais.

Administração do plano de gerenciamento das aquisições

Responsável pelo plano

- **Nelson Azevedo**, membro do time do projeto, será o responsável direto pelo plano de gerenciamento das aquisições, suas atualizações e relatórios.
- **Juliano Palácios Medeiros**, membro do time do projeto, será suplente do responsável direto pelo plano de gerenciamento das aquisições.

Frequência de atualização do plano de gerenciamento das aquisições

O plano de gerenciamento das aquisições será reavaliado mensalmente na primeira reunião mensal do Comitê Executivo, juntamente com os outros planos de gerenciamento do projeto.

Necessidades de atualização do plano antes da primeira reunião do Comitê Executivo do projeto devem ser tratadas através dos procedimentos descritos no item Outros assuntos relacionados ao gerenciamento das aquisições do projeto não previstos neste plano.

Outros assuntos relacionados ao gerenciamento das aquisições do projeto não previstos neste plano

Todas as solicitações não previstas neste plano devem ser submetidas para aprovação na reunião do Comitê Executivo. Imediatamente após sua aprovação, deverá ser atualizado o plano de gerenciamento das aquisições com o devido registro das alterações efetivadas.

DESCRIÇÃO DA ALTERAÇÃO
Considerações sobre novos processos de aquisições.

ALTERADO POR: Rodrigo Mendes Lemos — DATA: 25/11/2025

APROVADO POR: Rodrigo Mendes Lemos - Gerente do Projeto — DATA: 25/11/2025

Nota: Quaisquer alterações neste documento deverão ser submetidas ao processo de controle do projeto para aprovação antes de serem incorporadas a este documento.

Projeto Novas Fronteiras

Gerenciamento das Partes Interessadas

PROJETO NOVAS FRONTEIRAS

Registro das Partes Interessadas *(Stakeholder Register)*

PREPARADO POR	APROVADO POR	VERSÃO	DATA
Rodrigo Mendes Lemos - Gerente do Projeto	Rodrigo Mendes Lemos - Gerente do Projeto	01	05/11/2025

Dados Básicos		Nível de Poder no PROJETO			Nível de Interesse no PROJETO			Outros			Resultados	
		40%	60%	Peso(%)	50%	50%	Peso(%)					
ID	Interessado	Influência Sobre Outros	Controle Direto dos Recursos	Poder no PROJETO	Técnico	Não Técnico	Interesse	Poder no PRODUTO	Conhecimento	Acessibilidade	Nota Final	Ranking
001	**Rodrigo Mendes Lemos (GP)**	4 - Alto	3 - Médio	3,4	5 - Muito Alto	5 - Muito Alto	5,0	4 - Alto	5 - Muito Alto	4 - Alto	**4,350**	1
002	**Ricardo Viana Vargas (Patrocinador)**	5 - Muito Alto	4 - Alto	4,4	3 - Médio	5 - Muito Alto	4,0	4 - Alto	5 - Muito Alto	3 - Médio	**4,100**	2
003	**Consultores (Alan e Gian)**	3 - Médio	2 - Baixo	2,4	5 - Muito Alto	3 - Médio	4,0	2 - Baixo	5 - Muito Alto	4 - Alto	**3,850**	3
004	**Equipe do Projeto**	3 - Médio	2 - Baixo	2,4	4 - Alto	4 - Alto	4,0	2 - Baixo	3 - Médio	5 - Muito Alto	**3,600**	4
005	**Fornecedores de Equipamentos**	2 - Baixo	1 - Muito Baixo	1,4	5 - Muito Alto	4 - Alto	4,5	3 - Médio	4 - Alto	4 - Alto	**3,475**	5
006	**Fornecedor do Treinamento**	2 - Baixo	1 - Muito Baixo	1,4	2 - Baixo	4 - Alto	3,0	1 - Muito Baixo	5 - Muito Alto	4 - Alto	**3,350**	6
007	**CEO**	5 - Muito Alto	5 - Muito Alto	5,0	2 - Baixo	4 - Alto	3,0	4 - Alto	3 - Médio	1 - Muito Baixo	**3,000**	8
008	**Usuários do PMO do Departamento**	3 - Médio	3 - Médio	3,0	3 - Médio	4 - Alto	3,5	5 - Muito Alto	3 - Médio	3 - Médio	**3,125**	7
009	**Área Financeira da Empresa**	2 - Baixo	3 - Médio	2,6	1 - Muito Baixo	2 - Baixo	1,5	2 - Baixo	1 - Muito Baixo	2 - Baixo	**1,775**	11
010	**Equipe de Tecnologia**	2 - Baixo	2 - Baixo	2,0	5 - Muito Alto	2 - Baixo	3,5	5 - Muito Alto	3 - Médio	2 - Baixo	**2,625**	9
011	**Demais funcionários**	2 - Baixo	2 - Baixo	2,0	2 - Baixo	2 - Baixo	2,0	3 - Médio	2 - Baixo	2 - Baixo	**2,000**	10

Nota: Quaisquer alterações neste documento deverão ser submetidas ao processo de controle do projeto para aprovação antes de serem incorporadas a este documento.

APROVADO POR	DATA
Rodrigo Mendes Lemos - Gerente do Projeto	05/11/2025

PROJETO NOVAS FRONTEIRAS

Mapa das Partes Interessadas *(Stakeholder Map)*

PREPARADO POR	APROVADO POR	VERSÃO	DATA
Rodrigo Mendes Lemos - Gerente do Projeto	Rodrigo Mendes Lemos - Gerente do Projeto	01	05/11/2025

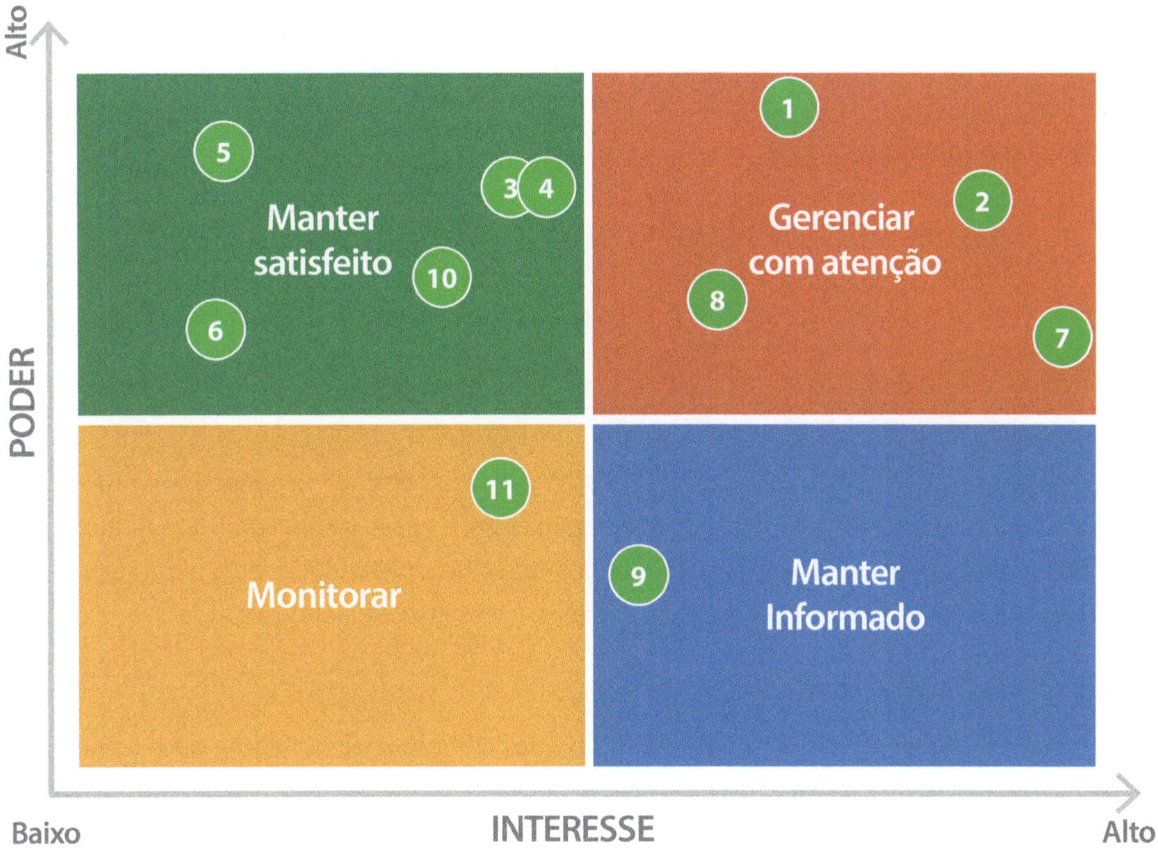

1. Rodrigo Mendes Lemos (GP)
2. Ricardo Viana Vargas (Patrocinador)
3. Consultores (Alan e Gian)
4. Equipe do Projeto
5. Fornecedores de Equipamentos
6. Fornecedor do Treinamento
7. CEO
8. Usuários do PMO do Departamento
9. Área Financeira da Empresa
10. Equipe de Tecnologia
11. Demais funcionários

Nota: Quaisquer alterações neste documento deverão ser submetidas ao processo de controle do projeto para aprovação antes de serem incorporadas a este documento.

APROVADO POR	DATA
Rodrigo Mendes Lemos - Gerente do Projeto	05/11/2025

PROJETO NOVAS FRONTEIRAS

Plano de Engajamento das Partes Interessadas *(Stakeholder Management Plan)*

PREPARADO POR	APROVADO POR	VERSÃO	DATA
Rodrigo Mendes Lemos - Gerente do Projeto	Rodrigo Mendes Lemos - Gerente do Projeto	01	05/11/2025

Descrição dos processos de engajamento das partes interessadas

- O gerenciamento das partes interessadas visa definir as necessidades de comunicação e engajamento de cada um dos principais intervenientes *(stakeholders)* no projeto.
- Visando simplificar o processo, somente os interessados internos e os fornecedores estratégicos serão considerados.
- As partes interessadas serão agrupadas por afinidade e apenas os interessados relevantes para o projeto serão tratados individualmente.
- Os interessados com influência e/ou interesse negativo no projeto serão tratados em separado pelo Comitê Executivo do projeto e não serão objeto do plano de gerenciamento das partes interessadas.

Identificação das partes interessadas

O gerente do projeto é responsável por desenvolver a lista das partes interessadas no projeto. A lista deve incluir interessados internos e externos à organização. No caso de um comportamento uniforme (interesse e poder) entre dois ou mais interessados com a mesma função, eles podem ser agrupados pela função, como por exemplo: analista de sistemas, fornecedor de hardware etc.

Priorização das partes interessadas

As partes interessadas serão qualificadas segundo cinco critérios básicos relacionados a poder e interesse no projeto, conforme mapa mental a seguir.

A priorização será dada através de notas de 1 a 5 que, em seguida, serão ponderadas para formar a nota final da parte interessada avaliada.

Comunicação com as partes interessadas

Toda a comunicação com as partes interessadas será monitorada e controlada pelo Mapa de Comunicação com as Partes Interessadas.

O mapa é apresentado como uma tabela que contém todos os elementos de comunicação, incluindo eventos de comunicação (reuniões) e relatórios nas linhas e cada um dos interessados avaliados nas colunas, conforme imagem a seguir.

ID	Eventos de Comunicação	Rodrigo Mendes Lemos (GP)	Ricardo Viana Vargas (Patrocinador)	Consultores (Alan e Gian)	Equipe do Projeto	Fornecedores de Equipamentos	Fornecedor do Treinamento	CEO	Usuários do PMO do Departamento	Área Financeira da Empresa	Equipe de Tecnologia	Demais funcionários
001	Kick Off Meeting	P	R	P	P			P	P	P	P	I
002	Reunião do Comitê Executivo	R	P	I	I			I		P	I	
003	Reunião de Avaliação da equipe	R	P	I	I			I		I	I	
004	Reunião de Avaliação de fornecedores	R	P		I	I	I	I	I	I	I	
005	Reunião de Avaliação dos planos de projeto	R	P	P	P						I	
006	Project Close-out	P	R	P	P			P	P	P	P	I

R - Responsável P - Participa I - Informado

ID	Relatórios	Rodrigo Mendes Lemos (GP)	Ricardo Viana Vargas (Patrocinador)	Consultores (Alan e Gian)	Equipe do Projeto	Fornecedores de Equipamentos	Fornecedor do Treinamento	CEO	Usuários do PMO do Departamento	Área Financeira da Empresa	Equipe de Tecnologia	Demais funcionários
001	Linha de Tempo do Projeto	X	X	X	X	X	X	X	X	X	X	X
002	Estrutura Analítica do Projeto (EAP) - Progresso	X	X	X	X	P	P			X	X	
003	Gráfico de Gantt	X	X	X	X	P	P			X	X	
004	Diagrama de Rede	X	X	X	X	P	P			X	X	
005	Acompanhamento do Orçamento do Projeto	X	X		P			X		X		
006	Registro de Riscos	X	X	X	X	P	P	X		X	X	
007	Registro das Partes Interessadas	X	X		X			X				
008	Registro de Lições Aprendidas	X	X	X	X				P	X	X	

P = Recebe informações parciais pertinentes ao trabalho da parte interessada

Solicitação de mudanças

Caso mudanças no projeto sejam solicitadas pelas partes interessadas, elas devem ser tratadas dentro do sistema integrado de controle de mudanças do projeto e imediatamente refletidas nos demais documentos caso sejam implementadas.

Frequência de avaliação das partes interessadas

As partes interessadas no projeto devem ser avaliadas semanalmente dentro da reunião do Comitê Executivo *(Change Control Board)*, prevista no plano de gerenciamento das comunicações.

Alocação financeira para o gerenciamento das partes interessadas

As ações relacionadas ao gerenciamento das partes interessadas, quando não previstas no escopo do projeto, podem ser alocadas dentro das reservas gerenciais do projeto, na categoria Outras reservas, desde que dentro da alçada do gerente do projeto.

Para ações prioritárias que estejam fora da alçada do gerente do projeto, ou quando não existir mais reserva gerencial disponível, deverá ser acionado o patrocinador, já que o gerente do projeto não tem autonomia necessária para decidir utilizar a reserva de contingência para ações relacionadas a partes interessadas. Outra opção é solicitar à diretoria da empresa um aumento nas reservas gerenciais.

Administração do plano de gerenciamento das partes interessadas

Responsável pelo plano

- **Rodrigo Mendes Lemos**, gerente do projeto, será o responsável direto pelo plano de gerenciamento das partes interessadas.
- **Ronaldo Gomes Severo**, membro do time do projeto, será suplente do responsável direto pelo plano de gerenciamento das partes interessadas.

Frequência de atualização do plano de gerenciamento das partes interessadas

O plano de gerenciamento das partes interessadas será reavaliado mensalmente na primeira reunião mensal do Comitê Executivo, juntamente com os outros planos de gerenciamento do projeto.

As necessidades de atualização do plano antes da primeira reunião de Comitê Executivo do projeto deverão ser tratadas segundo os procedimentos descritos no item Outros assuntos relacionados ao gerenciamento das partes interessadas do projeto não previstos neste plano.

Outros assuntos relacionados ao gerenciamento das partes interessadas do projeto não previstos neste plano

Todas as solicitações não previstas neste plano deverão ser submetidas para aprovação na reunião do Comitê Executivo. Imediatamente após sua aprovação, deverá ser atualizado o plano de gerenciamento das partes interessadas com o devido registro das alterações efetivadas.

Nota: Quaisquer alterações neste documento deverão ser submetidas ao processo de controle do projeto para aprovação antes de serem incorporadas a este documento.

APROVADO POR
Rodrigo Mendes Lemos - Gerente do Projeto

DATA
05/11/2025